Concours et examens 2018

Toute l'actu 2017

W0350362

▷ **Pierre Savary**
Directeur de l'École supérieure de journalisme de Lille

Avec la participation de :
▷ **Michel Derczansky,** journaliste, chargé de cours à l'EDHEC, chercheur au collège des Bernardins, Paris

▷ **Frédéric Métézeau,** journaliste, chef du service politique de France Inter

▷ Sous la direction de Anne Ducastel

SUP FOUCHER

ISBN 978-2-216-14803-7

Avant-propos

Que vous soyez lycéen, étudiant ou candidat à un concours – où vous devrez démontrer votre compréhension du monde contemporain, votre capacité à expliquer les grandes questions actuelles – ou simplement citoyen, désireux de savoir, de connaître, de comprendre le monde dans lequel vous vivez, cet ouvrage vous aidera à :

- accroître votre connaissance de l'actualité ;
- valoriser vos acquis par des mises en perspective utiles à une bonne compréhension ;
- augmenter votre chance de réussite aux concours et examens.

Le monde d'aujourd'hui est caractérisé par une actualité galopante, véhiculée par une multitude de réseaux. La multiplicité des sources donne à chacun la possibilité d'accéder à une somme d'informations immense et confuse. Aussi, pour être compris, les grands faits d'actualité de l'année doivent être analysés sous leurs multiples aspects (politiques, historiques, géographiques, etc.).

2017 a été une année riche en événements de dimension planétaire. L'actualité de 2018 ne pourra s'assimiler qu'avec une bonne compréhension des faits qui ont marqué 2017. Pour ne pas se noyer dans des informations diffuses, il est indispensable de les trier, de les hiérarchiser, de les relier. Ce livre aide à cette démarche.

Il offre les clés de compréhension de l'actualité :

• trois événements majeurs de l'année 2017 ;
• un tour du monde de l'actualité, sans une impossible exhaustivité mais avec le souci d'éclairer les informations les plus importantes :
- en France,
- à l'international,
• un lexique et de courtes biographies de personnalités ayant marqué l'année ;
• une synthèse des événements mois par mois ;
• une « boîte à outils » rassemblant des données chiffrées, chronologies, cartes géopolitiques, graphiques, textes essentiels ;
• enfin, un index pour faciliter la recherche.

Sommaire

Grands événements

2017, année des révolutions politiques

Avec les élections de 2017 s'est achevée une période électorale (commencée avec les primaires de 2016) marquée par la volonté des électeurs de renouvellement des politiques. Battu parfois dès le premier tour ou dans l'incapacité de se représenter devant une impopularité record, aucun n'a été épargné, qu'ils soient anciens présidents (Nicolas Sarkozy, François Hollande), anciens Premiers ministres (François Fillon, Alain Juppé, Manuel Valls), anciens ministres (Cécile Duflot). Le second tour de la présidentielle a opposé deux candidats « anti-système » et a permis à Emmanuel Macron de transformer le paysage politique.

1 Les faits

A. Présidentielle

Le 7 mai 2017, **Emmanuel Macron** est devenu, à 39 ans, le huitième président de la Ve République, le plus jeune de l'histoire de la République française. Au second tour, avec 66,10 % des suffrages (20 743 128 voix), il a nettement devancé **Marine Le Pen**, la présidente du Front national (10 638 475 voix).

L'avance est confortable, mais l'abstention est élevée, 25,44 % des inscrits sur les listes électorales ne se sont pas déplacés, et les bulletins blancs et nuls représentent respectivement 8,51 %, et 2,96 %, soit un total de 11,47 % des votants (plus de 4 millions d'électeurs). C'est la première fois lors d'une présidentielle, sous la Ve République, qu'autant d'électeurs se déplacent sans voter pour l'un des deux candidats.

L'élection présidentielle – Évolution de l'abstention et du vote blanc et nul depuis 1965

Au premier tour, le 23 avril, quatre candidats se sont détachés, Emmanuel Macron est arrivé en tête avec 24,01 % (8 657 326 voix) devant Marine Le Pen : 21,30 % (7 679 493), François Fillon : 20,01 % (7 213 797) et Jean-Luc Mélenchon : 19,58 % (7 060 885).

Suivent Benoît Hamon 6,63 % (2 291 565), Nicolas Dupont-Aignan 4,70 % (1 695 186), Jean Lassalle 1,21 % (435 365), Philippe Poutou 1,09 % (394 582), François Asselineau 0,92 % (332 588), Nathalie Arthaud 0,64 % (232 428) et Jacques Cheminade 0,18 % (65 598).

1

» L'ascension fulgurante d'Emmanuel Macron

Quand le soir de la victoire, Emmanuel Macron, le visage grave, avance dans la cour du Louvre alors que *l'Ode à la joie* de Beethoven retentit, de nombreux Français relèvent l'incroyable rapidité de l'ascension du nouveau président.

Inconnu il y a trois ans, repéré par Jacques Attali, nommé secrétaire général adjoint de l'Elysée en 2012, ministre de l'Économie (2014-2016) de **François Hollande**, qui l'a propulsé sur la scène politique, cet ancien banquier d'affaires qui participait à sa première élection a une trajectoire qui a de quoi surprendre, même s'il a réalisé le parcours typique de l'oligarchie politique.

À moins de 40 ans, sans expérience politique, le candidat, se positionnant comme « ni de droite ni de gauche, et de droite et de gauche », a certes bénéficié d'un contexte favorable : effondrement du PS, incapable de se remettre du quinquennat de François Hollande et de ses divisions internes, campagne de François Fillon plombée par les affaires, soutien de François Bayrou, espace politique au centre laissé vacant.

Au premier tour de la présidentielle, Emmanuel Macron a séduit un électorat urbain quand la France rurale et péri-urbaine lui a préféré Marine Le Pen. Ses meilleurs scores ont été réalisés dans le grand Ouest, le Sud-Ouest et l'Île-de-France, tandis que Marine Le Pen a conquis le Sud-Est et le Nord.

Les cartes des résultats des deux tours font apparaître de profondes disparités géographiques et sociologiques. Emmanuel Macron a été plébiscité par les cadres, les professions intermédiaires. À l'inverse, près d'un ouvrier sur deux a voté Marine Le Pen.

Cahier couleurs - Candidats en tête au premier tour de l'élection présidentielle du 23 avril 2017

Cahier couleurs - Candidats en tête au second tour de l'élection présidentielle du 7 mai 2017

» La chute de François Fillon

L'impopularité de François Hollande l'amenant - une première pour un président sortant - à ne pas se représenter, les divisions des socialistes : tout était réuni pour que le candidat de droite soit favori. Les primaires de la droite avaient, fin 2016, un air de présidentielle anticipée tant le contexte semblait favorable à l'opposition.

C'était avant les révélations du *Canard enchaîné*. Le 24 janvier, l'hebdomadaire dévoile que François Fillon a employé pendant 8 ans son épouse en tant qu'attachée parlementaire pour plusieurs centaines de milliers d'euros. D'autres révélations suivront, notamment sur l'emploi de ses enfants. Une situation pour le moins défavorable pour un candidat qui avait fait de la probité et de la rigueur son leitmotiv de campagne.

Le parquet national financier a ouvert une enquête préliminaire pour « détournement de fonds publics, abus de biens sociaux et recel de ces délits », afin de vérifier si l'emploi de Penelope Fillon était réel ou fictif.

Premier ministre de Nicolas Sarkozy, plusieurs fois député et ministre, reconnu pour son sérieux, il ne réussira pas à mener campagne ; incité à l'abandon à plusieurs reprises, il a fait front, conservant l'estime d'une partie de l'électorat de droite, mais perdant la confiance des électeurs du centre droit et de ceux que le « Penelope Gate » a rebutés.

» Le PS paie le quinquennat Hollande

Benoît Hamon a obtenu 2 291 565 voix au premier tour de l'élection présidentielle. C'est l'un des scores les plus faibles d'un candidat socialiste à une présidentielle. À titre de comparaison, François Hollande avait dépassé les dix millions de voix au premier tour en 2012.

Pourtant, les socialistes avaient bénéficié du ralliement des écologistes, qu'ils ont réussi à convaincre avant le premier tour : **Yannick Jadot** (EELV) avait retiré sa candidature pour faire alliance avec Benoît Hamon, désigné lors de la primaire de gauche. Mais le PS, divisé depuis des années entre les partisans d'une ligne sociale-démocrate portée par Manuel Valls et ceux d'une ligne plus à gauche incarnée par les frondeurs, ne pouvait pas gommer ses différences le temps d'une campagne.

Lâché pendant son mandat, battu à la primaire, **Manuel Valls** a appelé à voter pour Emmanuel Macron. Le rassemblement des socialistes semblait irréalisable et Benoît Hamon, le frondeur qui, pendant le mandat de François Hollande, n'avait pas respecté la discipline gouvernementale et avait fortement critiqué Manuel Valls, n'était pas le mieux placé pour y parvenir. Les électeurs les plus radicaux ont été attirés par la campagne de Jean-Luc Mélenchon, ceux qui se sentaient plus proches des valeurs du centre-gauche par celle d'Emmanuel Macron. Phagocyté par sa droite et par sa gauche, le PS n'avait plus d'espace politique.

Benoît Hamon a quitté le PS après sa déroute électorale pour fonder le « Mouvement du 1er juillet » en résumant ainsi la position du PS : « *Nous avons été pour partie remplacés par la République en marche et par La France insoumise. Les Français ont commencé à abandonner le vote socialiste. Ce n'est pas un énième épisode de l'alternance de la droite et de la gauche* ».

À gauche du PS, avec plus de 19 % des suffrages, **Jean-Luc Mélenchon** a augmenté son score de 2012 (11 %) mais en terminant quatrième et sans réussir à rassembler la gauche. Aux dires de ses adversaires, son mouvement, La France insoumise, n'est pas dans une démarche de rassemblement mais de radicalité, de populisme. J.-L. Mélenchon avait notamment refusé de prendre position entre les deux tours de la présidentielle, renvoyant dos à dos Marine Le Pen et Emmanuel Macron.

» Le FN a-t-il atteint ses limites ?

La séquence présidentielle est amère pour le **Front national** et pourrait laisser de profondes traces au sein du parti d'extrême droite.

Recueillant plus de 20 % des suffrages au premier tour, Marine Le Pen a hissé, comme son père avant elle, les couleurs de son parti au second tour de la présidentielle. La réussite n'est pas mince, et le record est historique (plus de 10 millions de voix). Mais dans le même temps, Marine Le Pen a montré les limites du parti. D'une part, l'ambition affichée d'arriver en tête dès le premier tour ne s'est pas réalisée. D'autre part, l'entre-deux tours et le second tour ont montré que le chemin à parcourir pour atteindre le pouvoir était encore long.

Marine Le Pen n'a pas réussi à fédérer sur son nom ni à gommer l'image sulfureuse du FN, en déficit d'alliés, confronté au réflexe du « front républicain ». Seul **Nicolas Dupont-Aignan**, président de Debout la France, lui a apporté son soutien entre les deux tours, les autres candidats appelant immédiatement à la faire battre ou refusant de donner une consigne de vote.

Le débat télévisé de l'entre-deux tours, où elle est apparue dépassée, agressive et ne maîtrisant pas ses dossiers, a également fait perdre beaucoup de crédit à sa candidature. Le manque de lisibilité de son programme économique, notamment sur la question de l'euro et de l'appartenance à l'Union européenne, est apparu comme une faiblesse.

Au second tour, elle n'arrive en tête que dans deux départements du Nord de la France (Pas-de-Calais et Aisne) et n'atteint pas 35 % des voix au niveau national. Sa volonté de représenter « le peuple » contre « les élites » est un échec.

Le FN est incapable de gommer l'image de parti contestataire et familial, incapable de rassembler et gouverner. Le vice-président du FN, **Florian Philippot**, partisan d'une ligne plus sociale, en conflit avec la ligne identitaire, est progressivement exclu du parti.

Mise en examen pour « abus de confiance » dans une enquête concernant des soupçons d'emploi fictif d'assistants parlementaires au Parlement européen, touchée par la levée de son immunité parlementaire en France pour avoir diffusé des images provenant de terroristes sur Twitter, affaiblie par les querelles avec Jean-Marie Le Pen, la grogne de quelques cadres et la défection, en novembre, d'un député du Pas-de-Calais, José

Evrard, qui a rejoint le mouvement Les Patriotes de Florian Philippot, Marine Le Pen tentait de relever la tête fin 2017 en attendant le congrès du parti à Lille en 2018.

Cahier couleurs - Vote Front national au second tour de l'élection présidentielle du 7 mai 2017

L'élection présidentielle - Évolution du vote Front national

» Les six premiers mois de présidence

Les partisans comme les adversaires du nouveau chef de l'État reconnaissaient au bout de six mois de présidence qu'Emmanuel Macron n'avait pas perdu de temps, réformant tambour battant le droit du travail, la moralisation de la vie politique et la sécurité. Pour 2018, plusieurs lois sont en préparation : assurance chômage, formation professionnelle, politique du logement, entrée à l'université. Une réforme de la justice et des régimes de retraites est aussi annoncée. Le début de mandat à l'international est également porté à son crédit, son ambition pour l'Europe est forte.

Pendant ces premiers mois, Emmanuel Macron a bénéficié des divisions de l'opposition à droite comme à gauche, encore sous le coup des résultats de la présidentielle, de la faiblesse des syndicats, qui n'ont pas réussi à infléchir la loi Travail. Toutefois, l'image de « président des riches » semblait se dessiner à la fin 2017, accentuée par le franc-parler d'Emmanuel Macron et un vocabulaire parfois cassant pour asseoir son autorité, critiquer l'état d'esprit français, en fustigeant les « fainéants, les cyniques, les jaloux ».

» Les premières lois votées

- Loi pour la confiance dans la vie politique : elle interdit aux parlementaires d'employer des membres de leur famille et supprime la « réserve parlementaire », une cagnotte qui permettait d'accorder des subventions.
- Loi sur la lutte contre le terrorisme : elle succède à l'état d'urgence, elle étend le pouvoir des préfets.
- Ordonnances travail : elles assouplissent le Code du travail en tentant de flexibiliser le marché du travail.
- Transformation de l'Impôt de solidarité sur la fortune en Impôt sur la fortune immobilière : suppression en trois ans de la taxe d'habitation pour 80 % des ménages, taxe fixe de 30 % sur les revenus financiers, hausse de la CSG, suppression des cotisations salariales.

B. Législatives

Les élections législatives des 11 et 18 juin 2017 sont les quinzièmes depuis la naissance de la Ve République en 1958.

Elles ont confirmé la victoire de **La République en marche** (LREM), dans la lignée de l'élection présidentielle.

Les élections au Parlement - Les élections législatives

Emmanuel Macron a obtenu une des plus larges majorités parlementaires de la Ve République, mais avec une abstention record de près de 57 %. La droite a préservé ses bastions, la gauche a fait de la résistance sur des terres historiques et le Front national s'est imposé dans l'ancien bassin minier du Nord-Pas-de-Calais.

Ces élections ont confirmé le recul très net de l'influence du Parti socialiste. Après la débâcle de la présidentielle, de nombreux candidats PS ont été éliminés dès le premier tour : Benoît Hamon, candidat socialiste à la présidentielle, dans les Yvelines ;

Jean-Christophe Cambadélis, premier secrétaire du PS, à Paris ; Aurélie Filippetti, ancienne ministre de la Culture, en Moselle ; Matthias Fekl, ancien ministre de l'Intérieur, dans le Lot-et-Garonne ; François Lamy, ancien ministre délégué à la Ville, dans le Nord ; Daniel Vaillant, ancien ministre de l'Intérieur, à Paris, Patrick Mennucci, député sortant, dans les Bouches-du-Rhône.

» Quelques chiffres sur la composition de la nouvelle Assemblée

- L'Assemblée nationale a été fortement renouvelée : 424 élus sur 577 n'ont jamais été députés.
- Sur les 345 députés candidats à leur réélection, seuls 140 l'ont emporté. 59 ministres ou anciens ministres depuis 1995 étaient également en lice, pour seulement 20 vainqueurs.
- L'Assemblée est aussi plus féminine, 224 élues contre 155 ; plus jeune, avec une moyenne d'âge de 48 ans et 8 mois en 2017 contre 54 ans en 2012.
- Elle est composée de plus de cadres : 180 (134 en 2012), plutôt issus du secteur privé que du public.
- Les professions libérales sont représentées par 103 députés (74 en 2012), les enseignants 61 (47 en 2012), les employés 21 (8 en 2012) et les agriculteurs 13 (9 en 2012).
- 41 chefs d'entreprise siègent, contre 19 auparavant.
- Le nombre de retraités a lui été divisé de plus de moitié, de 106 à 41 élus.

» Les personnalités politiques qui ne se sont pas représentées

Autre illustration du renouvellement de la vie politique, la liste impressionnante (et non exhaustive) des figures politiques qui, pour diverses raisons, ont décidé de ne pas participer au scrutin législatif en 2017.

À gauche (notamment), Claude Bartolone, ancien président de l'Assemblée, Bernard Cazeneuve, Jean-Marc Ayrault, Michel Sapin, Ségolène Royal, Bruno Le Roux, Thierry Mandon, Alain Vidalies, Jean-Marie Le Guen, Marylise Lebranchu, Marie-Arlette Carlotti, Frédéric Cuvillier, Gérard Charasse, Thomas Thévenoud, les écologistes Noël Mamère et Denis Baupin.

À droite (notamment), François Fillon, ancien Premier ministre, Laurent Wauquiez, Bernard Accoyer, ancien président de l'Assemblée, Jean-François Copé, Benoist Apparu, Luc Chatel, Pierre Lellouche, Patrick Devedjian, Patrick Balkany.

» Les groupes parlementaires

Sept groupes politiques (un record) ont déposé une déclaration politique et une liste de leurs membres, selon la liste publiée au Journal officiel. La constitution d'un groupe parlementaire requiert au minimum l'élection de 15 députés (chiffre passé de 20 à 15 en 2009) et fournit de nombreux avantages. Des moyens financiers et matériels, des collaborateurs supplémentaires sont mis à disposition, et dans l'hémicycle, du temps de parole lors des débats et des questions au Gouvernement.

- La République en marche : 313 députés, groupe présidé par Richard Ferrand.
- Les Républicains : 100 députés, groupe présidé par Christian Jacob.
- Mouvement démocrate et apparentés : 47 députés, groupe présidé par Marc Fesneau.
- Les constructifs (Républicains, UDI, indépendants) : 35 députés, groupe co-présidé par Franck Riester (LR) et Stéphane Demilly (UDI).
- Nouvelle gauche : 31 députés, ancien groupe socialiste, présidé par Olivier Faure.
- La France insoumise : 17 députés, groupe présidé par Jean-Luc Mélenchon.
- Gauche démocrate et républicaine : 16 députés, communistes et ultramarins, groupe présidé par André Chassaigne.

Cahier couleurs - L'Assemblée nationale par groupe en 2017

1

» Les commissions de l'Assemblée nationale

Les présidents des commissions permanentes de l'Assemblée nationale sont issus de la République en marche ou du MoDem, hormis la commission des Finances, réservée à l'opposition, présidée par Éric Woerth (LR).

- Finances : Éric Woerth.
- Lois : Yaël Braun-Pivet.
- Affaires sociales : Brigitte Bourguignon.
- Affaires économiques : Roland Lescure.
- Affaires étrangères : Marielle de Sarnez.
- Défense : Jean-Jacques Bridey.
- Développement durable : Barbara Pompili.
- Affaires culturelles : Bruno Studer.

» Résultats et enjeux financiers

Derrière la bataille politique, se joue une autre bataille, financière cette fois : depuis 1988, la dotation publique des partis est calculée sur la base de leur résultat au premier tour des législatives. Lors du dépôt de leur dossier en préfecture, les candidats ont la possibilité de se rattacher à l'un des 61 partis sur une liste publiée en mai par le ministère de l'Intérieur. Pendant le mandat législatif, un parti reçoit 1,42 € par an et par voix s'il a passé le seuil de 1 % des suffrages exprimés dans 50 circonscriptions en métropole (un seul candidat en Outre-mer).

C. Le Gouvernement

Une semaine après son élection, Emmanuel Macron a nommé **Édouard Philippe** chef du Gouvernement. Le député-maire LR du Havre est un proche d'Alain Juppé.
À 46 ans, le troisième plus jeune Premier ministre de la Ve République est un homme de droite assumé. Ce petit-fils de docker havrais a un parcours classique (formation à Sciences Po, ENA, Conseil d'État, cabinet d'avocats, Areva). Directeur général des services de l'UMP en 2002, il a succédé en 2010 à Antoine Rufenacht à la mairie du Havre, avant d'y être élu en 2014. Il n'a jamais été membre d'un gouvernement.

Le Gouvernement - Les Premiers ministres de la Ve République

» Le premier Gouvernement Philippe

Avec 23 membres, le premier gouvernement est l'un des plus resserrés de la Ve République ; il respecte la parité.
Il compte quatre socialistes : Gérard Collomb, Jean-Yves Le Drian, Richard Ferrand et Christophe Castaner ; deux radicaux de gauche (PRG) : Jacques Mézard et Annick Girardin ; trois LR : Édouard Philippe, Bruno Le Maire et Gérald Darmanin ; trois MoDem : François Bayrou, Marielle de Sarnez et Sylvie Goulard.
Seuls quatre ministres ont déjà été membres d'un gouvernement, les deux ministres sortants Jean-Yves Le Drian et Annick Girardin, ainsi que François Bayrou et Bruno Le Maire.
Nicolas Hulot, plusieurs fois pressenti pour participer à d'autres gouvernements, est chargé du ministère de la Transition écologique et solidaire.

» Le deuxième Gouvernement Philippe

Les trois ministres MoDem étant impliqués dans une enquête judiciaire sur des emplois fictifs présumés au sein du parti centriste, le Gouvernement est rapidement remanié. Richard Ferrand le quitte également.

Le deuxième Gouvernement Philippe (15 femmes et 15 hommes) est élargi (7 postes de plus). Onze nouvelles personnalités font leur entrée.

- Six femmes : Nicole Belloubet (Justice), Florence Parly (Armées), Jacqueline Gourault (ministre auprès du ministre de l'Intérieur), Nathalie Loiseau (ministre chargée des Affaires européennes auprès du ministre de l'Europe et des Affaires étrangères), Geneviève Darrieussecq (secrétaire d'État auprès de la ministre des Armées), Brune Poirson (secrétaire d'État auprès du ministre de la Transition écologique).
- Cinq hommes : Stéphane Travert (Agriculture), Sébastien Lecornu (secrétaire d'État auprès du ministre de la Transition écologique), Jean-Baptiste Lemoyne (secrétaire d'État auprès du ministre de l'Europe et des Affaires étrangères), Julien Denormandie (secrétaire d'État auprès du ministre de la Cohésion des territoires), Benjamin Griveaux (secrétaire d'État auprès du ministre de l'Économie et des Finances).

Édouard Philippe a obtenu une large confiance de l'Assemblée nationale, avec 370 voix pour, 67 contre et 129 abstentions.

» Le troisième Gouvernement Philippe

Le 24 novembre, un remaniement, qualifié d'« aménagement » par le Premier ministre, a été opéré avec l'arrivée de Benjamin Griveaux au poste de porte-parole du Gouvernement en remplacement de Christophe Castaner, élu quelques jours plus tôt à la tête de LREM.

Deux nouveaux secrétaires d'État sont nommés : Delphine Gény-Stephann, secrétaire d'État auprès du ministre de l'Économie et Olivier Dussopt, secrétaire d'État auprès du ministre de l'Action et des comptes publics.

Le Gouvernement - Composition du Gouvernement

D. Les sénatoriales

La majorité de droite et du centre au Sénat (LR+UDI) est sortie renforcée des élections de septembre, marquées par un très fort renouvellement des élus, une baisse du nombre de socialistes et une timide entrée de membres de La République en marche.

Plusieurs élus ont démissionné pour se mettre en conformité avec la nouvelle loi sur le cumul des mandats.

» Le Sénat

Le Sénat est celle des deux chambres du Parlement qui représente les collectivités territoriales, l'Assemblée nationale représentant les citoyens.

Le Sénat examine et vote - avant ou après l'Assemblée nationale - les projets de loi (textes de lois émanant du Gouvernement), les propositions de loi (textes de lois émanant de parlementaires), les traités et les conventions internationales. Il peut interroger le Gouvernement, constituer des commissions d'enquête et saisir le Conseil constitutionnel.

Le Sénat siège au Palais du Luxembourg à Paris.

Il compte 348 sénateurs (depuis l'élection de 2011), élus pour six ans.

L'âge minimum pour être candidat est de 24 ans.

1

» Le président du Sénat

Le président du Sénat est appelé à remplacer le chef de l'État en cas d'empêchement, de décès ou de démission (article 7 de la Constitution). Alain Poher, qui a présidé le Sénat de 1968 à 1992, a assuré par deux fois cet intérim.

Pour cette interprétation de son rôle en cas de remplacement institutionnel du président de la République, il est abusivement désigné comme le deuxième personnage de l'État (ce « titre » est celui du Premier ministre, le troisième étant le président de l'Assemblée nationale).

Le président du Sénat dispose d'un pouvoir de nomination ; il nomme trois des neuf membres du Conseil constitutionnel, un membre du Conseil supérieur de la magistrature (CSM), des membres du Conseil supérieur de l'audiovisuel (CSA), de l'Autorité de régulation des télécommunications, de la Commission nationale de l'informatique et des libertés (CNIL), du Haut Conseil de l'éducation, de l'Autorité des marchés financiers (AMF). En outre, il doit être obligatoirement consulté par le chef de l'État avant toute dissolution de l'Assemblée nationale. Il peut saisir le Conseil constitutionnel, si les textes votés ne lui paraissent pas conformes, ou le Conseil d'État, sur une proposition de loi.

Régulièrement, des voix s'élèvent en faveur de la suppression de la Haute Assemblée, accusée d'immobilisme, d'inutilité, voire d'archaïsme.

De nombreux politiques ont posé la question de sa suppression :

- le référendum sur « le projet de loi relatif à la création de régions et à la rénovation du Sénat », initié par le général de Gaulle, avait conduit à la démission de ce dernier en 1969 ;
- le Premier ministre Lionel Jospin (1995-2002) avait parlé « d'anomalie démocratique » ;
- le président du groupe Parti socialiste Didier Guillaume a affirmé en 2014 : « On est à un point où l'avenir du Sénat se pose ».

» Gérard Larcher, l'amoureux du Sénat

Depuis sa réélection en 2017, Gérard Larcher occupe pour la troisième fois le poste de président du Sénat (première élection en 2008, puis 2014, après un intermède, de 2011 à 2014, du socialiste Jean-Pierre Bel).

En 1986, il devient, à 36 ans, le plus jeune sénateur de France, et est réélu en 1995 (le mandat de sénateur durait alors 9 ans). Après une parenthèse ministérielle (ministre du Travail de 2004 à 2007), il revient au Sénat en 2007. De 1997 à 2001, il est vice-président de la Haute assemblée, puis président de la commission des affaires économiques (2001-2004).

Élu maire de Rambouillet en 1983 (avec interruption pour entrer au gouvernement de 2004 à 2007), il a renoncé à ce mandat en 2014.

Vétérinaire pendant 14 ans, bon vivant, il a la réputation d'un homme d'écoute, apprécié des syndicats dans ses années au ministère du Travail.

2 Le contexte

A. La fin des partis traditionnels

L'élection d'Emmanuel Macron a fait l'effet d'un séisme. L'élimination, dès le premier tour de l'élection, des candidats des deux forces politiques ayant gouverné la France depuis plus de 30 ans laisse à penser que les partis « traditionnels », PS et LR, ne sont plus en capacité de gérer le pays dans un avenir proche.

La percée de la gauche radicale et du mouvement En Marche donnerait la tonalité de l'avènement d'une nouvelle ère politique, ou du moins l'impression que dorénavant la politique se fera autrement.
Inauguré en 1958 par le général de Gaulle, le gaullisme de rassemblement a eu une incidence majeure sur la vie politique française, celle de provoquer une bipolarisation devenue un élément structurant du champ politique. L'histoire de la droite et de la gauche depuis l'émergence du gaullisme, la position respective de ces deux forces dans leurs rapports aux questions sociales et nationales permettent-elles, pour autant, d'affirmer que ce positionnement partisan fait dorénavant partie de « l'ancien monde » ?
Ce nouveau paysage, où se sont opposés au second tour de la présidentielle 2017 le représentant de la « gauche et de la droite », Emmanuel Macron, et la représentante « ni droite, ni gauche », Marine Le Pen, est-il l'illustration éphémère ou durable d'une profonde crise politique que traverse le pays ?
Les enquêtes produites par le CEVIPOF (Centre de recherches politiques de Science Po), traduisent la défiance de plus en plus forte des Français vis-à-vis du monde politique, de la démocratie, et de ses institutions.
S'ils sont, en 2017, 90 % à reconnaître que la démocratie est un bon système de gouvernement, 47 % des personnes sondées souhaitent qu'un homme « fort » puisse prendre les rênes du pays, 12 % sont favorables à ce qu'il soit dirigé par l'Armée, et ceci sans se soucier ni du Parlement, ni du Gouvernement, ni des élections.
Les Français affirment par ailleurs qu'ils seraient favorables à 59 % à la constitution d'un gouvernement composé exclusivement d'experts. Plus récemment, un autre sondage traduisait que 40 % des fonctionnaires plébisciteraient un régime autoritaire. Les Français se disent à 31 % las des représentants politiques.
Pour noircir encore ce tableau, on peut souligner qu'au second tour des élections présidentielles, 22 % des électeurs se déterminent dans leur choix définitif de vote une fois qu'ils sont dans l'isoloir. Et que près de 40 % du collège électoral a donné sa voix à un parti radical, autrement dit qui propose de « renverser la table » sans solution solide pour construire un avenir et être une force de gouvernance.
Il faut également observer de quelle manière s'est transformé le champ partisan, et s'interroger sur l'avènement d'une nouvelle transformation des clivages politiques en France. Le politiste Pierre Martin souligne que les systèmes occidentaux ont connu d'importantes transformations à partir des années 1970, marquant une nouvelle période de 1980 à 2015. « Les classes politiques se sont formées et se sont insérées dans un réseau d'élites mondialisatrices converties au (et porteuses du) nouveau paradigme néolibéral qui a remplacé l'ancien paradigme keynésien entré en crise depuis 1970. Les forces politiques membres des clubs nationaux de gouvernements se sont toutes ralliées plus ou moins rapidement à ce nouveau paradigme, lors de reconversions partisanes, où les sociaux-démocrates sont devenus sociaux-libéraux ». Dès lors, on a une droite conservatrice libérale face à une gauche sociale libérale.
Cette mutation partisane a également été bouleversée par la crise économique et financière de 2008, qui eut pour conséquence de favoriser le développement de forces contestataires radicales, tant à droite qu'à gauche. Ceci a été renforcé par l'addition d'une nouvelle segmentation entre altermondialistes opposés aux libéraux, et identitaires opposés au cosmopolitisme. Plus caricaturalement, certains observateurs décrivent ce nouveau clivage comme une opposition entre gagnants et perdants de la mondialisation. La grande masse de citoyens s'est muée en un agrégat d'individus désirant protéger leurs intérêts : on ne vote plus par droit ou devoir, mais en fonction de son intérêt propre, que chacun essaie de discerner dans l'offre politique existante. L'intérêt particulier prend le pas sur l'intérêt général.
Il serait donc faux d'interpréter la victoire d'Emmanuel Macron comme celle d'un monde politique nouveau sur un vieux monde érodé par l'impossibilité de faire face à une demande de transformation radicale, de réaliser un élan de démocratie participative.

Cependant, il est vrai que l'éviction imprévisible du candidat de la droite libérale a rendu nécessaire la convergence des centres face à une force nationale-populiste. Le FN a démontré son incapacité à prendre en compte la force des institutions de la Ve République. Il n'est pas non plus parvenu à dépasser sa capacité à catalyser des colères, à être un caméléon idéologique, et en particulier a été incapable de construire et d'élaborer une force gouvernementale efficiente pour la France.

3 Thème de réflexion

» Emmanuel Macron, président de la République : transformer la France et refonder l'Europe

Par Frédéric Métézeau

Journaliste, chef du service politique de France Inter

« *Peut-être suis-je dans les pas de François Mitterrand qui voulait réellement construire l'Europe. Par contraste, mes prédécesseurs pensaient qu'il valait mieux ne rien dire du tout et laisser toutes les options ouvertes. Cela pouvait être une approche tactique mais peut-être était-ce surtout parce qu'ils n'avaient aucune idée pour l'Europe* ». Difficile de faire plus sévère avec Chirac, Sarkozy et Hollande qu'Emmanuel Macron dans l'hebdomadaire allemand *Spiegel* le 13 octobre 2017. Plus ambitieux aussi, tant François Mitterrand fut - avec Valéry Giscard d'Estaing - le Président le plus engagé dans la construction européenne.

Lors de la campagne présidentielle, Emmanuel Macron s'était engagé fortement pour la relance de la construction européenne, ses supporters n'hésitant pas à agiter le drapeau bleu aux douze étoiles dorées, lui-même faisant jouer l'hymne européen en meeting à Nantes le 19 avril et devant la Pyramide du Louvre le soir de sa victoire le 7 mai. Depuis, il a déjà prononcé deux grands discours sur l'Europe dans deux lieux d'exception représentant une certaine idée de l'Europe : sur la colline de la Pnyx à Athènes, dos au Parthénon, le 7 septembre et dans le grand amphithéâtre de la Sorbonne dix-neuf jours plus tard.

Le chef de l'État y a développé plusieurs idées fortes estimant à Athènes que « *aujourd'hui, la souveraineté, la démocratie et la confiance sont en danger* ». Les souverainetés nationales étant devenues insuffisantes pour faire face aux grands défis (réchauffement climatique, terrorisme, crises migratoires, traités commerciaux, montée en puissance des GAFA, etc.), il défend l'émergence d'une « *souveraineté européenne* » pour les affronter. Pour éviter de nouvelles crises comme celle de la Grèce qui avait vu intervenir le FMI, la BCE et la Commission européenne, Emmanuel Macron prône aussi un renforcement de la zone euro qui deviendrait le noyau dur de l'Union avec un parlement de l'eurozone chargé de voter un budget spécifique mis en œuvre par un ministre des Finances désigné à cet effet.

Enfin, il souhaite que soient organisées partout dans les pays volontaires des conventions démocratiques (assemblées citoyennes, débats dans les Parlements, forums numériques…) pour débattre de l'avenir de l'Europe dans les 15 ans qui viennent. Cela serait en quelque sorte l'inverse du processus déployé avant le référendum sur la Constitution européenne en 2005 rédigée par un aréopage d'experts présidé par Valéry Giscard d'Estaing. « *Nous allons faire ce que nous avons réussi en France, faire un* En Marche *au niveau européen* », explique même un conseiller d'Emmanuel Macron.

L'Elysée souhaite que la France soit exemplaire dans l'organisation de ces débats qu'elle aura entrepris et Emmanuel Macron lie intimement sa politique intérieure à son projet européen. Devant la communauté française d'Athènes, il expliquait (comme à Bucarest un mois avant) que « *la France n'est pas un pays qui se réforme, notre pays ne se réforme pas (…) On se cabre, on résiste, on contourne (…) Mais le temps que nous vivons n'est plus à faire des réformes ou des ajustements, c'est le temps d'une transformation profonde (…)*

Croyez-vous un instant que nos partenaires européens vont regarder la voie que nous ouvrons si chez nous, nous ne savons pas changer les choses ? ».

Transformer la France et refonder l'Europe, les deux défis d'Emmanuel Macron ne font donc qu'un. Il pense qu'il ne sera crédible en Europe que s'il est efficace en France et qu'il arrive à réformer le marché du travail et ramener le déficit sous les 3 % fixés par les critères de Maastricht, ce qui nécessite de résister à la contestation sociale dans la rue et politique au Parlement. Les milieux bruxellois semblent convaincus par ce double objectif que s'est fixé Emmanuel Macron, à l'image de Jean-Claude Junker président de la Commission européenne qui salue « *la nouvelle politique européenne de la France* » et se dit « *assez admiratif* » que Paris puisse tenir les 3 % dès 2017 au prix d'un plan de 4 milliards d'euros adopté dans la douleur l'été dernier.

Mais à entremêler à ce point politique intérieure et politique européenne - et à le dire publiquement -, le chef de l'État risque de redonner des arguments à ses opposants défenseurs d'une « autre Europe » (LR, FN, France insoumise, PCF) qui, lors des élections européennes de 2019 et des municipales de 2020, pourront faire campagne sur le thème « faire échec à Macron en France, c'est faire échec à Macron en Europe et vice-versa ». En s'assignant ce double objectif, Emmanuel Macron fixe lui-même les conditions et la réussite ou de l'échec de son quinquennat. En son temps, François Hollande s'était aussi lié les mains en s'engageant sur une « *inversion de la courbe du chômage* ». Macron veut aujourd'hui inverser la courbe de la construction européenne.

La mise en place compliquée du Brexit

Avec le départ du Royaume-Uni, l'Union européenne vit une période inédite. Troisième État le plus peuplé de l'Union, derrière l'Allemagne et la France, historiquement défiant vis-à-vis de l'Europe, le Royaume-Uni fait un saut risqué dans l'inconnu. Fin 2017, l'économie britannique montrait des signes de faiblesse et d'inquiétude.

1 Les faits

A. Le bras de fer : du « Brexit dur » à l'incertitude

Début janvier 2017, l'ambassadeur britannique auprès de l'**Union européenne**, Ivan Rogers annonçait sa démission, soit moins de trois mois avant le déclenchement de la procédure de sortie de l'UE.

Ivan Rogers avait alerté le gouvernement sur les risques d'un départ précipité et mal négocié ; en préconisant une sortie réfléchie et en accord avec l'UE, il s'opposait aux partisans d'un Brexit « dur » (notamment la Première ministre **Theresa May**) où les Britanniques dicteraient leurs règles aux Européens.

Pour Londres, la libre circulation des biens, des capitaux, des services et des personnes n'est pas compatible avec la maîtrise des frontières du Royaume-Uni et de l'immigration. Mais l'UE s'oppose à ce que ces libertés soient discutées une à une, contrairement au souhait émis par Londres de traiter séparément la question de la circulation des personnes et celle des marchandises.

Le 13 mars, le projet de loi autorisant le Gouvernement à déclencher le Brexit a été adopté et, le 29 mars, Theresa May activait la clause de retrait de l'UE (article 50 du **Traité sur l'Union européenne** ou traité de Lisbonne), qui gère la sortie d'un État membre de l'Union européenne).

Européens et Britanniques ont alors entamé un cycle de réunions, les premiers n'acceptant de discuter sur les accords commerciaux qu'une fois réglées les questions relatives à la facture acquittée par le Royaume-Uni pour sortir de l'Union, au sort de la frontière irlandaise et à celui de la liberté de circulation.

Mi-novembre, ces trois points étaient toujours en discussion, sans grande avancée.

Cahier couleurs - Membres de l'Union européenne, OTAN, espace Schengen

2

» Les Anglais et l'Europe

Les relations entre l'Europe et le Royaume-Uni sont une affaire de raison bien plus que de sentiments. Les Anglais ont toujours regardé vers l'Europe en se posant la question : que va-t-elle nous apporter ? Le célèbre « *I want my money back* » (je veux revoir mon argent) de Margaret Thatcher illustre bien la position anglaise.

Dès la fin de la Seconde Guerre mondiale, le Royaume-Uni vainqueur se tourne plus volontiers vers ses anciennes colonies et vers l'allié américain que vers le continent européen, tout à la tâche de construire une Europe réconciliatrice. L'idée européenne ne devient un sujet d'intérêt britannique que lorsque son économie ralentit et qu'il peut en tirer un bénéfice.

Une première candidature britannique est bloquée en 1961 par le général de Gaulle qui perçoit derrière les Britanniques le « cheval de Troie » américain. Même refus en 1967. Finalement, le Royaume-Uni entre dans la CEE en 1973.

La France doute de l'esprit européen des Anglais. Une fois dans l'UE, les Britanniques vont régulièrement s'opposer aux politiques européennes : pas de participation au système monétaire européen (1979), refus des accords de Schengen (1985), refus de la monnaie unique européenne (1993).

Dans les années 2000, le sentiment europhobe se développe, le parti populiste et extrémiste UKIP réussissant un temps à fédérer une part de l'électorat autour du refus de l'UE.

B. Theresa May affaiblie

En faisant le choix d'un Brexit dur, Theresa May a probablement surestimé la force de sa position ou sous-estimé la capacité des 27 à lui faire face.

La convocation d'élections législatives anticipées, en juin 2017, devait renforcer sa majorité et accroître sa légitimité. Mais la division au sein même du parti conservateur a fait échouer ce pari : la Première ministre s'est retrouvée sans la majorité absolue dont elle disposait avant le scrutin, ayant perdu douze sièges, et a été contrainte de s'allier avec le DUP, un petit parti irlandais, pour obtenir une majorité. Dans le même temps, le Parti travailliste a remporté une trentaine de sièges supplémentaires.

Alors que Theresa May ne fait pas l'unanimité au sein de son parti, Boris Johnson se tenant prêt à lui succéder, son gouvernement a été fragilisé en fin d'année par le départ forcé du ministre de la Défense, Michael Fallon, soupçonné de harcèlement, et de Priti Patel, secrétaire d'État au Développement international, qui avait pris l'initiative de rencontrer, sans en avoir informé son gouvernement, des personnalités politiques israéliennes.

C. Les points de discussion

Les Européens n'acceptent d'engager des négociations commerciales avec le Royaume-Uni qu'à condition que soient traités trois premiers dossiers : la facture de sortie, le cas de l'Irlande, les visas.

» L'argent

Faisant écho à Margaret Thatcher, qui proclamait en son temps, à destination de Bruxelles, « *I want my money back* », les Européens ont demandé à Londres d'honorer sa part du financement des engagements dans les programmes européens.

Déterminer le montant de ces montants est une démarche inédite et compliquée. Là où Londres évoquait environ 20 milliards, les Européens calculaient plutôt une somme comprise entre 60 et 80 milliards d'euros. S'il s'avérait impossible de s'entendre, rien n'empêcherait le Royaume-Uni de ne pas s'acquitter de ces montants. Mais les autres discussions seraient alors bloquées, Londres ne pourrait conclure aucun accord commercial, et le risque économique serait grand.

›› L'Irlande

L'une des conséquences du Brexit est de retracer une frontière disparue : celle qui, sur presque 500 kilomètres, sépare la **République d'Irlande**, au sud, de l'**Irlande du Nord**, province du Royaume-Uni. Cette frontière rappelle de douloureux souvenirs aux Irlandais et des années de conflit sanglant auquel l'accord de paix de 1998 avait mis fin. Cette frontière est franchie quotidiennement par 30 000 personnes, notamment pour leur travail. Les deux économies irlandaises sont dépendantes. Alors que l'UE s'oppose à ce qu'une de ses frontières extérieures devienne une porte d'entrée pour les produits anglais, les Britanniques veulent y contrôler les flux migratoires.

Compliquant encore la situation, l'accord de paix permet aux Irlandais du Nord, citoyens britanniques, d'obtenir la citoyenneté irlandaise (et donc un passeport de l'UE). L'imbroglio est total. Les autorités irlandaises évoquaient en 2017 la création d'un statut particulier, prévoyant éventuellement le maintien dans le **marché unique** européen de l'Irlande du Nord, mais, depuis les législatives de 2017, Theresa May a besoin d'un accord avec le DUP, parti irlandais opposé à cette mesure.

Des voix s'élevaient même fin 2017 pour réclamer une réunification de l'Irlande.

›› Les visas

Environ 1,4 million de Britanniques vivent dans les 27 États de l'UE ; environ 3,3 millions d'Européens vivent au Royaume-Uni. Fin 2017, les discussions étaient engagées afin de trouver un accord de réciprocité. Si aucune des parties n'est favorable à un rétablissement formel des visas, les autorités anglaises tiennent à pouvoir contrôler les entrées sur leur territoire, y compris de ressortissants européens.

D. L'économie anglaise confirme son ralentissement

Les mauvais indicateurs économiques se sont accumulés en fin d'année.

Alors qu'elle était de 1,8 % en 2016, la croissance de l'économie britannique a ralenti et pourrait se situer autour de 1 % en 2017, à l'inverse de la France, de la **zone euro** ou de l'Union européenne. Le Trésor britannique prévoit que le PIB serait, d'ici à 2030, inférieur de 6 % à ce qu'il aurait été en cas de maintien dans l'Union.

Parallèlement, l'inflation a progressé à 3 % fin 2017 (un pic depuis 2012), en raison notamment de la chute d'environ 15 % de la livre sterling, ce qui renchérit le prix des importations. Or le Royaume-Uni importe plus qu'il n'exporte.

L'incertitude pèse également sur l'économie britannique. De nombreux chefs d'entreprise envisageaient fin 2017 des scénarios de crise en cas d'absence d'accord avec l'UE. 44 % des exportations britanniques sont à destination l'UE (2015). On comprend l'inquiétude des acteurs économiques, qui ignorent les modalités des exportations à partir de 2019 (droits de douane, etc.). Un autre motif d'inquiétude concerne le transport routier : environ 8 000 camions européens de marchandises sont entrés quotidiennement au Royaume-Uni en 2017. Le rétablissement d'une frontière va considérablement compliquer la circulation des marchandises.

La stabilité de la *City*, premier centre financier européen, est également une source d'inquiétude : selon la Banque d'Angleterre, Londres devrait perdre jusqu'à 75 000 emplois dans les services financiers après la sortie de l'UE, en 2019. Plusieurs banques ont déjà annoncé le transfert d'une partie de leurs employés dans l'Union européenne, en France ou en Allemagne. Paris et Francfort ambitionnent d'accroître leur position de places financières.

2 Le contexte

A. Le vote du Brexit

Le 23 juin 2016, les Britanniques se sont exprimés lors d'un référendum pour répondre à la question suivante : « Le Royaume-Uni doit-il rester un membre de l'Union

2

européenne ou quitter l'Union européenne ? ». Il leur fallait ensuite cocher l'une des deux cases : « *Remain a member of the European Union* » (« Rester un membre de l'Union européenne ») ou « *Leave the European Union* » (« Quitter l'Union européenne »).
Le choix du « Leave » l'a emporté à 51,9 %, mais cette moyenne masque de fortes disparités en fonction de la géographie et de l'âge des votants, laissant un État très divisé.
L'Écosse, l'Irlande du Nord, la ville de Londres ont majoritairement souhaité rester dans l'UE ; l'Angleterre industrielle et rurale, le Pays de Galles ont souhaité la quitter. Le clivage est également marqué entre les villes et les campagnes, les villes votant majoritairement pour l'UE, les campagnes contre.
La fracture est aussi générationnelle ; les jeunes se sont nettement exprimés pour le maintien, à l'inverse des plus âgés. Selon une étude de l'institut YouGov, 66 % des 18-24 ans et 52 % des 25-49 ans ont voté « Remain » ; mais 58 % des 50-64 ans et même 62 % des plus de 65 ans ont opté pour la sortie de l'UE.
Les deux partis traditionnels, le Parti conservateur et le Parti travailliste sont partagés sur la question européenne. Dans chaque parti, partisans et opposants au Brexit se sont affrontés, rendant la campagne peu lisible. Le parti UKIP, europhobe et extrémiste de Nigel Farage (démissionnaire après le vote) a mené une campagne xénophobe basée sur le refus de l'Europe, qui a marqué les esprits de nombreux électeurs.

B. Le cas de l'Écosse

L'**Écosse** frondeuse (5 millions d'habitants, 200 milliards d'euros de produit intérieur brut) a voté à 62 % contre le Brexit et ses dirigeants tentaient fin 2016 de ne pas subir une sortie imposée de l'UE.
En 2014, les électeurs écossais avaient par référendum rejeté l'indépendance à 55 %. Le vote sur le Brexit change la donne aux yeux de Nicola Sturgeon, Première ministre de l'Écosse et chef du Parti nationaliste écossais (SNP). « Le Royaume-Uni pour lequel l'Écosse a voté pour rester en 2014 n'existe plus », clame-t-elle pour justifier un nouveau référendum sur le maintien, non au sein de l'Europe mais du RU. De fait, les Écossais s'étaient prononcés sur l'appartenance à un Royaume-Uni européen qui ne le sera bientôt plus.
Après avoir tenté, en vain, d'imposer un vote de chaque parlement (écossais, irlandais du Nord, gallois) pour bloquer le processus, Nicola Sturgeon a entamé des discussions avec Bruxelles pour trouver une solution juridique à un rattachement de l'Écosse à l'UE. Une possibilité, plus souple et rapide que l'indépendance vis-à-vis du RU et l'adhésion à l'UE serait une sortie commune de l'UE, avec le RU, tout en conservant des liens plus étroits que Londres avec les 27. L'Écosse pourrait ainsi, en échange d'une contribution au budget européen et du maintien de la liberté de circulation sur son sol, conserver son accès au marché unique.
Ayant perdu 21 députés lors du scrutin législatif de 2017, le SNP choisissait de temporiser et préférait attendre la mise en place du scénario de sortie du Brexit pour évoquer un nouveau référendum.

» Le cas de Gibraltar

Enclave britannique d'un peu plus de 30 000 habitants tout au sud de l'Espagne, **Gibraltar** est un rocher occupant une superficie de 7 km^2 qui se retrouve au centre de discussions après la décision des Britanniques de quitter l'Union européenne.

Gibraltar fut conquis par la Grande-Bretagne à l'Espagne en 1713 mais reste un objet de tension entre les deux États (lutte contre l'immigration, délimitation des frontières maritimes...). L'Espagne revendique le territoire depuis des années.

La population de Gibraltar a souhaité rester dans l'Union européenne à plus de 95 %, à contre-courant du reste du royaume britannique. Si sa position géographique explique probablement en grande partie le vote « pro UE », il faut noter que l'économie de Gibraltar est également dépendante de son ancrage dans l'UE et de sa proximité avec l'Espagne. Avec le Brexit, la frontière entre l'Espagne et Gibraltar deviendra une frontière extérieure à l'UE. Cela inquiète les milliers de Britanniques et Espagnols qui travaillent d'un côté de la frontière et résident de l'autre, d'autant qu'il s'agit de la seule frontière terrestre de Gibraltar.

Les Espagnols ont proposé à l'ONU une période transitoire de co-souveraineté pour permettre à Gibraltar d'avoir accès, via l'Espagne, au marché intérieur européen, avant une rétrocession du rocher à l'Espagne, ce deuxième volet de la proposition espagnole n'ayant aucune chance de satisfaire Londres.

C. Les acteurs

- **Nicola Sturgeon**, 48 ans, chef du gouvernement écossais et leader depuis 2014 du **Parti nationaliste écossais** (SNP, Scottish National Party, indépendantiste, gauche), martèle que l'Écosse a voté pour rester dans l'UE. Elle en fait un argument supplémentaire pour demander un nouveau référendum d'autodétermination dans les années à venir.
- **Jeremy Corbyn**, 68 ans, dirige le ***Labour***, le Parti travailliste. Peu présent en début de campagne, il s'est rallié au camp du « remain » sans grande conviction. Le Parti travailliste est déchiré entre deux tendances : celle représentée par Jeremy Corbin, anti-establishment, très à gauche et soutenue par une majorité des adhérents ; et un courant, qui rassemble presque tous les députés, davantage positionné au centre-gauche. Député d'Islington, au nord de Londres depuis 1983, élu à la surprise générale en 2015 à la direction du parti, J. Corbyn a été réélu en 2016. Il est sorti vainqueur des élections législatives de 2017.
- **Michel Barnier**, 67 ans, fin connaisseur des rouages européens, a été nomméparle président de la Commission européenne, Jean-Claude Juncker, pour gérer les négociations sur la sortie du RU de l'UE dans le cadre de l'article 50 du Traité sur l'UE.

Député, sénateur, plusieurs fois ministre (Environnement de 1993 à 1995, Affaires européennes de 1995 à 1997, Affaires étrangères de 2004 à 2005, Agriculture et Pêche de 2007 à 2009), Michel Barnier a occupé plusieurs fonctions au niveau européen : député (2009-2010), mais aussi commissaire (1999-2004), chargé de la politique régionale et, entre 2010 et 2014, aux marchés intérieurs et aux services. M. Barnier a été l'un des architectes de l'Union bancaire européenne. Il s'est dans ses fonctions européennes opposé fermement à Londres. Sa nomination a été commentée comme une illustration de la fermeté de l'UE dans les futures négociations.

- Theresa May, 59 ans, avait du bout des lèvres soutenu David Cameron dans le camp des « *remain* », tout en critiquant les politiques européennes. Après le vote, elle était apparue comme la personnalité capable d'unifier un parti clivé.

Élue députée dans une circonscription du sud de l'Angleterre en 1997, première femme secrétaire générale du Parti conservateur (2002-2003) elle a été longtemps soutien de David Cameron. Dans l'opposition, elle a occupé plusieurs postes dans le cabinet fantôme des conservateurs. Elle a vécu une cruelle année 2017 : échec aux législatives qu'elle avait elle-même convoquées et recul face à l'Union européenne.

- L'ancien maire de Londres, **Boris Johnson**, 53 ans, est un personnage excentrique de la politique anglaise, adepte des outrances et des polémiques. Il est aussi connu outre-Manche pour ses prises de position très évolutives. En deux ans, il aura été défenseur de l'Union européenne, puis l'un des plus grands artisans du Brexit. Pendant la campagne présidentielle aux États-Unis, il avait tenu des propos d'une grande virulence contre Donald Trump avant de dire tout le bien qu'il pensait de lui une fois son élection passée.

Ayant pris la tête de la campagne du « *leave* » sur le tard, par opportunisme, dans l'espoir de conquérir le poste de chef du gouvernement, il laisse sans combattre Theresa May devenir Premier ministre. Nommé secrétaire d'État aux Affaires étrangères dans le gouvernement de cette dernière, il tente de lui faire de l'ombre en se distinguant régulièrement de ses positions sur le Brexit.

- **David Davis** est un eurosceptique convaincu et un connaisseur expérimenté du Parti conservateur. Nommé « ministre du Brexit », il affirme sa certitude que le Royaume-Uni peut prospérer en dehors de l'UE.

3 Thème de réflexion

» Le Brexit redessine les contours du Royaume-Uni.

Par **Michel Derczansky**

Fondateur et directeur de la *Revue d'études israéliennes*, co-directeur du séminaire sur la Géopolitique des identités nationales au collège des Bernardins

L'intégration des intérêts économiques de l'Écosse et de l'Irlande est liée intrinsèquement à l'Union européenne. L'Ulster a ainsi voté à 56 % pour son maintien dans l'Europe et les Écossais à 62 %.

Dès lors, l'Écosse est fortement opposée au scénario porté par Theresa May pour mettre en œuvre le Brexit. De son côté, la Première ministre Nicola Sturgeon a clairement exprimé le fait que la démarche de l'Angleterre serait susceptible de nuire à l'acceptation du résultat du vote de 2014 sur l'indépendance de l'Écosse.

Autrement dit, un nouveau référendum sur cette question est possible, d'autant que le non l'avait remporté de peu. Une nouvelle consultation pourrait être fatale pour le Royaume-Uni. L'économie écossaise est très dépendante de l'Union européenne, puisqu'elle bénéficie de fortes aides, notamment dans le cadre de la Politique agricole commune ; ses universités sont très imbriquées dans les processus de Recherche et Développement mis en œuvre au sein des PCRD (Programme cadre de recherche et de développement technologique) de l'Union européenne, la vitalité de sa démographie dépend de l'Europe...

Si l'Écosse quittait par voie référendaire l'Angleterre, cette dernière perdrait son statut de puissance internationale. C'est à Coulport et Faslane, au cœur de l'Écosse, qu'est abritée la force de dissuasion nucléaire britannique. Sur ce point précis, la population écossaise serait heureuse de pouvoir se débarrasser de « ce fardeau peu écologique... ». L'Angleterre serait alors contrainte de basculer sur son sol cet arsenal, ce qui semble pratiquement impossible.

Si Theresa May persiste à affirmer que les entités dévolues et les « nationalistes clivants », autrement dit les Écossais et Irlandais du Nord, ne pourront s'opposer à la volonté historique du peuple britannique, elle provoquera également un schisme du côté irlandais. Faut-il rappeler que l'Irlande du Nord est la première entité étatique au sein de l'Union européenne à bénéficier majoritairement de la manne des fonds structurels d'investissement européens ? Que son économie est mécaniquement liée à celle de la République d'Irlande, qui elle-même possède des liens structurels économiques avec l'Union européenne ? Se greffent par ailleurs sur ces enjeux économiques majeurs des enjeux de stabilité politique : en effet, dans cette architecture, il ne faut pas oublier l'intégration de l'Ulster avec le sud de l'Irlande. Le rôle stabilisateur de ces imbrications pourrait voler en éclat. Ainsi le *Belfast Agreement* pour l'Uster serait susceptible de devenir caduc.

Et sans jouer les Cassandre, les braises sont encore chaudes dans les oppositions théologico-politiques qui ont façonné cet espace si singulier. Ainsi, il est peut-être utile de se rappeler que les catholiques ont voté pour rester dans l'UE, les protestants quant à eux se sont prononcés pour la quitter !

Il y a ici de quoi raviver les heures les plus sombres de la guerre de « l'Île aux Saints », qui fut si difficile à éteindre.

En définitive, le Royaume-Uni, qui n'a intégré l'Union européenne qu'en 1973, n'a jamais désiré réellement endosser les habits de la logique de la construction européenne. Il faut rappeler que l'Union européenne signifie un contrat pour une « communauté de destin », et fondamentalement l'Angleterre ne s'y était jamais résolue. Son objectif était intrinsèquement économique ; il s'agissait d'obtenir strictement et simplement un accès au marché intérieur que constituait l'Union européenne, bénéficier d'un accord le plus large possible sur le libre-échange des services et des biens.

Le Brexit traduit l'impuissance des élites à porter la cause de l'Europe. Elles ont nourri un nationalisme et une xénophobie qui furent en réalité plus portés par une société fermée que par un combat de classes entre bourgeois et prolétaires luttant contre les effets pervers de la mondialisation technocratique. Cette interprétation est non seulement erronée mais porte en elle un essentialisme social.

Il faut alors peut-être s'interroger sur les causes. Selon les statistiques disponibles auraient voté *remain* : 70 % des musulmans, 73 % des noirs, 60 % des Londoniens, 75 % des moins de 25 ans !

Le Brexit n'est peut-être pas autre chose de plus complexe qu'une opposition caricaturale et simpliste entre le peuple et les élites.

Les débuts chaotiques de Donald Trump

La première année du mandat de Donald Trump a été marquée par l'impulsivité et l'imprévisibilité d'un homme qui a profondément changé les codes de la présidence américaine. Les multiples démissions et renvois dans son entourage proche, les polémiques en cascade, l'enquête judiciaire en lien avec l'intervention de la Russie pendant la campagne présidentielle, le retrait de l'accord de Paris sur le climat et une nouvelle approche des relations internationales des États-Unis sont aussi des marqueurs de l'année 2017 pour une Amérique très fracturée.

1 Les faits

Donald Trump est un président à part dans l'histoire de la première puissance mondiale. L'homme d'affaires qui a officiellement délaissé pendant la durée de son mandat ses activités entrepreneuriales, habitué des plateaux de télévision, communiquant quotidiennement via le réseau social Twitter pour contourner les médias, a déjà imprimé une tonalité inédite à la fonction présidentielle, au niveau national comme dans les échanges diplomatiques.

Dès le 20 janvier, jour de son investiture, la polémique naissait sur l'affluence du public présent à la cérémonie, tandis que des manifestations pour la défense des droits civiques et contre le nouveau président se déroulaient dans de nombreuses villes, rassemblant plusieurs centaines de milliers de personnes. Le concept de « *fake news* » s'installait au cœur de la communication présidentielle, le président américain se servant de cette expression pour désigner les médias, et plus précisément ceux qui ne font pas sa promotion.

Plébiscité par des électeurs plus ruraux que citadins, vivant dans des zones économiquement moins favorisées et soucieux d'abord de politique intérieure, il choisit de s'adresser à eux. « À compter d'aujourd'hui, ce sera l'Amérique d'abord et seulement l'Amérique ! » a-t-il martelé lors de cette cérémonie d'investiture à l'ambiance de réunion électorale. « Ensemble, nous rendrons sa force à l'Amérique. Nous rendrons sa richesse à l'Amérique. Nous rendrons sa fierté à l'Amérique. Nous rendrons sa sécurité à l'Amérique. Et, oui, nous rendrons sa grandeur à l'Amérique » a-t-il conclu, le poing levé.

3

A. Les premiers actes politiques aux États-Unis

Dès sa prise de fonction, Donald Trump a tenté de mettre en œuvre certaines des mesures annoncées pendant sa campagne, avec la volonté manifeste de déconstruire les réalisations de son prédécesseur (climat, libre-échange, santé, immigration, diplomatie). Mais il s'est heurté à plusieurs reprises à l'opposition de la Justice et même d'élus républicains, peu disposés à voter toutes ses mesures sans discernement.

- Parmi les premières décisions, figure la fin de l'engagement des États-Unis dans le **traité de libre-échange transpacifique** (TPP), jugé insuffisamment favorable aux Américains.
- L'Obamacare : l'« Affordable Care Act », plus connu sous le terme « Obamacare » est un ensemble de mesures dont l'objectif est la réduction du nombre de personnes non assurées pour leurs dépenses de santé et la maîtrise de la croissance des dépenses par une régulation du marché privé des assurances. Les Américains souscrivent une assurance privée, souvent par l'intermédiaire de leur employeur. Parallèlement, deux programmes de santé publics existent, *Medicaid* pour les plus démunis et *Medicare* pour les plus de 65 ans.

La loi votée sous la présidence Obama a imposé des conditions aux assureurs, interdisant notamment le refus d'assurance des malades ou des personnes risquant de l'être. La loi impose aussi à tous de souscrire une assurance. Le nombre de personnes non assurées a ainsi chuté de 16 % en 2010 à 8,9 % en 2016.

Pendant la campagne présidentielle, le Parti républicain s'était engagé à diminuer les aides publiques aux systèmes Medicaid et Medicare et à stopper l'obligation de souscrire une assurance. Mais, faute de consensus au sein du parti, la proposition de réforme de l'Obamacare a été une première fois retirée, en mars. En juillet, les sénateurs républicains Lisa Murkowski, Susan Collins et John Mac Cain (ancien candidat à la Maison Blanche en 2008) votaient avec les Démocrates, sauvant la loi et s'opposant à une modification du texte qui aurait laissé des millions d'Américains démunis sans assurance. Fin septembre, les Républicains renonçaient une fois encore à proposer au vote l'abrogation de la loi.

- L'immigration : pendant la campagne électorale, la volonté de Donald Trump de construire un mur sur la totalité des 3 200 kilomètres de frontière avec le **Mexique** avait fait grand bruit (un tiers de la frontière est déjà équipé). Maintes fois annoncé, ce projet a provoqué une crise diplomatique entre les deux États, le président mexicain Enrique Pena Nieto dénonçant également une hausse promise des tarifs douaniers américains sur les importations mexicaines pour financer sa construction. Inscrite au budget 2018, pour 1,8 milliard de dollars, celle-ci coûtera au total 20 milliards de dollars aux contribuables américains.
- « **Muslim ban** » : Donald Trump a aussi tenté d'empêcher par décret l'entrée aux États-Unis des ressortissants de sept pays musulmans (Iran, Irak, Libye, Somalie, Soudan, Syrie et Yémen) et de suspendre l'accueil de tous les réfugiés. S'en est suivi un bras de fer entre l'Administration et la Justice, le décret présidentiel ayant été bloqué à trois reprises par les tribunaux, qui estiment que le Gouvernement n'a « pas fait la preuve qu'un étranger d'un des pays incriminés a perpétré un attentat aux États-Unis » par le passé. La Cour suprême, qui intervient après les rejets en appel, a partiellement rétabli le décret, sous réserve que les ressortissants des pays musulmans ciblés puissent se rendre sur le sol américain s'ils sont connus des autorités.

B. La politique à l'international

» Le réchauffement climatique

- En juin, le président a annoncé le retrait américain de l'accord sur le climat de Paris, au prétexte que cet accord ne favorise pas suffisamment les États-Unis. De fait, sur la scène internationale, les États-Unis sont isolés des 194 autres pays signataires. Mais la Californie, l'État de New York, des villes, des grandes entreprises, des mécènes (le milliardaire Michael Bloomberg s'est engagé à verser 15 millions de dollars à l'Onu) ont annoncé vouloir poursuivre la politique de réduction d'émission des GES.

- Le **Clean Power Plan** (plan pour une énergie propre) instauré par **Barack Obama** a subi le même sort que l'accord de Paris et a été abrogé par l'Administration Trump. Il avait pour objectif d'accélérer la transition énergétique en imposant notamment aux centrales thermiques la réduction de leurs émissions de CO_2 d'un tiers d'ici 2030, et en prévoyant la fermeture des centrales à charbon les plus polluantes.
- Donald Trump, qui réfute la réalité du réchauffement climatique, qualifié de « canular pour pénaliser l'économie américaine », renonce donc aux mesures de transition énergétique, même si un rapport « Fourth National Climate Assessment », (4e évaluation nationale du climat) publié par le Congrès américain reconnaît que les récentes décennies ont été les plus chaudes depuis 1 500 ans.

›› Les relations internationales

- Sur la question afghane, Donald Trump a créé la surprise en revenant sur ses déclarations. Considérant qu'un retrait des soldats américains d'**Afghanistan** était inopportun, il a décidé d'en augmenter le nombre de quelques milliers. Le contingent de soldats US n'est certes pas aussi important qu'au moment le plus sensible de l'intervention américaine, mais c'est une inversion de tendance de la politique américaine.
- En revanche, pas d'inversion de tendance en **Israël**, que les États-Unis continuent de soutenir ; ils ont notamment quitté l'**Unesco**, accusée d'être anti-israélienne. En affirmant que la coexistence de « deux États » n'est pas la seule solution et en condamnant du bout des lèvres la poursuite de la politique de colonisation israélienne, le président américain a par ailleurs suscité l'inquiétude chez les Palestiniens.
- En avril, Donald Trump avait reçu avec les honneurs **Xi Jinping**, le président chinois. En novembre, lors d'une tournée en Asie, il a tenté d'obtenir le soutien de Pékin dans la crise avec la **Corée du Nord** (*cf.* fiche 9 La Corée du Nord inquiète le monde). Il en est de même pour les relations avec l'Iran, fortement détériorées en 2017.

Plus difficile à interpréter, les relations avec le **Qatar**, dénoncé comme un État terroriste, mais sur le sol duquel sont stationnés des avions américains dans le cadre d'un accord non dénoncé.

- En Arabie saoudite, Donald Trump a signé de nombreux contrats militaires et renforcé les liens entre les deux États sans évoquer la question des droits de l'Homme.
- Invité en France à l'occasion de la Fête nationale, Donald Trump a noué un contact direct avec le président Emmanuel Macron.

C. Une présidence compliquée

Donald Trump était en difficulté fin 2017, notamment sur le plan judiciaire, en raison d'une enquête menée sur une possible collusion entre ses services de campagne et la Russie, pendant l'élection présidentielle de 2016.

›› L'affaire russe

La justice américaine a montré comment les services russes ont, pendant l'élection présidentielle, massivement utilisé les réseaux sociaux, notamment Facebook et Twitter, pour diffuser de fausses informations largement reprises aux États-Unis. Selon Facebook, « 10 millions d'Américains avaient visionné des contenus sponsorisés de 500 comptes activés depuis la Russie ».

La Russie est également accusée d'avoir piraté et diffusé pendant la présidentielle des e-mails de proches conseillers de la candidate démocrate Hillary Clinton dans le but de la discréditer.

Des enquêtes ont été ouvertes par le ministère de la Justice, le FBI, des agences américaines de renseignement, et deux commissions du Sénat et de la Chambre des représentants ont été chargées de mener des investigations.

3

Les enquêtes sont rapidement remontées jusqu'à l'entourage de Donald Trump. Son conseiller à la sécurité, **Michael Flynn** a été contraint de démissionner en février pour avoir menti sur ses conversations avec l'ambassadeur russe aux États-Unis.
Le directeur du FBI, **James Comey**, a été limogé en mai par Donald Trump. Lors d'une audition extraordinaire au Sénat, il avait révélé avoir subi des pressions de la Maison Blanche pour interrompre l'enquête russe.
Nommé procureur spécial pour reprendre l'enquête, **Robert Mueller** a mis en accusation trois membres de l'équipe de campagne de Donald Trump, l'ex-directeur de campagne **Paul Manafort**, son associé **Richard Gates**, et **George Papadopoulos**, chargé des relations internationales. Ils font l'objet de 12 chefs d'inculpation, parmi lesquels celui de « complot contre les États-Unis ».
L'étau s'est resserré autour du président, mais la Justice n'a pas évoqué de preuve de collusion directe. Si de telles preuves devaient être présentées, elles menaceraient Donald Trump de destitution.

» Démissions et limogeages

L'année a été ponctuée par plusieurs départs de proches du président ou de personnalités occupant des postes clés du pouvoir. C'est le cas, notamment, de James Comey, directeur du FBI, ex-procureur fédéral et ancien vice-ministre de la Justice. Il enquêtait sur les soupçons d'ingérence russe dans la présidentielle de 2016.
Le porte-parole du président, **Sean Spicer**, a démissionné au bout de six mois pour protester contre la nomination d'un directeur de la communication, **Anthony Scaramucci**, qui ne restera que quelques jours en poste.
Le secrétaire général, **Reince Priebus**, a été limogé le 31 juillet et remplacé par le général John Kelly, jusqu'ici ministre de la Sécurité intérieure.
Donald Trump a également fini par limoger son conseiller **Steve Bannon**, qui avait dirigé *Breitbart News*, relais de l'Alt-right américaine.
Autre conseiller controversé du président, **Sebastian Gorka**, accusé par ses détracteurs d'avoir des liens avec des groupes d'extrême droite, a quitté la Maison Blanche le 25 août.

» La guerre avec les médias

Donald Trump n'est pas le premier homme politique à regretter le traitement par les médias de certains sujets ou d'actions gouvernementales, mais le président américain est allé beaucoup plus loin : insultes, menaces de représailles, voire interdiction pour certains médias d'assister au *briefing* quotidien du porte-parole de la Maison Blanche. Sont visés notamment le *New York Times*, *Los Angeles Times*, CNN, *Politico*, qualifiés d'« ennemis des Américains ».

» La fracture

Plusieurs événements tragiques ont révélé la fracture au sein de la société américaine. Charlottesville, notamment, ville du Sud conservateur, a été le théâtre de violences entre suprémacistes blancs d'extrême droite et opposants ayant causé la mort d'une contre-manifestante. Le président Trump a semblé mettre dos à dos les deux camps, dans une déclaration ambiguë qui ne désavouait pas explicitement l'Alt-right, extrême droite radicale et identitaire.

2 Le contexte

A. L'élection de 2016

» Une campagne électrique

La campagne présidentielle de 2016 a été l'une des plus tendues de l'histoire américaine. Trump y a multiplié les propos xénophobes, les mensonges et les promesses irréalistes. Les réseaux sociaux, les sites web de propagande, travestis en sites d'information

alternatifs, ont également joué un rôle important. Une étude avait montré fin 2016 qu'une majorité d'Américains ne faisait pas la différence entre les sites d'information et les sites de campagne.
Hillary Clinton n'a obtenu que tardivement l'investiture démocrate, la gauche et les jeunes du Parti lui préférant son challenger, **Bernie Sanders**, qui s'est ensuite rallié à elle. Elle n'a pas su créer d'enthousiasme autour de sa candidature et a souffert de l'affaire des e-mails. Alors qu'elle était secrétaire d'État (2009-2013), elle avait utilisé un serveur privé de messagerie et non un serveur sécurisé obligatoire. Durant la campagne, à onze jours du scrutin, le chef de la police fédérale avait opportunément relancé l'affaire en révélant la découverte de nouveaux messages par le FBI. Ce scandale a alimenté le procès en malhonnêteté fait à Hillary Clinton.
Donald Trump a quant à lui accumulé les obstacles et chuté de nombreuses fois, réussissant l'exploit de toujours se relever. Malgré des accusations d'agressions sexuelles, les électrices ne l'ont pas sanctionné. De même, dans un pays où le respect des militaires est une obligation morale, le candidat républicain s'en est pris aux parents musulmans d'un soldat américain d'origine pakistanaise, mort en Irak en 2004. Là non plus, le scandale qui a suivi n'a pas eu d'impact sur le scrutin. Ni le refus du candidat de révéler ses revenus (une habitude des candidats aux États-Unis), ni ses insultes envers les Mexicains, pas plus que la perte, pendant la campagne, du soutien de membres influents du Parti républicain, **John McCain**, **Paul Ryan**, **Paul Wolfowitz**.

» Les résultats

Donald Trump a remporté le suffrage de 306 grands électeurs, contre 232 à Hilary Clinton (la majorité des grands électeurs est fixée à 270).
Pour la deuxième fois dans l'histoire récente des élections présidentielles aux États-Unis, le système de scrutin indirect fait que le candidat qui remporte l'élection n'est pas celui qui remporte le plus de voix. En effet, Hillary Clinton a remporté plus de 2,3 millions de voix de plus que Donald Trump (64 874 143 contre 62 516 883). En pourcentage, Clinton a donc obtenu 48,1 % des votes contre 46,4 % pour Trump.
En 2000, le Démocrate Al Gore avait déjà perdu face à George W. Bush tout en devançant celui-ci d'environ 544 000 voix.
Trump arrive nettement en tête chez les électeurs masculins sans diplôme supérieur. Il l'est aussi auprès de l'électorat blanc en général. Dans l'électorat féminin, en dépit de ses nombreux dérapages sexistes et des accusations de harcèlement sexuel, les femmes ne se sont pas massivement détournées.
Si Clinton a remporté plus de voix chez les électrices, elle réalise un score identique à celui de Barack Obama quatre ans plus tôt. Les électorats noirs et hispaniques ont voté en masse pour elle (respectivement 80 % et 70 %) mais c'est moins que lors des deux élections de B. Obama (90 %).
De même, les grandes zones urbaines ont majoritairement voté pour Clinton, les régions plus rurales pour Trump. Ce découpage du vote très contrasté rappelle le scrutin du **Brexit**, et une opposition ville-campagne plus prononcée que jamais. Concentrées sur les côtes Est et Ouest, les élites américaines ont oublié le reste du pays.

» Sénat et Chambre des représentants

Les Américains ont également désigné un tiers de leur Sénat (mandats de six ans) et la totalité de la Chambre des représentants (deux ans).
Les deux chambres sont à majorité républicaine :
- 52 Républicains, 48 Démocrates au Sénat,
- 194 Démocrates et 238 Républicains à la Chambre des représentants.

Amériques - Les présidents des États-Unis

3

» Donald Trump

14 juin 1946 : naissance à New York. Son père est un riche promoteur immobilier.
1968 : école de commerce en Pennsylvanie, puis rejoint l'entreprise familiale.
1978 : lance son entreprise de construction (hôtels et bâtiments).
1983 : construction de la Trump Tower à Manhattan (5e avenue).
1991 : déboires dans plusieurs opérations immobilières.
Janvier 2004 : présentateur vedette de l'émission de téléréalité « The Apprentice ».
16 juin 2015 : annonce sa candidature à la présidence des États-Unis.
3 mai 2016 : Ted Cruz, abandonne la course à la primaire, Trump seul en lice.
21 juillet 2016 : la convention républicaine désigne Trump candidat.
7 novembre 2016 : bat Hillary Clinton.
20 janvier 2017 : prise de fonction en tant que 45e président des États-Unis.

3 Thème de réflexion

» L'Amérique d'abord

Par **Michel Derczansky**

Fondateur et directeur de la *Revue d'Études israéliennes*, co-directeur du séminaire sur la Géopolitique des identités nationales au collège des Bernardins

L'élection du 45e président des États-Unis marque un tournant incontestable dans les relations internationales.

Depuis son arrivée à la Maison Blanche, le 20 Janvier 2017, de Donald Trump affirme sa prise de distance stratégique avec le multilatéralisme qui s'était imposé depuis la fin de la Seconde Guerre mondiale et avec la conception que les États-Unis étaient le garant d'un monde libre en matière de relations internationales.

Cette nouvelle conception s'inscrit dans une perspective qualifiée de « jacksonienne », en référence à Andrew Jackson (1767-1845) qui fut le porteur d'une politique nationaliste et isolationniste. Ce qui signifie le non-interventionnisme, excepté en cas de danger contre les citoyens américains.

À cette nouvelle orientation, il faudrait ajouter un nouvel ingrédient stratégique selon le Professeur Walter Russell Mead, celle d'une vision économique conditionnée par l'intérêt strictement national. Une vision « hamiltonienne » en référence à Alexander Hamilton (1757-1845), fondateur notamment du parti fédéraliste.

C'est donc sans surprise que le président Donald Trump met en œuvre une promesse de campagne électorale, promesse qualifiée par certains de populiste : « America First ».

Sur le plan institutionnel, force est de constater que la vieille Constitution américaine voulue par les pères fondateurs en 1787 avec la mise en place de contrepoids est efficiente. En outre, le fédéralisme laisse une grande latitude en matière de justice et de décisions politiques. Ainsi, le 10 octobre 2017, le juge de la Cour fédérale d'Hawaï a retoqué et bloqué la dernière version du « Muslim Act ». La Californie a elle affirmé sa volonté de faire appliquer sur l'ensemble de son État les directives et incitations de l'accord de Paris sur le climat ; l'Obamacare est jusqu'à ce jour toujours en place, le Congrès l'ayant maintenu en l'état...

La rhétorique du président Trump est très déstabilisante pour les alliés des États-Unis, notamment lorsqu'il proclame à un allié vieux de 70 ans, l'Arabie saoudite : « L'Amérique est une Nation souveraine et notre priorité est toujours la sécurité de nos citoyens ».

Lorsque cet allié est stratégique au cœur du Moyen-Orient, qu'il partage avec le Président des États-Unis sa perception de l'Iran, qu'il approuve le refus de Donald Trump de signer la certification de l'accord sur le nucléaire iranien dans le cadre du JCPOA (*Joint Comprehensive Plan of Action*), et qu'il renvoie cette responsabilité vers le Congrès, que

doit comprendre et percevoir cet allié de l'engagement américain dans cette partie du monde ?
Qu'il poursuivra le désengagement entrepris par son prédécesseur Obama et qu'il interviendra uniquement si les intérêts vitaux des États-Unis sont en jeu ?
Aussi, afin de mieux saisir et décrypter cette nouvelle stratégie géopolitique, il faut entendre également la vision qu'en donnent les plus proches conseillers de Donald Trump. Le Conseiller à la sécurité nationale, Herbert Mc Master et le Directeur du conseil national pour l'économie, Gary Cohn, dans un article du *Wall Street Journal* le 30 mai 2017, déclarent « il n'y a pas pour le Président de Communauté mondiale, le monde et les entreprises sont en relation et en compétition... » !
C'est ainsi que le nouveau président des États-Unis fait vivre un sentiment d'incertitude. Toutefois, la stratégie américaine, du moins pour l'instant, repose toujours sur des fondamentaux qui sont de disposer d'un réseau d'alliances en étoiles ayant pour objectif d'empêcher que ne se lève une puissance hégémonique en Europe ou en Asie.
Ces réseaux d'alliances ont ainsi la vertu de faire disparaître la potentialité d'une concurrence en matière de sécurité. Autrement dit, « d'assurer et d'assumer la sécurité internationale commune ». Cette stratégie peut s'accommoder d'ajustements pouvant tendre vers l'isolationnisme, sans porter atteinte à la vision stratégique d'ensemble. Car une pratique de l'isolationnisme peut comporter des éléments de *realpolitik* d'équilibre des forces, sans qu'ils soient pour autant des paramètres stratégiques de premier plan. Paradoxalement, cette vision géopolitique pourrait parfaitement correspondre à la vision qu'a notamment la Chine de l'Europe, et plus particulièrement de l'Union européenne.
Le vieux continent doit lui aussi s'adapter à la nouvelle stratégie du locataire de la Maison Blanche qui bouleverse l'équilibre stratégique franco-allemand.
La France, pendant de longues années, fut marquée par la stratégie gaulliste de jouer des divisions : celle de l'Allemagne et d'un monde divisé en deux blocs de superpuissances. François Mitterrand poursuivit cette politique jusqu'à la chute du Mur de Berlin.
Et ceci sans oublier par ailleurs la construction d'une puissance stratégique nucléaire, et l'élaboration de la monnaie unique au sein de l'Union européenne à laquelle la France avait voulu rattacher l'Angleterre pour contrebalancer l'Allemagne.
Cette stratégie, avec notamment le Brexit, s'est effondrée ; dès lors, c'est à l'Allemagne, avec le désengagement programmé de l'influence stratégique des États-Unis sur ce continent, que revient le rôle de leadership pour la sécurité en Europe centrale et orientale face aux velléités de la Russie. Toutefois, l'Allemagne devra surmonter des obstacles tant culturels que politiques.
En Asie, l'affirmation de la politique du président Trump pourrait paradoxalement être moins déstabilisante, et ceci malgré une communication erratique. En effet, face à un leadership chinois incontestable et incontesté, qui bénéficie de par la nature même de son régime politique d'une très grande stabilité, il n'y a pas de volonté affirmée des États-Unis d'appliquer une vision géopolitique. Le prisme qui s'impose ici et maintenant avec le nouveau locataire de la Maison Blanche est une stratégie reposant presque exclusivement sur l'économie ayant pour matrice le libéralisme.
Ceci, naturellement, en dehors de l'exception de la Corée du Nord, où, là encore, sans les Chinois rien ne pourra se faire. Les relations seront donc d'ordre économique, plus que politique.
Les Chinois avec les Américains sauront, à n'en pas douter, faire vivre un principe qui permet à la Chine de faire cohabiter le totalitarisme avec le libéralisme économique. Et qui se résume par cette devise de *realpolitik* : *same bed different dreams*.

France

Économie : les premiers pas du président Macron

La promesse d'action rapide du candidat Macron a été tenue. Dès l'été 2017, plusieurs mesures importantes concernant le travail et la fiscalité ont été mises en place. Le débat a été vif sur la forme, les ordonnances, et sur le fond, la souplesse sur le marché du travail.

1 Les faits

A. Qu'est-ce qu'une ordonnance ?

Le 31 août 2017, le Gouvernement a présenté le contenu des cinq **ordonnances** qui modifieront le droit du travail. Deux principes sont à rappeler pour comprendre ce que sont les ordonnances.

- La séparation des pouvoirs. Le pouvoir de faire des lois, c'est-à-dire le pouvoir législatif, appartient à l'Assemblée nationale et au Sénat. L'article 34 de la Constitution définit le domaine de la loi : sur tous les sujets listés (éducation, impôts, immigration, fiscalité, régimes de retraite, assurance-chômage, droit du travail, défense nationale, notamment), c'est le pouvoir législatif qui a la main.
- La hiérarchie des normes. Les décrets, les lois, les arrêtés, n'ont pas tous la même force, la même valeur. Un décret, décidé par le pouvoir exécutif, ne peut être contraire à la loi, votée par le pouvoir législatif qui lui est supérieur. Au sommet de la hiérarchie des normes, se trouve la Constitution.

» Une ordonnance est une délégation de pouvoir de légiférer donnée au Gouvernement, pendant un délai limité, sur un sujet déterminé.

Prévue par la Constitution (article 38), l'ordonnance est pour l'exécutif un moyen de légiférer plus rapidement. La procédure dite du **49-3**, qui interrompt la discussion parlementaire, en est une autre.

Sous les IIIe et IVe Républiques, les ordonnances s'appelaient « décrets-lois ».

Les présidents François Hollande et Nicolas Sarkozy ont, avant Emmanuel Macron, eu recours à cette procédure à de nombreuses reprises. L'avantage pour l'exécutif est d'appliquer un projet rapidement en évitant les navettes entre l'Assemblée nationale et le Sénat et l'obstruction parlementaire (la discussion de nombreux amendements déposés dans le seul but de ralentir une procédure). L'inconvénient est que le Parlement, et donc la représentation nationale, ne peut ni discuter, ni modifier le texte.

La procédure est la suivante :
- Le Gouvernement prend l'initiative (ou relaie celle du Président).
- Le Gouvernement adopte un projet de loi d'habilitation, soumis aux parlementaires.
- L'habilitation est votée, elle donne compétence au Gouvernement pour intervenir dans le domaine législatif dans un délai limité et après avoir présenté au Parlement le domaine d'intervention des ordonnances.
- Le président de la République signe les ordonnances (article 13 de la Constitution).
- L'ordonnance est promulguée et entre en vigueur immédiatement.
- Un projet de loi de ratification de l'ordonnance est présenté au Parlement. Si le Parlement la ratifie, l'ordonnance ratifiée prend force de loi.

B. Le contenu des ordonnances sur le travail

« Ce qui est en jeu, c'est changer l'état d'esprit du Code du travail et faire confiance aux acteurs de terrain pour savoir ce qui est bon pour les entreprises, ce qui est bon pour les salariés ». Muriel Pénicaud, la ministre du Travail, résume en ces termes la philosophie des ordonnances présentées. *« Une réforme de transformation profonde, assez ambitieuse et efficace pour continuer à faire baisser le chômage de masse et permettre de ne pas revenir sur ce sujet durant le quinquennat »* a commenté Emmanuel Macron. Les mesures annoncées réformant le droit du travail ont été globalement saluées par les représentants syndicaux des employeurs et principalement par ceux des PME et TPE, quand les représentants syndicaux des salariés déploraient une fragilisation du statut des salariés.

» Les Prud'hommes

Création d'un plafond et d'un plancher d'indemnité dans certains cas de licenciement abusif. Le plafond est d'un mois de salaire en dessous d'un an d'ancienneté, et jusqu'à 20 mois de salaire au-delà de 28 ans d'ancienneté. Le plancher est fonction de l'ancienneté (trois mois de salaire à partir de deux ans).
L'objectif est de donner de la visibilité aux entreprises pour qu'elles puissent anticiper.

» Le licenciement

- Les indemnités légales de licenciement sont augmentées, elles passent de 20 à 25 % de mois de salaire par année d'ancienneté.
- Un vice de forme n'empêchera plus un examen de la procédure sur le fond.
- Les salariés auront un an pour saisir les prud'hommes (et non plus deux).
- Les entreprises pourront lancer des plans de départ volontaires en dehors de plans sociaux, il s'agit d'une forme de rupture conventionnelle collective. Cette forme de rupture est aujourd'hui individuelle).
- Les difficultés économiques des groupes internationaux qui licencient en France seront étudiées au niveau français.

» Dialogue social

- Dans les entreprises de moins de 20 salariés sans élus du personnel, l'employeur pourra soumettre à référendum un projet d'accord sur les thèmes ouverts à la négociation d'entreprise. Une majorité des 2/3 sera obligatoire.
- Dans les entreprises entre 11 et 49 salariés, l'employeur pourra, en l'absence de délégués syndicaux, négocier avec un élu non mandaté par un syndicat.
- Fusion d'ici 2020 des délégués du personnel (DP), du comité d'entreprise (CE) et du comité d'hygiène de sécurité et des conditions de travail (CHSCT) dans un « comité social et économique ».

» Type de contrat

Les branches sont autorisées à modifier par accord la durée, le nombre de renouvellements et la période de carence des CDD, ainsi qu'autoriser le recours au CDI de chantier, contrat qui peut se terminer une fois un chantier achevé.

» Pouvoir branche/entreprise

- L'accord de branche l'emporte sur : les minimas conventionnels, classifications, mutualisation des financements paritaires (prévoyance, formation...), gestion et qualité de l'emploi (temps partiel, contrats courts...), égalité professionnelle.
- La branche peut décider si ses accords priment ou non sur ceux d'entreprises dans d'autres cas : pénibilité, handicap, conditions d'exercice d'un mandat syndical, primes pour travaux dangereux.
- L'accord d'entreprise prime sur tous les autres sujets (prime d'ancienneté, 13e mois).

C. La fiscalité en 2018

Le Gouvernement a annoncé en 2017 plusieurs mesures fiscales, certaines présentes dans le **projet de loi de finances** (PLF) 2018.

- La suppression de la taxe d'habitation en trois ans pour 80 % des foyers qui y sont assujettis (17 millions de ménages). Le Gouvernement a précisé que les communes qui ne percevront plus la taxe d'habitation bénéficieront d'un dégrèvement en contrepartie de cette suppression.
- Le taux de la **contribution sociale généralisée** (CSG) va augmenter de 1,7 point, soit un gain attendu de 20 milliards d'euros pour l'État.
- La suppression des cotisations chômage et maladie pour les salariés du secteur privé, soit une augmentation salariale de 3,15 % du salaire.
- L'**impôt de solidarité sur la fortune** (ISF) (environ 350 000 foyers dont le patrimoine dépasse 1,3 million d'euros) est remplacé par un impôt sur la fortune immobilière (IFI). Manque à gagner d'environ 3,2 milliards pour l'État.
- L'impôt sur les sociétés (IS) sera baissé pour toutes les entreprises, dès 2018 pour certaines, en fonction du montant imposable puis pour toutes avec un taux de 31 % en 2019, 28 % en 2020, 26,5 % en 2021 et 25 % en 2022 et avec un taux réduit de 15 % pour les petites entreprises.
- Un prélèvement forfaitaire unique (PFU) de 30 %, qualifié de « **flat tax** », est mis en place sur les revenus mobiliers.
- Le **crédit d'impôt compétitivité emploi** (CICE) est supprimé (à partir de 2019) remplacé par la baisse des charges.

2 Le contexte

A. La loi travail

Les ordonnances modifiant le Code du travail ont été prises dans la continuité de l'adoption, en 2016, de la « loi n° 2016-1088 relative au travail, à la modernisation du dialogue social et à la sécurisation des parcours professionnels », connue sous le nom de « **loi Travail** », promulguée le 8 août 2016.

Son but est d'alléger les contraintes pour les entreprises, sur le temps de travail et son organisation, notamment, tout en préservant les droits des salariés par la création d'un **Compte personnel d'activité** (CPA). Il s'agit également de donner la priorité à des accords locaux au sein des entreprises sur les accords de branches professionnelles.

» Le temps de travail

Le texte prévoit que l'accord d'entreprise prenne le pas sur les accords de branches, plus généraux (article 8). Les ordonnances ont développé ce point. Les syndicats estiment que ces modifications sont une manière de les contourner.

Les PME (de moins de 50 salariés) pourront proposer aux salariés le forfait-jour de RTT, assouplissant, de fait, le principe des 35 heures.

La loi prévoit aussi qu'en cas de développement de l'entreprise, de gain de marchés, l'entreprise pourra ponctuellement augmenter le temps de travail de ses salariés pour répondre aux nouveaux besoins de son activité. Un salarié devra s'y soumettre.

4

» **Durée de travail maximale**
Elle augmente de 10 à 12 heures par jour, de 48 à 60 heures par semaine sous condition d'un accord collectif et devra être justifiée par l'entreprise.

» **Heures supplémentaires**
Comme pour le temps de travail, un accord collectif peut modifier la majoration de rémunération des heures supplémentaires.

» **Le référendum d'entreprise**
Un syndicat représentant moins de 30 % des salariés peut demander un référendum d'entreprise ; si les salariés le votent, il est adopté. Un syndicat majoritaire ne pourrait l'empêcher. Le but de la loi est d'éviter le blocage de la situation par un syndicat alors que les salariés et leur direction seraient en phase.

» **Licenciement économique**
Le texte définit plus précisément les motifs de licenciement économique, très vagues jusqu'à présent. Le but est de permettre aux entreprises de savoir quand elles seront autorisées à licencier économiquement des salariés sans risque de requalification devant le tribunal des prud'hommes.

» **Indemnités aux prud'hommes**
La loi fixe un barème indicatif de montant maximum d'indemnités prud'homales en fonction de l'ancienneté. Les entreprises demandent de la visibilité car elles sont aujourd'hui dans la plus grande incertitude concernant le montant des indemnités qu'elles pourraient être condamnées à verser. Ce point est, de fait, modifié par les ordonnances qui ont fixé un plafond et un plancher.

» **Garantie jeunes**
Elle devient un droit ouvert à tous les jeunes en situation de décrochage. Ils peuvent être accompagnés par une mission locale et percevoir une aide mensuelle.

» **Compte personnel d'activité**
Il comprend le compte personnel de formation (le droit à la formation que chaque salarié garde désormais, même en cas de changement d'employeur), le compte pénibilité (qui permet en cas de travail pénible de gagner un droit au temps partiel ou à un départ anticipé à la retraite) et le futur compte d'engagement citoyen (pour bénéficier d'heures de formation en cas de volontariat).

» **Réflexion sur le Code du travail**
Création d'une « commission d'experts et de praticiens des relations sociales » pour modifier la partie législative du Code du travail.

B. Les données économiques de la France

Les perspectives de l'économie française étaient favorables mais fragiles fin 2017.
La meilleure nouvelle vient de la reprise de la croissance, attendue à 1,8 % en 2017 (il s'agirait d'un record sur les dernières années).
L'Insee prévoit pour 2017 une accélération des exportations et de l'investissement des ménages (+ 5 %, record depuis 2006) et des entreprises (+ 3,9 %).
Les exportations françaises devraient croître de 3,3 %, après 1,9 % en 2016.
L'autre tendance favorable concerne la création nette d'emplois salariés : l'emploi salarié a augmenté de plus de 300 000 postes en 2017, soit une hausse de 1,2 %.

	Déficit public en % du PIB	Dette publique en % du PIB	Chômage en % de la pop.	Croissance en %
2009	7,9	78,3	10	- 2,7
2010	7,1	81,7	9,2	1,5
2011	5,3	85,8	9,8	1,7
2012	4,9	90,6	10,2	0
2013	4,3	93,5	9,9	0,4
2014	4	95	10,1	0,2
2015	3,5	95,7	10	1,1
2016	3,4	96,3	9,6	1,2
2017 *	2,9	98,9 **	9,2 ***	1,8

* Prévisions.
** Au 31/9/17, prévision 2017 autour de 100 %.
*** Au 31/9/17.

» La guerre des chiffres

Les chiffres de l'**Insee** et ceux de Pôle emploi ne sont pas identiques et évoluent parfois différemment. Leur mesure du chômage n'est pas la même.

- Pôle emploi recense les demandeurs d'emploi enregistrés sur ses listes quand l'Insee mesure à partir d'une enquête effectuée chaque trimestre sur 110 000 personnes.
- L'Insee calcule le taux de chômage au sens du **BIT** (Bureau international du travail).

Les normes internationales définissent comme chômeur une personne « en âge de travailler qui n'a pas travaillé, ne serait-ce qu'une heure, au cours de la semaine donnée, qui est disponible pour travailler dans les deux semaines et a entrepris des démarches actives de recherche d'emploi dans le mois précédent ».

Pour Pôle Emploi, est chômeur toute personne qui s'inscrit à l'opérateur en tant que demandeur d'emploi, et notamment en catégorie A, toute personne qui n'a pas du tout travaillé dans le mois précédant l'inscription.

Ainsi, un chômeur au sens de l'Insee ne le sera pas forcément pour Pôle emploi, et inversement.

» Les catégories de demandeurs d'emplois

- Catégorie A : demandeurs d'emploi tenus de faire des actes positifs de recherche d'emploi, sans emploi.
- Catégorie B : demandeurs d'emploi tenus de faire des actes positifs de recherche d'emploi, ayant exercé une activité réduite courte (78 heures ou moins au cours du mois).
- Catégorie C : demandeurs d'emploi tenus de faire des actes positifs de recherche d'emploi, ayant exercé une activité réduite longue (plus de 78 heures au cours du mois).
- Catégorie D : demandeurs d'emploi non tenus de faire des actes positifs de recherche d'emploi (en raison d'un stage, d'une formation, d'une maladie...), demandeurs d'emploi en convention de reclassement personnalisé (CRP), en contrat de transition professionnelle (CTP), contrat de sécurisation professionnelle (CSP).
- Catégorie E : demandeurs d'emploi non tenus de faire des actes positifs de recherche d'emploi, en emploi (par exemple : bénéficiaires de contrats aidés).

4

3 Thème de réflexion

» Les armes changent

Les premières mesures économiques du quinquennat d'Emmanuel Macron ont montré rapidement les différences avec celui de François Hollande.

L'ancien président socialiste avait privilégié les emplois aidés et des dispositifs comme les emplois d'avenir, les emplois de génération, le CICE. Des dispositifs pas toujours très lisibles, complexes, et dont les effets sont difficilement quantifiables.

Emmanuel Macron a diminué le nombre d'emplois aidés, l'efficacité de ce dispositif sur le marché de l'emploi étant mise en doute, et s'est débarrassé du CICE pour le remplacer par une baisse des charges.

D'autres mesures symboliques et plus visibles (suppression de la taxe d'habitation, notamment) ont aussi le bénéfice de la clarté.

L'ancien ministre de l'Économie de François Hollande est allé un cran plus loin que la loi Travail, dont il est l'un des initiateurs, en partant d'un postulat : simplifier, fluidifier les entrées et les sorties dans le monde du travail permettra de développer l'emploi.

Les PME et TPE, les plus proches de la réalité du terrain, de l'embauche et du besoin de souplesse dans le travail et premières soumises au carcan législatif, sont les premières à avoir applaudi aux mesures contenues dans les ordonnances.

Pour être efficaces, ces mesures devront aussi s'accompagner d'une simplification non pas du monde du travail mais de l'Administration française. Si souvent annoncé, le « choc de simplification » n'a pas vu le jour, tandis que normes, procédures, ordres et contre-ordres administratifs s'amoncellent comme autant de repoussoirs pour investir et développer des activités.

Emmanuel Macron, sans l'annoncer ouvertement, veut se rapprocher du modèle de flexisécurité (contraction des mots « flexibilité » et « sécurité ») de l'Europe du Nord : des règles d'entrée et de sortie dans le monde du travail plus souples, moins de contraintes à l'embauche et à la séparation pour les employeurs, un renforcement de l'assurance chômage et de la formation pour protéger les salariés.

Pour être efficaces et ne pas s'apparenter à une simple précarisation des emplois, les dispositifs doivent reposer sur un système de formation et de formation continue très performant, qui n'existe pas en France aujourd'hui. Une réforme est annoncée.

La fin de l'état d'urgence en France

La société française s'est adaptée, comme d'autres avant elle, à un nouvel ordre sécuritaire en lien avec le risque terroriste. La France est sortie en 2017 de sa plus longue période d'état d'urgence et a renforcé son dispositif permanent de prévention.

1 Les faits

A. Les attentats

Les attentats de 2015, *Charlie Hebdo* en janvier, le Bataclan et Saint-Denis en novembre puis ceux de 2016 à Nice et Saint-Étienne-du-Rouvray ont modifié pour longtemps le rapport des Français au terrorisme et à sa lutte.

Finie l'observation lointaine, à l'étranger, de faits abstraits, le terrorisme est aussi présent sur le territoire national, entraînant une prise de conscience du danger et la nécessité de le combattre avec le meilleur arsenal judiciaire possible.

En 2017, le pays a été confronté à deux types d'actes terroristes : les attaques contre des forces de l'ordre, souvent la force Sentinelle déployées pour protéger les lieux sensibles (gares, aéroports...) et les actes individuels meurtriers d'individus radicalisés, se réclamant de l'**État islamique** (EI), ou revendiqués par l'organisation terroriste.

» Les militaires et policiers visés

- Le 3 février à Paris, un Égyptien attaque des militaires de la force Sentinelle au Carrousel du Louvre, un militaire est blessé, l'homme maîtrisé.
- Le 18 mars à Orly, un homme attaque une patrouille Sentinelle de l'aéroport, il est abattu.
- Le 20 avril sur les Champs-Élysées, un homme attaque un car de police, tue un policier, en blesse un autre. Il est abattu.
- Le 6 juin, un Algérien attaque au marteau des policiers à Notre-Dame de Paris, il est maîtrisé.
- Le 19 juin, un homme lance sa voiture sur un fourgon de gendarmerie sur les Champs-Élysées, il est abattu.
- Le 9 août, une patrouille de l'opération Sentinelle est prise pour cible à Levallois-Perret dans un attentat à la voiture bélier. Six militaires sont blessés. Le terroriste est arrêté quelques heures plus tard.

5

» Les agressions terroristes

- Plusieurs agressions ont eu lieu durant l'année sans qu'il soit possible de déterminer avec exactitude le mobile des agresseurs, en fuite ou tués, ils sont parfois islamistes radicaux, parfois déséquilibrés mentaux, sans lien avec la religion.
- Le 30 septembre, à Paris, un attentat à la bouteille de gaz est déjoué de justesse, cinq personnes, dont un radicalisé connu des services de police, sont interpelées.
- Le 1er octobre à Marseille, un homme tue deux femmes sur le parvis de la gare Saint-Charles avant d'être abattu par les policiers. L'attentat est revendiqué par l'EI.

» Les principaux attentats islamistes dans le monde en 2017

Le groupe État islamique a revendiqué de nombreux attentats dans le monde en 2017, majoritairement localisés dans les zones de guerre, en Irak et en Syrie. D'autres attentats ont frappé des zones de conflit au Pakistan, en Afghanistan (des groupes souvent liés à Al-Qaïda) ou encore au Nigeria (Boko Haram) en Somalie (*shebab*).

- Janvier : fusillade dans une discothèque d'Istanbul en Turquie, 39 morts des centaines de blessés, revendiqué par EI.
- Mars : en Afghanistan, l'EI revendique un attentat dans un hôpital, 50 morts ; en Russie, l'EI attaque une base militaire, 12 morts.
- Avril : une ligne du métro de Saint-Pétersbourg en Russie est touchée, plus de 20 morts ; en Suède, un camion fonce dans la foule à Stockholm, 5 morts.
- Mai : c'est la foule d'un concert qui est touchée à Manchester au Royaume-Uni, 22 morts.
- Juin : le Royaume-Uni est à nouveau frappé quand des terroristes de l'EI foncent en camionnette sur la foule sur le London Bridge et tue ensuite à l'arme blanche 11 personnes. L'Iran est aussi touché par des attentats, au centre de Téhéran, au Parlement et au Mausolée de l'ayatollah Khomeini, 12 morts.
- Juillet : l'EI revendique un attentat dans un supermarché en Allemagne.
- Août : les attentats à la voiture bélier de Barcelone et Cambrils en Espagne marquent les esprits, d'importants stocks de munitions sont retrouvés ; en Finlande, l'EI revendique une attaque au couteau à Turku, une autre à Sourgout en Sibérie et à Bruxelles en Belgique, déjà endeuillé en 2016.
- Septembre : nouvelles attaques contre des policiers devant Buckingham Palace et dans le métro.
- Octobre : attaque à la camionnette à New York, 8 morts et 11 blessés.
- Novembre : attentat contre une mosquée dans le Sinaï égyptien, plus de 300 morts.

B. La prolongation de l'état d'urgence

Fin mai, le Gouvernement annonçait vouloir prolonger l'état d'urgence jusqu'au 1er novembre. Son échéance était initialement fixée au 15 juillet.

Cette annonce est intervenue deux jours après l'attentat de Manchester, revendiqué par l'État islamique, où 22 personnes dont de nombreux enfants ont perdu la vie.

Saisi, le Parlement a voté la prolongation dans les deux chambres, Assemblée nationale et Sénat. Le Gouvernement a précisé qu'à l'issue de la période d'exception qu'est l'état d'urgence, une nouvelle loi entrerait en vigueur pour lutter contre le terrorisme.

L'état d'urgence avait été décrété fin 2015 après les attentats de novembre, les plus meurtriers jamais commis en France. Il a été prolongé à six reprises : la France a vécu 23 mois d'état d'urgence sans interruption, cela ne s'était jamais produit.

›› Bilan chiffré de l'état d'urgence

Sous la période d'état d'urgence (13 novembre 2015 - 1er novembre 2017)

- 5 attentats perpétrés faisant 92 morts (Magnanville, Nice, Saint-Etienne-du-Rouvray, Champs-Elysées, Marseille).
- 13 tentatives d'attentat.
- 32 attentats déjoués.
- 4 469 perquisitions administratives ordonnées (625 armes saisies dont 78 armes de guerre).
- 754 assignations à résidence prononcées (au 1er novembre 2017 : 41 toujours en vigueur).
- 19 lieux de culte fermés (au 1er novembre 2017 : 11 toujours fermés).
- 75 zones de protection et de sécurité décidées.
- 12 000 personnes inscrites au Fichier de traitement des signalements pour la prévention de la radicalisation à caractère terroriste (FSPRT).
- 25 000 personnes sont fichées « S » (Sûreté de l'État) dont 9 700 pour radicalisation, essentiellement liées à la mouvance terroriste islamiste.

C. La nouvelle loi

Le Parlement a définitivement adopté en octobre le projet de loi sur la lutte contre le terrorisme. Il comprend une série de mesures destinées à prévenir, anticiper et lutter contre des attentats. Ce renforcement du dispositif de droit commun doit permettre de redonner un caractère exceptionnel à celui d'état d'urgence.

›› Les préfets ont désormais le pouvoir de mettre en place des **périmètres de protection** avec des filtrages et des inspections effectués par des policiers ou des sociétés privées. Ils peuvent aussi décider de la **fermeture administrative** de lieux de culte s'ils sont suspectés d'y faire de la propagande terroriste. Le gestionnaire du lieu de culte pourra saisir la justice pour s'y opposer.

Les règles de l'**assignation administrative** à domicile ont évolué. Désormais, le périmètre des assignations s'étend au minimum au territoire de la commune et non plus au seul domicile. La volonté du législateur est de permettre à un mis en cause de poursuivre une vie professionnelle. Il devra pointer une fois par jour à un poste de police. La durée est de six mois, renouvelable deux fois pour une période de trois mois.

Les **perquisitions administratives** sont possibles sur autorisation du juge des libertés et de la détention, elles sont nommées « visites » et ne peuvent concerner les locaux professionnels des avocats, magistrats et journalistes. Lors de ces visites, une retenue de quatre heures est possible. Les parlementaires sont informés en temps réel des mesures prises.

La loi permet la mutation ou la radiation de fonctionnaires ou militaires suspectés de **radicalisation** lorsqu'ils exercent des missions en lien avec la sécurité ou la défense.

Elle facilite aussi les écoutes téléphoniques et autorise le recours à des algorithmes sur les réseaux de communication pour détecter des connexions susceptibles de révéler une menace terroriste.

Le **contrôle aux frontières** est élargi par rapport au code Schengen. Les contrôles sont désormais possibles pendant douze heures et non plus six et sur une zone plus large autour des gares et aéroports ainsi que dans des zones définies par arrêté.

Enfin, elle intègre dans la législation nationale le « Passenger Name Record », PNR.

D. La « Task » force

C'était une promesse de campagne d'Emmanuel Macron. Le Journal officiel du 15 juin 2017 a annoncé la création d'un **Centre national de contre-terrorisme** (CNCT) et la nomination d'un coordonnateur national du renseignement et de la lutte contre le terrorisme. Le but de cette « task force » est, sans empiéter sur les prérogatives des services déjà existants, d'améliorer leur coopération et de tenir informé le chef de l'État. Le CNCT est directement rattaché à l'Élysée, Pierre de Bousquet de Florian, un ancien responsable de la direction de la surveillance du territoire (DST) est nommé coordonnateur national, « l'oreille et les yeux » du Président au sein de toutes les structures de renseignements comme la DGSI ou la DGSE.

La mission du CNCT est ainsi définie : « il est chargé de l'analyse globale de la menace et propose sur cette base au Président de la République les orientations du renseignement et de la lutte contre le terrorisme, et les priorités d'actions coordonnées, que celui-ci fixe aux services ». Les effectifs de ce nouveau service composé d'une trentaine de personnes fin 2017 devraient à terme doubler avec des personnels provenant pour beaucoup des services déjà existants.

2 Le contexte

» L'état d'urgence

L'instauration de l'état d'urgence est une procédure prévue par la loi du 5 avril 1955, adoptée au début de la guerre d'Algérie.

Cette mesure d'exception avait été utilisée deux fois depuis la guerre d'Algérie, en 1985 en Nouvelle-Calédonie, lors d'émeutes, et en 2005 pour les mêmes raisons dans quelques banlieues.

Décrété par François Hollande le 13 novembre 2015, l'état d'urgence a été prorogé six fois par le Parlement :

L'état d'urgence est un régime d'exception qui permet notamment aux autorités :

- d'interdire ou restreindre la circulation des personnes,
- d'assigner à résidence toute personne dont l'activité est jugée dangereuse,
- de réaliser des perquisitions administratives à domicile de jour et de nuit,
- de limiter ou interdire le séjour dans des zones de protection ou de sécurité,
- de fermer provisoirement des salles de spectacles, débits de boissons et lieux de réunion de toute nature,
- de limiter les réunions de nature à provoquer ou à entretenir le désordre.
- Dans les douze jours qui suivent son activation, le Parlement doit donner son accord pour une prolongation.

Le régime de l'état d'urgence s'inscrit dans les faits depuis les attentats de novembre 2015 et des voix se sont élevées pour dénoncer des privations de liberté individuelle au nom d'une hypothétique sécurité collective.

Pour préparer la sortie de l'état d'urgence, une loi « pour renforcer la lutte contre le crime organisé, le terrorisme et leur financement, et améliorer l'efficacité et les garanties de la procédure pénale », promulguée le 3 juin 2016, donne plus de droits aux enquêteurs, facilite les perquisitions et fouilles, les conditions d'utilisation des armes par les forces de l'ordre, encadre le retour des Français de zones sensibles, oblige à une traçabilité des transferts d'argent ou encore durcit les peines pour consultation de site faisant l'apologie du terrorisme.

À cette loi, s'est rajoutée celle votée en 2017 (voir précédemment).

5

» Les armes exceptionnelles

Aujourd'hui, pour faire face à une grave crise, le pouvoir exécutif dispose de trois armes juridiques.

- **L'article 16 de la Constitution** : il autorise le chef de l'État à prendre « *toute mesure exigée par les circonstances* », « *lorsque les institutions de la République, l'indépendance de la Nation, l'intégrité de son territoire ou l'exécution de ses engagements internationaux sont menacé(e)s d'une manière grave et immédiate et que le fonctionnement régulier des pouvoirs publics constitutionnels est interrompu* ». Il ne s'agit pas de cas d'attentats. Les pleins pouvoirs avaient été donnés au général de Gaulle en 1961, lors du putsch des généraux.
- **L'état de siège**, article 36 de la Constitution : il prévoit le transfert des pouvoirs de police à l'autorité militaire. Il a été appliqué au début des deux guerres mondiales.
- **L'état d'urgence**.

» Le plan Vigipirate

- Dispositif mis en place en 1978 en réponse aux menaces et attentats terroristes en Europe, le plan Vigipirate n'est, à l'origine, qu'un moyen de coordonner des actions.
  En 1981, il devient plan gouvernemental, pour faciliter la prise de décision du Premier ministre dans le cadre de la lutte contre les actes de terrorisme.
  En 1995, il répartit avec précision les responsabilités des différents acteurs de la prévention contre les actes terroristes, ainsi que les actions de prévention.
  Le plan Vigipirate est actualisé à plusieurs reprises au cours des années 2000 ; les niveaux d'alerte sont définis par couleur (jaune, orange, rouge et écarlate) de 2003 à 2014.
- Depuis 2014, deux niveaux sont instaurés : « vigilance » et « alerte attentat » pour faire face à une menace imminente.

Au stade « vigilance », il définit une posture permanente de sécurité et peut être accompagné de mesures ponctuelles de renforcement des contrôles.

Au stade « alerte attentat », les lieux publics, centres commerciaux, gares, aéroports, lieux de culte, tous les lieux de rassemblements importants sont sous surveillance accrue.

Dans le cadre de l'opération « Sentinelle », mise en place après les attentats de janvier 2015, 7 000 militaires ont été déployés en permanence, dont plus de la moitié en Île-de-France. Ils protègent les écoles juives, les synagogues. Fixe dans un premier temps, cette surveillance est ensuite devenue mobile.

» La Garde nationale

Elle a été créée en 2016, « à partir des réserves opérationnelles existantes ». L'objectif est de disposer d'un vivier de réservistes venant renforcer les effectifs des forces de l'ordre pour des opérations de surveillance et prévention, notamment.

La réserve opérationnelle civile de la police était composée jusqu'en 2011 exclusivement de policiers retraités. Tout citoyen âgé de 18 à 65 ans peut désormais la rejoindre.

La gendarmerie dispose de 25 000 réservistes dans sa réserve opérationnelle, le Gouvernement veut augmenter sensiblement ce nombre avec des jeunes de 17 à 30 ans, ayant satisfait aux obligations du service national et jugés aptes physiquement et moralement.

» La surveillance et la prévention

Environ 15 000 personnes sont inscrites au **Fichier des signalements pour la prévention de la radicalisation à caractère terroriste** (FSPRT).

5

Ce fichier, à large spectre, recense tous ceux qui ont été signalés par les forces de l'ordre, par des employeurs, par le numéro vert mis en place pour le grand public ou d'autres relais, comme étant d'une manière ou d'une autre proches de l'islam radical.
Il a été créé en mars 2015 et mis en place en juillet 2015.
La majorité des individus recensés sont des hommes de 18 à 25 ans issus des quartiers périphériques des grandes villes. 20 % sont des mineurs, 20 % possèdent un casier judiciaire.
Environ un tiers des personnes recensées, jugées les plus dangereuses, sont suivies par la Direction générale de la Sécurité intérieure (DGSI). Un autre tiers, les personnes jugées les moins dangereuses, fait l'objet d'un suivi plus social que policier. Le dernier tiers situé entre les deux premiers est le plus complexe à gérer pour les forces de l'ordre, leur dangerosité étant jugée évolutive et incertaine.
Les **fiches « S »** sont un autre outil indépendant du fichier FSPRT. Il s'agit d'un outil de surveillance des passages de frontières notamment. Des « fichés S » ne sont pas présents sur le fichier FSPRT, ils font l'objet d'une surveillance préventive sans éléments aggravants.
L'État cherche aussi à déterminer la meilleure politique de prévention et de traitement de la radicalisation religieuse. Les politiques publiques ont peu de recul sur ce phénomène récent. Des actions sont menées pour la formation des enseignants et des travailleurs sociaux (deux tiers des radicalisés ont moins de 25 ans). La même réflexion est engagée dans les prisons, qui sont des lieux identifiés de radicalisation. Faut-il regrouper ou non les détenus jugés « à risques » ? Des expériences étaient en cours en 2017, afin de tenter de déterminer un panel de décisions publiques efficaces.

» Le PNR

La directive PNR (« **Passenger Name Record** »), adoptée par les députés européens après les attentats de Paris et Bruxelles, oblige les transporteurs aériens à fournir aux États les données enregistrées sur les passagers, qu'ils entrent en Europe depuis un pays extérieur ou fassent le chemin inverse. Les pays européens ont élargi ce transfert de données aux vols intra-européens et aux charters. L'objectif de ce nouveau fichier est de détecter des individus par l'analyse de leurs déplacements. Cette directive européenne a été incorporée dans la loi de 2017 (voir précédemment).

3 Thème de réflexion

» Comment concilier les besoins de sécurité et de liberté publique ?

La question s'est posée en France dès le lendemain des attentats de Paris en novembre 2015. Elle s'était déjà posée aux États-Unis après le 11 septembre 2001.
Dans les deux cas, la réaction politique a été la même. Sous le coup de l'émotion, de la peur, du besoin de justice ou de vengeance, François Hollande, comme George W. Bush avant lui, avait répondu par une posture martiale, incarnant le « chef de guerre ».
Cette posture a d'ailleurs été plébiscitée par une opinion publique elle aussi sous le coup de l'émotion, qui voit dans le terroriste celui à qui le dispositif législatif est appliqué, sans penser qu'une loi s'applique à tous et définit la société dans laquelle on vit. Ainsi, la prolongation à six reprises de l'état d'urgence a été acceptée, et la nouvelle loi antiterroriste tout autant.
Aux États-Unis, le *Patriot Act*, un ensemble de mesures liberticides n'assurant plus la liberté individuelle des citoyens, a autorisé la torture, et le centre de Guantanamo, créé hors de tout cadre juridique en y enfermant sans inculpation et sans éléments à charge des détenus étrangers, ont éloigné l'État américain de notre cadre institutionnel.

En France, l'utilisation de la torture n'est pas débattue, mais le souvenir de la guerre d'Algérie doit rappeler que, dans l'histoire récente, l'État n'a pas été à l'abri de dérives. La question se focalise principalement sur deux points.

Le premier est la primauté du pouvoir judiciaire sur l'exécutif. Dans un cadre démocratique de séparation des pouvoirs, cette primauté est fondamentale. Le juge indépendant est garant des libertés, le préfet, nommé en Conseil des ministres, est aux ordres de celui qui le nomme. La différence est fondamentale : l'un juge avec des textes, l'autre est l'instrument d'une politique.

Dans l'équilibre des pouvoirs, l'état d'urgence ou la nouvelle loi de 2017 qui vient le remplacer renforcent le pouvoir du préfet, discrétionnaire, au détriment de celui du juge. Appliqués avec discernement, sans excès, ces pouvoirs ne sont pas de nature à inquiéter mais ils peuvent aussi être utilisés avec moins de discernement et de retenue... en toute légalité.

Le second tient à la logique judiciaire. Elle se base, depuis le renforcement, ces dernières années, de l'arsenal judiciaire, sur la potentialité du danger d'un individu et non plus sur ses actes. La logique s'est déplacée de l'accusation d'un fait vers le risque qu'il soit commis. La justice qui, précédemment, jugeait un fait passé et décidait du futur de son auteur, s'intéresse désormais davantage à l'anticipation, au présent. Ainsi, les différentes mesures législatives récentes permettent de juger une intentionnalité prévisible, avec toutes les interprétations possibles et les dérives qui en découlent.

Cette inversion de la logique pénale inquiète certains juristes. Si l'anticipation, la prise de renseignement ne pose évidemment aucun problème, jusqu'où l'interprétation de ces informations, de ces intentions, ira-t-elle ? Jusqu'à condamner quelqu'un pour des actes qu'il n'a pas commis mais qu'il aurait pu commettre ?

100 ans après : Paris tient ses Jeux

Les Jeux olympiques vont revenir à Paris en 2024, après ceux de 1900 et de 1924. Paris rejoint Londres et Los Angeles parmi les villes qui les auront organisés à trois reprises. Dans un contexte de méfiance, voire de défiance de l'opinion publique mondiale devant le gigantisme des JO, Paris affirme la volonté de faire vivre une édition raisonnée et raisonnable.

1 Les faits

» **Pari réussi**

Les Jeux de 2024 se tiendront donc dans la ville où le baron Pierre de Coubertin les avait relancés, et où il créa le Comité international olympique (CIO). Après trois échecs, en 1992, 2008 et surtout en 2012, face à Londres, Paris renoue avec son histoire sportive. Les responsables du comité de candidature ont pu célébrer leur victoire dès l'été 2017, le dernier postulant, Los Angeles, ayant renoncé. Le CIO a toutefois conservé sa réunion du 13 septembre à Lima au Pérou, où le seul et dernier candidat en lice a été désigné. Le mouvement sportif français avait tiré les leçons des échecs des candidatures précédentes et avait relevé que les porteurs du projet devaient être des sportifs et non des politiques : Bernard Lapasset, président de la Fédération internationale de rugby, le triple champion olympique de canoë Tony Estanguet, le judoka Teddy Riner, notamment, ont soutenu cette candidature. Les porteurs du projet ont aussi suivi les recommandations du CIO de présenter un budget raisonnable avec une compression des coûts et un recours aux infrastructures existantes. Paris a ensuite bénéficié de la règle de l'alternance des continents, après Rio en 2016 et Tokyo en 2020, les Jeux devaient revenir en Europe.

» **La victoire… faute de concurrents**

Les villes de Boston, Hambourg, Rome, Budapest, Los Angeles ont toutes fait acte de candidature pour les JO de 2024, avant de renoncer et laisser Paris seule en lice. Si les organisateurs parisiens peuvent y voir une forme de dévalorisation de leur proposition, le CIO doit affronter une pénurie de candidatures, les villes étant effrayées par les expériences passées, les budgets impossibles à tenir, peut-être aussi le soupçon de corruption qui plane sur le CIO.

6

Devant cette raréfaction des candidatures, Thomas Bach, président du CIO, a décidé d'attribuer dès 2017 – c'est une première – les JO de 2024 et 2028 afin d'avoir ensuite du temps pour parfaire une réforme du mode de désignation des villes olympiques. Baptisée « Agenda-2020 », la réforme vise à réduire le coût des candidatures et de l'organisation des Jeux. La dernière ville à maintenir sa candidature pour 2024, Los Angeles, a saisi la perche lancée par le CIO et fait de substantielles économies en acceptant 2028 contre des compensations financières.
La diminution du nombre des candidatures touche aussi les JO d'hiver : pour 2022, seules deux villes étaient candidates, Pékin et Almaty. Pour 2026, l'une d'elles, Innsbruck (Autriche) vient, fin 2017, de renoncer après avoir consulté sa population par référendum.

» L'argent, nerf de la guerre

Les organisateurs des JO de Paris 2024 ont présenté un budget global de 6,6 milliards d'euros, très sensiblement inférieur aux derniers budgets des JO.
Les JO fonctionnent avec deux budgets : le budget du Comité d'organisation (Cojo) et le budget d'investissement, qui regroupe toutes les infrastructures pérennes (routes, aéroports, lignes de métro, équipements sportifs).
Annoncé à 3,3 milliards d'euros, dans la lignée des précédents budgets de Rio ou Londres, le budget du Cojo est habituellement respecté. Il comprend toutes les sommes liées à l'organisation de la quinzaine olympique, l'hébergement et le déplacement des athlètes (plus de 10 000), la gestion des infrastructures temporaires.
Dans le cas de Paris, le CIO verse 1,45 milliard d'euros au comité d'organisation, la vente des billets (prévision d'environ 1 milliard) et les sponsors nationaux (prévision d'environ 1 milliard) devant permettre de boucler le budget et même, si les sponsors (et le public) sont au rendez-vous, de réaliser un bénéfice, comme Londres en 2012.
Le budget d'investissement est plus complexe, et c'est là que d'importants dépassements ont été enregistrés : les organisateurs minimisent souvent le coût des infrastructures, dépensent sans toujours compter. Le montant de ce budget est estimé à 3,3 milliards, il inclut la construction d'une piscine olympique, du village des athlètes (la moitié du budget), l'accueil des médias ainsi que les transports publics. C'est souvent ce dernier point qui a fait déraper les budgets des précédentes éditions (ligne de métro plus chère que prévu, nouvel aéroport, rénovation complète d'un quartier).
Les organisateurs parisiens affirment que les risques de dérapage financier sont très limités car le plan de transport pour 2024 s'appuie sur le plan de financement des transports du Grand Paris, dont le budget a été établi bien avant la candidature. Si l'observation est juste et permet en théorie de limiter les risques, elle ne les écarte pas totalement.
Autre atout, théorique, du projet parisien, 93 % des sites sont déjà construits (Stade de France, Roland-Garros, Bercy, U-Arena, stade Jean Bouin et Parc des princes). Il reste à construire principalement le futur village olympique sur l'île Saint-Denis, une salle de sports collectifs prévue à Bercy mais qui pourrait devoir être déplacée, faute de terrain.
Une commission d'évaluation du CIO a déjà mis en garde contre l'évaluation basse dans le projet parisien du coût d'aménagement des sites et de l'infrastructure temporaire.
Persistent les aléas afférents au contexte international et aux menaces potentielles en 2024, comme les coûts liés à la sécurité.
Enfin, le dossier parisien a été préparé sur la base du programme olympique de 2016, mais des disciplines viendront probablement se rajouter : escalade, softball/base-ball, karaté et skateboard sont des sports qui seront peut-être présents en 2024, mais dont les compétitions ne sont pas budgétées.
Paris devra aussi résister à la tentation d'anticiper les investissements et dépenses autour du projet du Grand Paris, les dépenses anticipées et accélérées étant habituellement plus élevées.

Sport – Les villes olympiques depuis 1896

» Les sites des JO

Sites à construire

- Village olympique, sur le site de la Cité du cinéma, 17 000 lits pour les Jeux olympiques, 8 000 lits pour les paralympiques.
- Centre aquatique à Saint-Denis, natation, natation synchronisée et plongeon.
- Village des médias, 5 000 chambres au Bourget.
- Bercy Arena II (ou autre), 8 000 places, basket-ball et lutte.

Sites à aménager

- Champ de Mars, beach-volley.
- Tour Eiffel, départ du triathlon et de la natation en eau libre, marathon.
- Champs-Élysées, cyclisme sur route.
- Esplanade des Invalides, tir à l'arc.
- Château de Versailles, équitation.

Sites existants

- Stade de France, 78 000 places, athlétisme, cérémonies d'ouverture et de clôture.
- Grand Palais, 7 000 places, escrime et taekwondo.
- Parc du Bourget, 7 000 places, badminton, volley-ball, tir.
- Parc de la porte de Versailles, 12 000 places hand-ball, tennis de table.
- Parc des Princes, 45 000 places, football.
- Stade Jean-Bouin, 20 000 places, rugby à VII.
- Roland-Garros, tennis et boxe.
- Bercy, 15 000 places, judo et basket-ball.
- U-Arena, 17 500 places, gymnastique, trampoline.
- Stade Yves-du-Manoir, 15 000 places, hockey sur gazon.
- Zénith, 6 000 places, haltérophilie.
- Stade Pierre-de-Coubertin, 4 000 places, basket-ball.
- Base nautique de Vaires-sur-Marne, canoë-kayak (sprint et slalom) et aviron.
- Vélodrome de Saint-Quentin-en-Yvelines, cyclisme, BMX, pentathlon moderne.
- Élancourt, VTT.
- Golf de Saint-Quentin-en-Yvelines, golf.
- Centre de water-polo de Marville, water-polo.
- Marina de Marseille, voile.
- Stades de Marseille, Toulouse, Bordeaux, Nantes, Lille, Lyon, Saint-Etienne, Nice, football.

2 Le contexte

» Le sport français

La France a terminé 7e nation des Jeux olympiques de Rio avec 42 médailles (10 en or, 18 en argent, 14 en bronze). Un peu plus que lors des derniers Jeux de Londres en 2012, mais une médaille d'or en moins. Elle ne semble pas en mesure de figurer dans le « top 5 » des meilleures nations sportives et de concurrencer les États-Unis, la Grande-Bretagne, la Chine, la Russie ou l'Allemagne.

Le mouvement sportif français veut pourtant profiter de 2024 pour lancer un plan de formation de haut niveau afin de réaliser « à domicile » une belle performance.

La « course aux médailles » inquiétait fin 2017 des responsables de fédérations, craignant que tous les moyens financiers soient alloués aux disciplines susceptibles de rapporter des médailles.

6

» Retour d'expérience

Un an après les JO de Rio, la « magie » olympique a quitté le Brésil. De nombreux équipements construits pour la période des Jeux sont à l'abandon, faute de moyens pour les entretenir. Les dépenses (4 milliards d'euros pour les installations olympiques et l'organisation, 7 milliards de travaux de construction, notamment les transports) paraissent aujourd'hui démesurées aux Brésiliens. Pour offrir une ville « présentable » au monde, les organisateurs avaient démoli favelas, quartiers populaires et déplacé des habitants de force, se coupant encore davantage de la population. L'insécurité a augmenté.

Mais surtout, la corruption a éclaté au grand jour : Carlos Nuzman, président du comité d'organisation, a été incarcéré, soupçonné d'avoir acheté des voix en 2009 pour faire élire Rio. Un « réseau international de corruption » par l'achat de voix avait déjà entaché plusieurs olympiades, celles de Salt Lake City et Pékin, notamment.

» Les JO gangrenés par l'argent

Des budgets qui explosent

Aucun des sept derniers budgets des JO d'été n'a été tenu. Sydney 2000 et Athènes 2004 ont coûté deux fois plus cher que prévu, Barcelone 1992 et Londres 2012, presque trois fois, Pékin 2008, quinze fois. Le coût des deux dernières éditions dépasse les dix milliards d'euros : environ 12 milliards pour Londres et Rio. Des montants faramineux qui ont provoqué de nombreuses manifestations, les Brésiliens demandant que cet argent soit dépensé en logements, équipements sanitaires, transport public.

Le gigantisme des JO, le principe des candidatures où il faut faire plus et mieux que le concurrent entraînent une inflation et une explosion des coûts. Le coût record pour des JO d'hiver a été atteint à Sotchi avec une facture dépassant les 40 milliards d'euros (construction d'une voie ferrée de cinquante kilomètres, deux gares ferroviaires, 77 ponts, 12 tunnels, un aéroport...).

Sponsors : chasse gardée

Si les JO brassent des sommes démesurées, la plupart des sportifs participants n'en bénéficient pas. Sélectionnés pour Rio, certains athlètes français ont cherché par eux-mêmes des financements privés pour pouvoir bénéficier d'un médecin, d'un préparateur physique, ces dépenses n'ayant pas été jugées prioritaires par certaines fédérations. Les fédérations françaises sont comparativement aux autres nations européennes beaucoup moins aidées par l'État.

Compliquant la tâche des sportifs, le CIO a interdit aux athlètes pendant la période olympique d'avoir recours à des sponsors non officiels. Les seuls sponsors autorisés sont ceux du CIO, qui ont payé cher leur statut et sont débarrassés de ceux des sportifs qui n'ont pas droit de cité aux termes de l'alinéa 3 du texte d'application de la règle 40 de la Charte olympique. Plusieurs sportifs amateurs qui ont besoin de l'argent privé pour financer leur participation doivent se passer de leurs petits sponsors et ont fait part de leur mécontentement.

La TV décide

Les organisateurs des JO ne décident pas des horaires des compétitions, ce choix revient aux chaînes de télévision détentrices des droits de diffusion. À Rio, la première d'entre elles, l'Américaine NBC, a fixé ces horaires en fonction de ceux des meilleures audiences américaines (ainsi, à Pékin, les finales de natation se déroulaient à l'aube, au petit matin pour les sportifs... mais en *prime time* sur la côte Ouest des États-Unis). NBC a versé 3,3 milliards d'euros pour les droits de diffusion des JO de Sotchi (2014), Rio (2016), Pyeongchang (2018) et Tokyo (2020).

Argent et corruption

L'image du CIO est fortement entachée par les scandales de corruption.

Les Jeux olympiques d'hiver de Salt Lake City (2002) ont été les premiers à être dénoncés comme ayant été achetés. Des membres du CIO qui votent pour désigner la ville hôte sont accusés d'avoir reçu des pots-de-vin de la part du comité de candidature.

Une vingtaine de membres du CIO ont été sanctionnés mais le système de désignation est resté inchangé.
La corruption autour des désignations touche tous les continents, les JO de Tokyo de 2020 sont dans le viseur de la justice, le fils d'un membre du CIO, lui-même président d'une fédération sportive internationale, ayant reçu un million d'euros d'un généreux donateur japonais. Il a modifié peu de temps après son vote… en faveur de Tokyo.

3 Thème de réflexion

›› Organiser des JO : est-ce bien raisonnable ?

Cette question ne se posait pas il y a quelques années. Villes et pays menaient une âpre lutte pour avoir le droit d'organiser la plus grande compétition mondiale, la plus universelle, celle qui allait attirer les projecteurs de la terre entière et le plus grand nombre de téléspectateurs.
Au-delà de l'intérêt de notoriété, les JO étaient censés générer d'importants profits pour la ville ou le pays organisateur. Outre les retombées économiques, d'autres conséquences non quantifiables étaient attendues, comme le lien dans une population soudée par un événement de cette ampleur ou la fierté nationale.
Mais l'importance prise par les Jeux, l'augmentation du nombre de sportifs, de leurs accompagnateurs (un sportif de très haut niveau ne se déplace plus seul mais avec une équipe entière), des invités des sponsors, des journalistes, le besoin d'équipements de dernier cri, le coût de sécurisation des sites en période d'insécurité, ont favorisé une forte augmentation du budget d'organisation, qui n'est quasiment jamais maîtrisé, tandis que le gigantisme de l'événement ne correspond pas toujours aux besoins des populations locales.
Accueillir des JO est devenu chose impossible pour une immense majorité des États, qui devraient construire des infrastructures colossales (aéroports, routes, métro, stades…) qu'ils ne pourraient entretenir par la suite.
Les candidatures ne viennent dès lors plus que de grandes villes déjà équipées. Et même parmi elles, les renoncements ne sont plus rares. Ainsi, la Suisse et la ville de Munich, candidates dans un premier temps pour organiser les JO d'hiver de 2022, ont renoncé. Rome vient de retirer sa candidature à l'organisation des JO d'été de 2024, craignant une explosion des coûts. Sous la pression de leurs électeurs, les décideurs politiques se montrent de plus en méfiants au regard du coût et de la quasi-certitude de pertes financières dans l'aventure. Qui plus est, être associé au CIO, régulièrement pointé du doigt pour corruption, est peu porteur dans l'opinion. L'année 1996, qui voit l'attribution des Jeux du centenaire à Atlanta, siège du principal sponsor, Coca Cola, marque une profonde fracture dans l'histoire de l'olympisme.
Par ailleurs, les retombées économiques sont limitées car, pendant une olympiade, seuls les sponsors officiels (de grandes multinationales) peuvent exploiter le sigle des JO. D'autre part, une période olympique fait fuir les autres touristes : en 2012, Londres a enregistré une forte baisse des visiteurs qui ont préféré reporter leur voyage en raison des JO. L'afflux de visiteurs sportifs est ainsi relativisé par la perte des autres touristes.
Paris prévoit en 2024 un budget total de plus de 6 milliards d'euros. Même si le dossier parisien a de réels atouts, ce budget devrait être, comme les précédents, très compliqué, voire impossible à tenir.

Europe

Les institutions européennes

À l'heure du Brexit au Royaume-Uni et de la montée du sentiment europhobe dans les pays de l'Union européenne, tour d'horizon d'institutions européennes décriées mais surtout méconnues.

1 Les faits

L'**Union européenne** (UE) compte aujourd'hui 28 États membres (incluant le Royaume-Uni jusqu'à l'officialisation de son départ, probablement en 2019) et plus de 500 millions d'habitants. C'est le troisième bassin de population mondiale derrière la Chine et l'Inde, devant les États-Unis.
L'UE cherche un nouveau souffle. La montée du sentiment europhobe est évidente dans plusieurs de ses membres, au regard des résultats électoraux.
La traduction la plus forte dans les urnes est bien évidemment le « *leave* » des électeurs britanniques en 2016. En 2017, les scores des partis europhobes en Allemagne, Autriche, République tchèque, dans des élections nationales, ont aussi renforcé ce sentiment.

Cahier couleurs - Membres de l'UE, OTAN, espace Schengen

2 Le contexte

» Le Parlement européen

Le Parlement est la seule institution de l'Union européenne dont les membres sont élus directement par les citoyens. Composé de 751 députés, il exerce trois pouvoirs fondamentaux : législatif, budgétaire et de contrôle politique des autres institutions européennes.
Le Parlement européen représente un peu plus de 500 millions d'habitants des 28 États membres de l'Union européenne (UE).
La durée du mandat d'un député européen est de 5 ans. Les députés sont rééligibles.
Le mode de scrutin est la proportionnelle en un seul tour.
Les prochaines élections européennes se dérouleront en 2019.
Les États européens envoient au Parlement, en fonction de leur population, entre six (Estonie, Luxembourg) et 96 (Allemagne) députés. La France ne compte plus que

74 sièges (78 jusqu'aux élections de 2004), soit moins de 10 % du nombre total de députés (751).

Nombre de députés par pays			
Pays	Nombre de députés		
Allemagne	96	Autriche	18
France	74	Bulgarie	17
Royaume Uni	73	Danemark	13
Italie	73	Slovaquie	13
Espagne	54	Finlande	13
Pologne	51	Irlande	11
Roumanie	32	Croatie	11
Pays-Bas	26	Lituanie	11
Grèce	21	Slovénie	8
Belgique	21	Lettonie	8
Portugal	21	Estonie	6
Rép. tchèque	21	Chypre	6
Hongrie	21	Luxembourg	6
Suède	20	Malte	6

Pour former un groupe au Parlement européen, il faut 25 députés élus dans au moins un quart des États membres, soit au minimum sept pays. Les eurodéputés ne se regroupent pas par nationalité mais par affinité et proximité politique.
Le Parlement siège à Strasbourg, où se tiennent douze sessions plénières par an, mais les députés travaillent en commission à Bruxelles. La bataille du siège est un vieux serpent de mer européen, les deux villes et pays tenant à conserver leur statut.
Les femmes représentent 37 % des députés élus avec des disparités importantes selon les pays. Dans cinq des 28 pays, il y a plus de 50 % de femmes élues ; c'est l'inverse dans les 23 autres dont la France (42 %), 8e nation sur 28 pour la représentation féminine.
Le président du Parlement européen est, depuis le 17 janvier 2017, l'Italien **Antonio Tajani**. Ce proche de l'ancien président du conseil Silvio Berlusconi a été l'un des fondateurs du parti de droite *Forza Italia*. Il a été deux fois commissaire européen. Il succède au social-démocrate allemand **Martin Schulz**, élu en 2014 avec le soutien des socialistes europhiles, du centre-droit et des libéraux.

» **Le Conseil des ministres de l'Union européenne ou Conseil de l'Union européenne**

C'est l'institution qui représente les intérêts des États membres. Il réunit les ministres compétents par domaine d'activité.
Ce Conseil est chargé de la coordination générale des activités de l'Union européenne. Il exerce, sur un pied d'égalité avec le Parlement européen, la fonction législative.
Depuis l'entrée en vigueur du traité de Lisbonne (2007, entré en vigueur en 2009), la présidence de l'Union européenne est scindée en deux : le président du Conseil européen et la présidence tournante du Conseil de l'Union européenne (Conseil des ministres).
Le traité de Lisbonne maintient donc la présidence semestrielle du Conseil de l'Union européenne qui travaille en coopération avec le président du Conseil européen.
Les présidences tournantes du Conseil de l'Union européenne seront assurées par les pays suivants (de janvier à juin puis de juillet à décembre) :
2017 : Malte et Estonie.
2018 : Bulgarie puis Autriche.

2019 : Roumanie puis Finlande.
2020 : Croatie puis Allemagne.

» Le Conseil européen

Les réunions du Conseil européen sont des sommets rassemblant les chefs d'État ou de gouvernement de l'UE, qui décident des priorités politiques générales et des grandes initiatives. Le Conseil européen se réunit généralement quatre fois par an, sous la présidence d'un président permanent (www.Europa.eu).

L'ancien Premier ministre polonais Donald Tusk, (PPE) a été désigné président du Conseil européen en 2014 pour succéder à Herman Van Rompuy. Il a été reconduit en mars 2017, avec 27 voix contre une, celle de la Pologne.

» La Commission européenne

La Commission européenne est l'organe exécutif de l'Union européenne. Politiquement indépendante, elle promeut l'intérêt général de l'Union.

Elle suit les grandes orientations fixées par le Conseil européen, prépare et met en œuvre les décisions du Conseil de l'Union et du Parlement européen.

Le Luxembourgeois **Jean-Claude Juncker** a succédé au Portugais José Manuel Barroso à la présidence de cette institution.

Cf. site du Parlement européen : www.europarl.europa.eu

Le processus européen veut que le président de la Commission soit issu du parti arrivé en tête aux élections (le PPE). Puis un partage des postes et des rôles entre les groupes politiques et les chefs d'État est organisé. Pour être élu, le président de la Commission doit obtenir la majorité des voix des députés mais aussi celle des chefs d'État et de gouvernement.

» Jean-Claude Juncker

Chrétien-démocrate de 60 ans, Jean-Claude Juncker est un fin connaisseur des rouages de la machine européenne. Premier ministre du Luxembourg pendant presque 20 ans, il a côtoyé tous les dirigeants européens et a vécu les transformations de l'Europe (de l'échec du traité constitutionnel en 2005 à l'entrée en vigueur du traité de Lisbonne, en passant par la naissance de la monnaie unique).

À la tête de l'Eurogroupe, il a travaillé sur la crise de la dette et le sauvetage de l'euro ; il a notamment validé les politiques d'austérité.

Il est connu pour être un fédéraliste convaincu, bon négociateur et diplomate. Son nom a été cité dans le scandale du « Luxembourg Leaks ».

» Les traités fondateurs de l'UE

Toute action entreprise par l'UE découle des traités, qui ont été approuvés librement et démocratiquement par tous les États membres. Ainsi, si un domaine politique n'est pas cité dans un traité, la Commission ne peut pas proposer de légiférer dans ce domaine.

Les traités européens sont des accords contraignants adoptés par tous les États membres de l'UE. Ils définissent les objectifs poursuivis par l'UE, les règles de fonctionnement des institutions européennes, les procédures à suivre pour prendre des décisions et les relations entre l'UE et les États membres.

Ces traités sont modifiés pour satisfaire à différents objectifs : renforcer l'efficacité et la transparence de l'UE, procéder aux adaptations nécessaires pour accueillir de nouveaux États membres et élargir la coopération entre les pays de l'UE à de nouveaux domaines, comme la monnaie unique.

7

Les institutions européennes adoptent des actes législatifs, en accord avec les traités, que les États membres doivent ensuite mettre en œuvre.

Les principaux traités	
Traité de Lisbonne Signature : 13 décembre 2007 Entrée en vigueur : 1er décembre 2009	**Objectif** : rendre l'UE plus démocratique, efficace et apte à affronter les problèmes mondiaux tels que le changement climatique. **Principales modifications** : renforcement des pouvoirs du Parlement européen, modification des procédures de vote au Conseil, introduction de l'initiative citoyenne, instauration d'une présidence stable du Conseil européen, création du poste de Haut représentant de l'Union pour les affaires étrangères et d'un nouveau service diplomatique européen. Le traité de Lisbonne définit clairement : – les compétences attribuées à l'UE ; – les compétences attribuées aux États membres ; – les compétences partagées. Le traité établissant une Constitution pour l'Europe (2004), qui poursuit des objectifs semblables à ceux du traité de Lisbonne, a été signé mais n'a jamais été ratifié.
Traité de Nice Signature : 26 février 2001 Entrée en vigueur : 1er février 2003	**Objectif** : réformer les institutions afin que l'UE continue à fonctionner efficacement après l'élargissement à 25 États membres. Principales modifications : nouvelles méthodes pour modifier la composition de la Commission et redéfinir le système de vote au Conseil.
Traité d'Amsterdam Signature : 2 octobre 1997 Entrée en vigueur : 1er mai 1999	**Objectif** : réformer les institutions européennes en vue de l'adhésion de nouveaux États membres. **Principales modifications** : amendement, renumérotation et consolidation des traités UE et CE. Processus décisionnel plus transparent (recours accru à la procédure de codécision).
Traité sur l'Union européenne (traité de Maastricht) Signature : 7 février 1992 Entrée en vigueur : 1er novembre 1993	**Objectif** : préparer la création de l'Union monétaire européenne et jeter les bases d'une union politique (citoyenneté européenne, politique étrangère et de sécurité commune, coopération dans le domaine de la justice et des affaires intérieures). **Principales modifications** : création de l'Union européenne et introduction de la procédure de codécision, qui donne plus de poids au Parlement dans les prises de décision. Instauration de nouvelles formes de coopération entre les États membres, par exemple dans les domaines de la défense, de la justice et des affaires intérieures.
Acte unique européen Signature : 17 février 1986 (Luxembourg) / 28 février 1986 (La Haye) Entrée en vigueur : 1er juillet 1987	**Objectif** : réformer les institutions pour préparer l'adhésion du Portugal et de l'Espagne et accélérer le processus décisionnel en vue de l'instauration du marché unique. **Principales modifications** : extension du vote à la majorité qualifiée au sein du Conseil (limitant ainsi la possibilité pour un pays d'opposer seul son veto à une proposition de législation), création des procédures de coopération et d'avis conforme, donnant plus d'influence au Parlement.
Traité de fusion (traité de Bruxelles) Signature : 8 avril 1965 Entrée en vigueur : 1er juillet 1967	**Objectif** : moderniser les institutions européennes. **Principales modifications** : création d'une seule Commission et d'un seul Conseil pour les trois Communautés européennes existant à l'époque (CEE, Euratom et CECA). Abrogé par le traité d'Amsterdam.
Traités de Rome – CEE et EURATOM Signature : 25 mars 1957 Entrée en vigueur : 1er janvier 1958	**Objectif** : créer la Communauté économique européenne (CEE) et la Communauté européenne de l'énergie atomique (CEEA ou Euratom). **Principales modifications** : introduction de la coopération économique dans les efforts d'intégration européenne.

Traité instituant la Communauté européenne du charbon et de l'acier (CECA) Signature : 18 avril 1951 Entrée en vigueur : 23 juillet 1952 Expiration : 23 juillet 2002	**Objectif** : créer une interdépendance entre les États membres dans les domaines du charbon et de l'acier, de façon à ce qu'un pays ne puisse plus mobiliser ses forces armées à l'insu des autres. Cette initiative a permis d'apaiser les tensions et de dissiper le climat de méfiance entre les pays après la Seconde Guerre mondiale. Le traité CECA a expiré en 2002.

http://europa.eu/eu-law/decision-making/treaties/index_fr.htm

» Brève histoire de l'idée européenne

L'idée de l'Europe est ancienne. Dès le XVIIe siècle, Sully imagine « un corps politique de tous les États d'Europe qui pût produire entre ses membres une paix inaltérable et un commerce perpétuel ». Au XIXe siècle, d'autres auteurs rêvent des États-Unis d'Europe. Mais l'idée n'aboutit qu'à la fin de la Seconde Guerre mondiale.

En **1950**, Maurice Schumann propose la mise en commun du charbon et de l'acier de la France et de l'Allemagne. Le 18 avril **1951**, l'Allemagne, la Belgique, la France, l'Italie, le Luxembourg et les Pays-Bas signent le traité de Paris instituant la Communauté du charbon et de l'acier (CECA).

Le 25 mars **1957**, les mêmes six pays concluent le traité de Rome créant la Communauté économique européenne (CEE). Puis la Communauté s'élargit et les institutions évoluent.

Aux six pays fondateurs sont venus s'en ajouter 22 autres. Le dernier État à avoir intégré l'UE est la Croatie en **2013**.

Les phases d'élargissement de la CEE/UE	
Traité d'adhésion	**États entrants**
Rome (1957)	Allemagne, Belgique, France, Italie, Luxembourg, Pays-Bas
Bruxelles (1973)	Danemark, Irlande, Royaume Uni
Athènes (1981)	Grèce
Madrid/Lisbonne (1986)	Espagne, Portugal
Corfou (1995)	Autriche, Finlande, Suède
Athènes (2004)	Chypre, Estonie, Hongrie, Lettonie, Lituanie, Malte, Pologne, République tchèque, Slovénie
Luxembourg (2007)	Bulgarie, Roumanie
Bruxelles (2013)	Croatie

» Le processus d'adhésion

L'article 49 du traité sur l'Union européenne (dit « traité de Maastricht », 1992, qui institue une Union économique et monétaire) organise le processus d'adhésion d'un État.

Pour prétendre à entrer dans l'UE, cet État doit **respecter les principes fondamentaux d'un État de droit** (dignité humaine, liberté, démocratie, droits de l'homme...).

Le **Conseil de l'UE reçoit la demande d'adhésion**, puis se prononce sur le statut du pays demandeur après avis de la Commission européenne. Lorsque la réponse est positive, le pays est **admis à candidater**.

Il peut alors signer un « **accord d'association** » avec l'UE, pour s'habituer à la discipline et aux règles européennes. Il bénéficie d'une aide financière, peut participer à des programmes communautaires et débuter les réformes nécessaires qui lui permettent, à terme, d'être en phase avec les critères européens. Les négociations d'adhésion peuvent alors débuter.

7

Les **critères d'adhésion**, ou « critères de Copenhague » (définis lors du Conseil européen de Copenhague, en 1993) sont les conditions essentielles que tous les pays candidats doivent remplir pour devenir membres de l'Union européenne. Ces conditions sont les suivantes :
- au **niveau politique** : des institutions stables garantissant la démocratie, la primauté du droit, les droits de l'homme, ainsi que le respect des minorités et leur protection ;
- au **niveau économique** : une économie de marché viable et la capacité de faire face à la pression concurrentielle et aux forces du marché ;
- au **niveau administratif et institutionnel** : la capacité à mettre en œuvre l'acquis (ensemble des droits et des obligations qui lient tous les États membres de l'UE) et à assumer les obligations découlant de la qualité d'État membre.

En 2006, un autre critère a été détaillé ; il ne concerne cette fois pas le candidat mais l'UE elle-même et **sa capacité à assimiler de nouveaux membres** et à approfondir l'intégration.

Une fois les négociations d'adhésion ouvertes, la Commission européenne mesure l'application et contrôle le respect des critères de Copenhague.

S'ouvre alors l'étude des **35 chapitres de l'acquis communautaire**. L'État entrant et l'UE valident que, point par point, le candidat peut être admis ; le résultat des négociations est inclus dans un traité d'adhésion, soumis au Conseil européen d'abord pour approbation et au Parlement européen pour accord.

Enfin, ce **traité d'adhésion doit être ratifié par tous ses signataires** ; lorsque cela est effectif, le pays candidat devient un État membre.

En juillet 2014, le président de la commission, Jean-Claude Juncker avait déclaré que l'UE n'accueillerait aucun nouvel État membre dans les cinq prochaines années : aucune date n'est fixée pour un futur entrant et les 28 ont décidé de prendre du temps avant d'admettre un nouveau pays.

Cinq États – Albanie, Macédoine, Monténégro, Turquie et Serbie – ont le statut de pays candidats à l'intégration. Cela ne veut pas dire qu'ils seront dans cet ordre les futurs entrants. Pour eux, des discussions sont ouvertes et les cas de figure très différents.

- La Serbie pourrait être le prochain entrant. La Serbie dispose du statut de candidat depuis mars 2012, les négociations d'adhésion ont débuté en janvier 2014, consécutives à une normalisation de ses relations avec le Kosovo, même si la Serbie refuse toujours de reconnaître l'indépendance autoproclamée en 2008 par la majorité albanaise dans son ancienne province. Ce point de discorde, ainsi que la restructuration de son économie, sont des freins à une éventuelle adhésion.
- La Turquie est officiellement candidate depuis 1999. En 2005, elle obtient l'ouverture des négociations avec l'UE. Le processus de négociations s'avère le plus lent jamais mené par l'UE avec un aspirant à l'adhésion. Sur les 35 chapitres des négociations, 14 ont été ouverts et un seul a jusqu'ici pu être bouclé. Les autres chapitres ont été bloqués par la France, l'Allemagne ou Chypre, dont la partie nord est occupée depuis 1974 par les troupes turques. La France et l'Allemagne sont, de longue date, des opposants à l'entrée de la Turquie dans l'UE. Ces deux pays voient d'un mauvais œil l'entrée d'un pays de 76 millions d'habitants à majorité musulmane. La dérive autoritaire du pouvoir turc l'éloigne de plus en plus d'un modèle démocratique et l'écarte chaque jour un peu plus d'une intégration à l'UE, en dépit de la signature d'un accord avec l'UE sur les migrants.
- Le Monténégro, qui avait obtenu en décembre 2010 le statut officiel de « pays candidat » à l'Union européenne, a attendu 2012 pour l'ouverture des négociations. L'UE a demandé à Podgorica de lutter contre le crime organisé, la corruption et de mettre en place des mesures liées à l'indépendance de la justice.
- La Macédoine est dans le même cas de figure, candidat déclaré mais pas encore d'ouverture des négociations. Skopje doit régler d'abord son différend avec la Grèce sur le nom du pays : la Macédoine est aussi une région grecque.

- L'Albanie a reçu comme un encouragement la proposition de la Commission européenne de lui accorder le statut de candidat. Depuis 2009, l'UE posait des conditions à l'Albanie pour lui accorder ce statut. La Commission a mis en avant les progrès réalisés par le pays, notamment en matière de normalisation politique. Tirana devra, pour convaincre les Européens, redoubler d'efforts dans la lutte contre le crime organisé et la corruption.
- Enfin, l'Islande a retiré sa candidature après avoir rompu les négociations d'adhésion. Le pays reste associé à l'UE via la Convention de Schengen (libre circulation des personnes, disparition des frontières intérieures et renforcement des frontières extérieures, entrée en vigueur en 1995).

Bruxelles a aussi désigné deux pays comme « candidats potentiels » :

- la Bosnie souhaite déposer une demande pour obtenir le statut de candidat à l'adhésion, mais doit d'abord réviser sa Constitution. La Cour européenne des droits de l'Homme juge discriminatoire la Constitution bosnienne à l'égard des communautés rom et juive qui ne peuvent accéder à plusieurs fonctions ;
- le Kosovo est au tout début du processus d'adhésion.

Cahier couleurs - Processus d'adhésion à l'Union européenne

›› Union européenne et zone euro

Seuls 19 États sur 28 utilisent l'euro comme monnaie (soit 340 millions d'Européens).

- Depuis le 1er janvier 1999 (date d'adhésion) : l'Allemagne, l'Autriche, la Belgique, l'Espagne, la Finlande, la France, l'Irlande, l'Italie, le Luxembourg, les Pays-Bas, le Portugal.
- Depuis le 1er janvier 2001 : la Grèce.
- Depuis le 1er janvier 2007 : la Slovénie.
- Depuis le 1er janvier 2008 : Chypre, Malte.
- Depuis le 1er janvier 2009 : la Slovaquie.
- Depuis le 1er janvier 2011 : l'Estonie.
- Depuis le 1er janvier 2014 : la Lettonie.
- Depuis le 1er janvier 2015 : la Lituanie.

Les billets et pièces en euro ont commencé à garnir les portefeuilles des Européens le 1er janvier 2002.

Avant d'être admis dans la zone euro, un État doit d'abord passer deux années dans le Mécanisme de change européen (MCE II). Il doit aussi satisfaire à des critères de convergences.

La Bulgarie, la République tchèque, le Danemark, la Pologne, la Roumanie, la Suède et le Royaume-Uni sont membres de l'UE mais ne font pas partie de la zone euro.

Le Danemark participe au MCE II, ce qui signifie que la couronne danoise est liée à l'euro. Un mécanisme de régulation du taux de change entre l'euro et la couronne a été mis en place afin que les variations entre les deux soient minimes.

3 Thème de réflexion

›› Quel projet pour l'Europe ?

Les responsables européens ont décidé d'attendre quelques années avant d'intégrer de nouveaux entrants dans l'UE. Décrétée pour quatre à cinq ans, cette pause n'empêche pas la Serbie ni les autres candidats de poursuivre les négociations d'adhésion.

À l'heure du Brexit, de la montée en puissance du groupe de Visegrad (groupe informel de quatre pays d'Europe centrale : Hongrie, Pologne, République tchèque et Slovaquie), d'une Pologne en opposition, la question du nombre idéal de partenaires pour mener à bien une Union est à nouveau posée. Elle l'a déjà été lors des dernières vagues d'adhésion.

7

La question est assez légitime quand apparaissent les blocages institutionnels observés, la très grande lenteur décisionnelle, les délocalisations intra-européennes.
Faut-il élargir l'Europe où ne pas l'élargir et l'approfondir avec les pays actuels ?
L'élargissement est inscrit dans les gènes du projet européen de 1957, dans le Traité de l'Union européenne. Si la capacité d'intégration de nouveaux entrants n'était pas un sujet de discussion il y a quelques années, il devient aujourd'hui une question centrale.
Depuis 2006, l'aptitude à assimiler de nouveaux membres est prise en compte lors de tout nouvel élargissement.
Quelles doivent être les frontières géographiques de l'Union ? Faut-il arrêter maintenant toute idée d'élargissement ? Existe-t-il une taille limite ? Ces questions qui se posent pour l'UE, se posent aussi pour la zone euro et l'espace Schengen.
L'UE est beaucoup plus exigeante aujourd'hui vis-à-vis des nouveaux entrants qu'elle ne l'était hier. L'expérience tirée des adhésions de 2004 et de 2007 amène les dirigeants européens à vouloir mieux accompagner les politiques économiques et sociales des nouveaux États.
Faire rentrer des pays « malades économiquement » est un risque que ne veulent plus prendre les États déjà membres. Les pays des Balkans occidentaux vont devoir intensifier leurs efforts pour remplir des conditions préalables d'adhésion plus strictes.
Les pays membres envoient surtout un signal à leurs citoyens de plus en plus eurosceptiques. Pourtant, estimer que l'élargissement est responsable des difficultés, des échecs de l'Europe, est beaucoup trop restrictif. L'organisation politique de l'Union est la première responsable de ses difficultés.
Mais l'important ne serait-il pas de définir ce qu'est, et ce que veut l'UE ? Se regrouper, pour faire quoi ? Pour développer quelle politique ? La crise économique et le Brexit sont là pour montrer que l'UE n'est pas unanime, loin de là. La crise des migrants a fait éclater au grand jour des conceptions radicalement différentes de modèles de société. Même sur le socle fondateur, sur les quelques principes de bases d'une union, les Européens se déchirent aujourd'hui.
Confrontés à de multiples crises et défis (économiques, migratoires, terroristes) les Européens ne doivent-ils pas poser à nouveau un ensemble de valeurs communes qui n'apparaît plus aujourd'hui ?

L'indépendance ratée de la Catalogne

Comment et dans quelles conditions une région peut-elle quitter un pays pour devenir indépendante ? Cette question hante de nombreux dirigeants, pas seulement espagnols et catalans. À l'issue d'un référendum organisé en 2017, la Catalogne a proclamé son indépendance, dont le premier effet a été la destitution de ses dirigeants par l'État espagnol et la levée de son autonomie. Ces événements marquent-ils le coup d'arrêt au droit des peuples à décider de leur sort ?

1 Les faits

A. Le référendum du 1er octobre 2017

» Avant le scrutin

L'idée du référendum d'**autodétermination** avait été annoncée par les indépendantistes au Parlement catalan en 2015.

En juin 2017, **Carles Puigdemont**, président du Parlement de Catalogne, fixe la date du 1er octobre pour la tenue du référendum et en précise la question : « Voulez-vous que la Catalogne soit un État indépendant sous forme de République ? ».

Il explique aussi qu'en cas de victoire du « oui », et un taux de participation satisfaisant, il lancera le processus. Madrid prend conscience du danger et assure que le référendum ne se tiendra pas.

En septembre 2017, le Parlement catalan adopte la loi encadrant le référendum. Le parquet général espagnol décide alors de poursuites contre les dirigeants catalans pour avoir convoqué ce référendum et la justice décrète la saisie du matériel électoral.

Le gouvernement espagnol fait son possible pour empêcher le référendum, pour dissuader les Catalans d'aller voter et pour qu'en cas de tenue du scrutin, les critères de reconnaissance d'un vote à l'international ne soient pas établis (pas d'organisation formelle, de liste officielle de votants, d'observateurs).

» Le scrutin et les jours qui suivent

Le « oui » à l'indépendance l'a emporté avec 90,18 % des suffrages, totalisant un peu plus de deux millions de voix et un taux de participation de 43,03 %. 5,3 millions d'électeurs sont inscrits sur les listes électorales (pour 7,5 millions d'habitants).

Le jour de la tenue du vote a été marqué par des violences policières : sur ordre de la Justice, la police et la garde civile sont intervenues pour saisir les urnes ou les bulletins dans les bureaux de vote, provoquant des heurts avec les partisans de l'indépendance. Deux jours après le scrutin, 700 000 personnes manifestaient dans Barcelone contre la violence de la police et du Gouvernement.

Lors d'une prise de parole, le roi a dénoncé les dirigeants catalans. Carles Puigdemont a tenté de temporiser et demandé d'engager un dialogue avec Madrid, ou encore une médiation internationale, mais celle-ci a été refusée par le pouvoir central, stratégiquement, le Gouvernement ayant toujours tenu à ce que cela reste une « affaire espagnole ».

Le 10 octobre, Puigdemont, qui tente de ménager à la fois les indépendantistes et le pouvoir central, affirme maintenir son engagement de création d'une République mais suspendre cette décision, le temps d'un dialogue nécessaire avec Madrid. La réponse du Premier ministre **Mariano Rajoy** est immédiate : il fixe un ultimatum au leader séparatiste pour qu'il dise si, oui ou non, il a déclaré l'indépendance. Puigdemont affirme à nouveau suspendre le processus (de deux mois, cette fois). Le 20 octobre, Mariano Rajoy annonce la destitution du Parlement catalan, provoquant une nouvelle manifestation des indépendantistes dans les rues de Barcelone.

» Mariano Rajoy

Le chef du Parti populaire (PP) (droite conservatrice) dirige le gouvernement espagnol depuis décembre 2011. Mis en minorité aux législatives de 2016, il dirige, avec le soutien du parti centriste libéral Ciudadanos, un gouvernement de coalition formé après une longue période sans gouvernement. En Espagne, les élections législatives se font à la proportionnelle, rendant difficile l'émergence d'une majorité.

Originaire de la Galice, Mariano Rajoy est âgé de 62 ans et dirige le PP depuis 13 ans. Il est décrit comme patient et réfléchi par ses partisans, un être cynique par ses opposants. Mariano Rajoy et le PP sont très peu populaires en Catalogne (13 % aux dernières législatives, cinquième force politique), en raison, notamment, de la saisine par le PP de la Cour constitutionnelle afin d'abroger le texte du statut d'autonomie de la Catalogne, où figurait le terme de « nation » catalane dans l'Espagne.

» Carles Puigdemont

Âgé de 54 ans, Carles Puigdemont milite pour l'indépendance de la Catalogne depuis son plus jeune âge. Cet ancien journaliste, qui siège depuis dix ans au Parlement et fut maire de Gérone de 2011 à 2016, en a fait un manifeste politique, au sein notamment de l'Association des municipalités pour l'indépendance.

Il a succédé, sans y être préparé, à l'ancien président du Parlement catalan, Artur Mas, qui s'était retiré après un désaccord entre les différentes composantes du bloc des partis indépendantistes. La partie la plus à gauche de l'échiquier politique n'avait pas accepté sa politique d'austérité.

Carles Puigdemont est soutenu par une partie des Catalans, une autre partie s'en est détournée par crainte des conséquences de la déclaration unilatérale d'indépendance et du conflit ouvert avec le Gouvernement, même s'il a tenté de temporiser et de jouer, en vain, la carte de l'apaisement et du dialogue en essayant de concilier les plus radicaux de ses soutiens et ceux favorables à une solution négociée avec Madrid.

B. La déclaration du 27 octobre et ses conséquences

À quelques minutes d'intervalle, Carles Puigdemont annonçait l'instauration d'une République de Catalogne, État souverain et indépendant, tandis que Mariano Rajoy activait, après avoir obtenu l'autorisation du Sénat, l'article 155 de la constitution espagnole. Cet article prévoit la reprise par le pouvoir central des prérogatives d'une région autonome.

Le gouvernement espagnol est déterminé à reprendre le contrôle de la Catalogne ; le gouvernement catalan et 150 hauts responsables de l'administration sont destitués, les Mossos d'Esquadra (la police catalane) sont repris en main, leur responsable mis à pied. Carles Puigdemont et ses proches sont poursuivis en justice.

Mariano Rajoy annonce la tenue d'élections en Catalogne le 21 décembre, comptant sur la crainte des Catalans, la crise, l'instabilité et les délocalisations possibles de nombreuses entreprises pour faire échouer les indépendantistes.

Parallèlement, les sanctions judiciaires commencent à tomber, huit anciens ministres régionaux sont placés en détention provisoire, Carles Puigdemont se rend avec quelques proches à Bruxelles pour tenter d'y trouver des soutiens et éviter la prison. Après qu'un mandat d'arrêt européen eut été lancé par Madrid, Puigdemont était dans l'attente d'une décision de la justice belge concernant son extradition vers l'Espagne.

» La Catalogne avant 2017

2006 : le Parlement espagnol adopte un nouveau statut qui donne plus de pouvoirs à la région catalane et renforce son autonomie. Le Parti populaire (PP) de Mariano Rajoy (dans l'opposition) saisit la Cour constitutionnelle pour dénoncer ce nouveau statut et le terme de « nation » catalane à l'intérieur de l'Espagne.

2010 : la Cour constitutionnelle rejette le terme de « nation » et l'usage de la langue catalane comme « préférentielle ».

2012 : plus d'un million de Catalans manifestent à Barcelone pour l'indépendance. Mariano Rajoy refuse le dialogue avec le président catalan Artur Mas qui promet un référendum d'autodétermination.

2014 : 35 % des Catalans se déplacent aux urnes, 80 % des votants (1,8 million) sont favorables à l'indépendance.

2015 : l'ensemble des partis indépendantistes obtiennent 47,8 % des voix aux élections régionales, ils sont majoritaires en sièges au parlement régional qui décide d'une résolution sur un processus devant aboutir à la création « d'un État catalan indépendant prenant la forme d'une république » au plus tard en 2017.

2016 : Carles Puigdemont devient président de la région.

2 Le contexte

A. La Catalogne, carte d'identité

La volonté d'autonomie et d'indépendance est ancienne. La région, qui compte 7,5 millions d'habitants, possède sa propre langue et sa culture.

L'idée d'indépendantisme a gagné du terrain entre 2010 et 2015. Le référendum de 2014 et les dernières élections régionales de 2015 ont illustré la montée du sentiment national catalan. Mais la Catalogne est divisée entre les partisans de l'indépendance et les opposants, un clivage dépassant largement les partis politiques.

La Catalogne est l'une des régions les plus stratégiques pour l'Espagne et la quatrième économie de la zone euro. Elle ne représente que 6 % de la superficie du pays, mais environ 16 % de sa population et 20 % de son PIB, au coude-à-coude avec Madrid pour le titre de région la plus riche.

La Catalogne attire les touristes et leurs devises mais aussi de nombreuses entreprises. Les sièges de plusieurs industries de pointe y sont installés (centres de recherches, laboratoires médicaux) ; elle concentre la moitié de l'industrie chimique d'Espagne. C'est aussi la première région exportatrice (secteur agroalimentaire, notamment). Le taux de chômage y est de quatre points inférieur à la moyenne nationale.

La Catalogne est aussi l'une des régions les plus endettées du pays, en raison, dénoncent les élus catalans, d'une mauvaise redistribution des ressources fiscales : région riche, elle s'estime lésée car les impôts prélevés sur ses entreprises et habitants sont supérieurs à ce que l'État redistribue par différents biais à la région.

8

B. La constitution espagnole

L'Espagne est constituée de 17 régions, des « communautés autonomes », aux pouvoirs bien plus importants que les régions françaises. C'est un État très décentralisé depuis l'adoption de la Constitution de 1978, mais où les régions ont des compétences très inégales.

En tant que « communauté autonome historique », comme le Pays basque, la Galice et l'Andalousie, la Catalogne dispose de très larges prérogatives (santé, éducation, langue, le catalan cohabitant avec le castillan, police régionale). Mais, contrairement à d'autres régions, la Catalogne ne dispose pas du droit de prélever l'impôt.

La Constitution espagnole, dans son article 155, prévoit que cette forte autonomie des régions peut leur être retirée. Cet article a été activé pour la première fois en octobre 2017.

L'article 155 ne précise pas les mesures qui peuvent être prises par l'État central. Mariano Rajoy l'a utilisé pour prendre le contrôle des organes politiques et administratifs en suspendant et en remplaçant des fonctionnaires et des élus.

C. Les autres désirs d'indépendance

La crise catalane a été observée avec attention dans de nombreux pays, européens notamment. Le soutien, immédiat et sans faille, de l'Union européenne et des États qui la composent à l'Espagne « unie » est à considérer à l'aune de la crainte d'une propagation de l'idée d'indépendance. Si les Catalans peuvent accéder à l'indépendance, pourquoi pas les Corses, les Bretons, les Alsaciens, les Vénitiens, les Lombards, les Flamands... une liste qui n'est pas exhaustive.

Les États européens, qui avaient salué en 2008 la déclaration unilatérale d'indépendance du Kosovo (ancienne région serbe) et reconnu Pristina comme sa capitale, au nom du « droit des peuples à décider par eux-mêmes », se sont précipités pour affirmer qu'ils ne reconnaîtraient pas la Catalogne et qu'elle ne pourrait pas, en cas d'indépendance, rejoindre l'UE.

Les Écossais avancent avec prudence sur cette question. Le « non » à 55 % au référendum d'indépendance organisé en 2014 fut un échec pour les nationalistes. Depuis, le Brexit est advenu, les Écossais, très favorables à l'Europe, avaient voté à 62 % pour le maintien du Royaume-Uni dans l'UE ; ce résultat avait incité les partisans de l'indépendance à relancer l'idée d'un référendum. Mais les élections législatives anticipées de juin 2017 ont refroidi les ardeurs de ces partisans, le SNP (parti indépendantiste de la Première ministre Nicola Sturgeon) ayant perdu plus d'un tiers de ses députés. Un nouveau référendum pourrait se tenir entre mars 2019 (sortie de l'UE) et mars 2021 (fin de la période dite de transition réclamée par Theresa May).

En Italie, comme le permet la Constitution italienne, les régions de Lombardie (10 millions d'habitants) et Vénétie (5 millions) ont organisé un référendum pour réclamer davantage d'autonomie, lancé à l'initiative des présidents des régions, membres de la Ligue du Nord (extrême droite). Le « oui », soutenu par quasiment toute la classe politique, l'a emporté à plus de 90 %. Des compétences en matière de santé et d'éducation devraient être transférées à la suite de ce référendum.

3 Thème de réflexion

» Le droit des peuples et des nations

Des pays ont accédé à leur indépendance en quittant celui auquel ils étaient rattachés. Le Monténégro (2006) faisait partie de la Serbie-et-Monténégro, le processus de séparation prévu par la Constitution a été respecté.

Le Sud-Soudan s'est séparé du Soudan en 2011.

En 1993, l'ancienne Tchécoslovaquie s'est scindée, sans heurts, en deux États, la République tchèque et la Slovaquie.

La Nouvelle-Calédonie pourrait être l'un des prochains, le référendum qui sera organisé en 2018, en plein accord avec Paris, sera déterminant.

Ces partitions de pays, concertées, acceptées plus ou moins facilement, sont souvent plus stables et pérennes. Elles entraînent aussi une reconnaissance de la communauté internationale, de l'ONU. Mais elles n'empêchent pas les conflits, comme au Sud-Soudan.

Dans d'autres cas, des régions, des zones géographiques, ont déclaré unilatéralement leur indépendance, comme la Catalogne.

Ce fut le cas, en 1983, de la « République turque de Chypre du Nord », reconnue uniquement par Ankara. C'est aussi celui de l'Abkhazie et de l'Ossétie du Sud, deux régions de la Géorgie soutenues par Moscou. La Transnistrie, région de Moldavie (majoritairement russophone), a proclamé son indépendance en 1991, mais n'est reconnue par aucun État. Le Nagorny-Karabakh, région d'Azerbaïdjan (majoritairement arménienne), a fait sécession en 1991. Les régions ukrainiennes de Lougansk et Donetsk ont proclamé leur indépendance en 2014, elles ne sont pas reconnues par la communauté internationale et sont dépendantes de la Russie.

L'effondrement du bloc soviétique a entraîné la plus grande vague de mouvements d'indépendance en Europe : la Lituanie, en 1990, suivie par 9 autres républiques, en août et septembre 1991 et, avec la fin de l'URSS, ce sont finalement 15 pays qui naîtront.

L'éclatement de la fédération socialiste de Yougoslavie a aussi donné lieu à l'indépendance de plusieurs pays : Slovénie, Croatie, Macédoine, Bosnie-Herzégovine.

Le cas du Kosovo est intéressant : région de Serbie, il a décrété unilatéralement son indépendance en 2008, contre l'avis de Belgrade. Si le Kosovo est reconnu par une centaine de pays, il ne l'est pas par l'Espagne, qui, déjà, faisait le parallèle avec la Catalogne.

Selon le droit international, une déclaration unilatérale d'indépendance n'est pas interdite mais elle doit prioritairement être gérée dans le pays concerné et repose sur « l'état de fait ».

Dans le cas de la Catalogne, cet état de fait n'existe pas, l'Espagne continue de gérer la Catalogne comme l'une de ses régions, dans le respect de la Constitution.

Le droit international ne permet la reconnaissance de l'indépendance, même en cas de refus de l'État, que dans un cas particulier : le droit au principe d'autodétermination. Celui-ci est régi par des critères précis (auxquels la Catalogne ne répond pas), il concerne des peuples colonisés, sous domination étrangère, contraints par des lois raciales, sous l'autorité de l'armée ennemie.

Mais ces points de droit suscitent l'interrogation face à un processus en apparence démocratique. Un vote, ouvert, loyal, respectueux des libertés individuelles peut-il ne pas être respecté ? Sur cette question, le fait de savoir qui est autorisé à voter vient immédiatement à l'esprit. « Tous les Espagnols n'ont pas voté », ont objecté des partisans du maintien de la Catalogne dans la nation espagnole.

Les Albanais du sud de la Serbie, les Serbes de Bosnie, les autonomistes de Vojvodine, les Écossais, les Corses (en octobre 2017, un député a demandé au gouvernement une autonomie de plein exercice et de plein droit) et tant d'autres scrutent donc avec attention la Catalogne, l'Espagne et ses alliés.

International

La Corée du Nord inquiète le monde

Dictature communiste paranoïaque et imprévisible, la Corée du Nord aurait acquis en 2017 la capacité de miniaturiser et transporter l'arme nucléaire. Son sixième essai nucléaire en septembre inquiète la communauté internationale. Mais si les sanctions de l'ONU pleuvent, elles ne sont pas toutes respectées. Donald Trump et Kim Jong-Un se menacent mutuellement, le Japon s'inquiète, la Russie tempère, la Chine observe. Impasse.

1 Les faits

A. De nouveaux essais balistiques

À peine installé à la Maison Blanche, le président américain Donald Trump a reçu en guise de cadeau d'accueil le premier tir balistique nord-coréen de l'année. En 2016, deux essais nucléaires avaient été menés et une vingtaine de missiles balistiques tirés, Kim Jong-Un affichant l'objectif de mettre le territoire américain à portée de ses missiles.

- Début **février** 2017, un nouveau missile balistique, qui aurait parcouru environ 500 kilomètres avant de tomber en mer du Japon, pourrait être un missile sol-sol de moyenne à longue portée, *Pukguksong-2*. Les observateurs militaires occidentaux ont identifié un nouveau moteur, plus performant et un système de propulsion rendant l'engin moins facilement détectable.
- Un mois plus tard, en **mars**, trois nouveaux engins sont tombés à proximité immédiate des côtes japonaises, dans sa **zone économique exclusive** (ZEE). Les analystes y perçoivent la volonté nord-coréenne d'intimider le Japon autant que les États-Unis et la Corée du Sud. Pyongyang a affirmé de son côté que l'objectif était « de frapper les bases militaires de l'agresseur impérialiste américain au Japon en cas de besoin ». Ces tirs sont en effet intervenus au moment où les marines de Séoul et Washington procédaient à des exercices militaires conjoints.
- En **mai**, un nouveau type de missile était testé : *Hwasong-12*, d'une portée de plus de 4 000 kilomètres (sans précédent pour la Corée du Nord), capable d'atteindre les bases américaines du Pacifique, dont la plus importante, celle de Guam. Ce tir tend aussi à prouver que la Corée du Nord a fait d'importants progrès sur la voie du développement d'un **missile balistique intercontinental** (ICBM).

9

- Trois mois plus tard, en **juillet**, les services de renseignements américains confirment le tir d'un engin intercontinental qui a parcouru un millier de kilomètres et estiment que la Corée du Nord est désormais capable de miniaturiser une bombe nucléaire pour la charger sur l'un de ses missiles.
- En **août**, un missile balistique est lancé au-dessus du Japon, une première depuis 2009. L'engin, un Hwasong-12 de portée intermédiaire, a survolé l'île d'Hokkaido pendant deux minutes avant de s'abîmer en mer.

La Corée du Nord et ses voisins

B. Un nouvel essai nucléaire

Le 3 septembre, la Corée du Nord affirme avoir développé et testé une bombe à hydrogène susceptible d'être installée sur un missile balistique intercontinental. La bombe à hydrogène est beaucoup plus puissante que la bombe atomique « classique ».

» La bombe A, « bombe atomique », est une bombe à fission nucléaire. Les atomes d'uranium ou de plutonium sont cassés, produisant alors de l'énergie.
La bombe H, « thermonucléaire », est une bombe de fusion nucléaire surmontée d'une bombe A, qui sert de détonateur. Elle libère une énergie très largement supérieure.

Des experts internationaux qui ont enregistré la secousse du 3 septembre estiment crédible que la Corée possède bien la bombe H.

C. L'escalade verbale avec les États-Unis

Les relations entre les États-Unis et la Corée du Nord ont été marquées en 2017 par une escalade verbale entre leurs deux dirigeants.
En mai, Donald Trump a qualifié Kim Jong-Un de « fou avec des armes nucléaires ». Trois mois plus tard, il le menaçait d'un déluge de « feu et de colère, comme le monde ne l'a jamais vu jusqu'ici »... Kim Jong-Un a rétorqué : « Je disciplinerai par le feu le gâteux américain mentalement dérangé ».
Au-delà des propos, les deux États se sont aussi toisés sur le terrain. Kim Jong-Un a directement menacé l'île de Guam, la plus importante base navale américaine. Les États-Unis ont répliqué en dépêchant le porte-avions USS Carl Vinson et son escadre au large de la Corée, faisant dire au Nord que la guerre était déclarée.

D. Les sanctions de l'ONU

L'ONU a adopté en 2017 un septième puis un huitième train de sanctions contre Pyongyang. Ces deux volets de sanctions, en août et septembre visent à priver la Corée du Nord de ses recettes d'exportation de charbon et de textile notamment.
En réaction à l'essai nucléaire du 3 septembre, l'ONU a décidé :
- l'embargo sur le gaz naturel,
- une réduction de 10 % de la vente de produits pétroliers (chinois) à la Corée du Nord,
- l'interdiction d'importer du textile nord-coréen,
- la possibilité d'inspecter par la force les navires suspectés de violer les résolutions de l'ONU.

Si les États-Unis et les pays européens étaient disposés à des sanctions beaucoup plus dures et à un blocus total de la Corée du Nord, la Chine et la Russie s'opposent à des sanctions trop drastiques : la perspective d'un effondrement de la Corée du Nord effraie la Chine qui ne souhaite pas partager une frontière avec une Corée réunifiée dirigée par le Sud, allié des États-Unis, ou voir apparaître un régime soutenu par Washington.

Par ailleurs, l'efficacité de ces sanctions est limitée, car elle dépend directement de l'attitude de la Chine, destinataire à 90 % des exportations nord-coréennes. Or la Chine a souvent voté des sanctions avant de ne pas les appliquer. Fin septembre, pourtant, les autorités américaines voulaient croire dans un changement d'attitude de la Chine qui a notamment décidé la fermeture d'entreprises nord-coréennes installées sur son territoire et une réelle application des restrictions sur les exportations de pétrole.
À la demande de la Russie, l'interdiction de faire travailler des Nord-coréens en exil a été supprimée : une des sources de revenus de Pyongyang est l'argent gagné par des ouvriers à l'étranger et rapatrié au pays. Les États-Unis ont obtenu une limitation du nombre de permis de travail pour les exilés nord-coréens.
Mais, selon les experts, ces mesures ne seront pas déterminantes, d'autant plus que l'application des sanctions est aléatoire contre un État très habile pour les contourner avec l'aide de pays tiers.

2 Le contexte

A. L'équipement militaire et nucléaire

Les États-Unis en sont désormais convaincus, la Corée du Nord est parvenue à miniaturiser l'arme atomique pour l'embarquer à bord d'un missile intercontinental. Les observations satellitaires montrent qu'elle a poursuivi la réactivation de son principal complexe nucléaire.
Même si cette nouvelle est inquiétante, ils insistent aussi sur le fait que Pyongyang n'est pas au bout du processus. Les Coréens doivent en effet acquérir la technologie nécessaire pour faire résister une tête nucléaire à un retour dans l'atmosphère.
Les experts américains soulignent également la faiblesse des stocks d'uranium et de plutonium dont dispose Pyongyang, ce qui pourrait ralentir le programme de développement.

» Le nucléaire coréen

La Corée du Nord a effectué six essais nucléaires, en 2006, 2009, 2013, 2016 et 2017.
Les deux premiers ont vraisemblablement été effectués à partir de bombes au plutonium à faible rendement.
Les 3e, 4e et 5e essais auraient utilisé un engin miniaturisé. Les experts internationaux avaient alors la certitude que la Corée du Nord enrichissait de l'uranium à des fins militaires, qu'elle possédait la technologie pour construire une bombe atomique, mais ne pouvaient pas encore déterminer de façon certaine une date de maîtrise de la miniaturisation et de la projection par missile balistique.
Le 6e essai a levé les doutes. Depuis septembre 2017, les experts internationaux sont convaincus de l'avancée majeure de Pyongyang.
La Corée du Nord a aussi démontré qu'elle pouvait envoyer un engin dans l'espace.
Les essais sont effectués sur le site nucléaire de Punggye-ri, dans une région isolée et montagneuse du Nord-Est. Ce site comprend des tunnels creusés dans une roche dure, ce qui rendrait inefficace un bombardement de la zone à des fins de destruction.
Un autre site, à Yongbyon, inquiète également l'Occident.

» Le complexe de Yongbyon

Le complexe de Yongbyon est la pièce maîtresse du jeu nucléaire nord-coréen. Les experts internationaux s'inquiètent de l'état des installations et disent redouter un accident nucléaire.

Construit dans les années 1950 avec l'aide de l'URSS, c'est initialement un réacteur de modèle soviétique d'une capacité de 2 mégawatts (MW) ; il entre en service en 1965. En 1979, débute la construction d'un réacteur uranium naturel-graphite-gaz de 5 MW, opérationnel en 1986.

L'**Agence internationale de l'énergie atomique** (AIEA) soupçonne la Corée du Nord de dissimuler un programme de nucléaire militaire. En 1994, l'extraction de barres de combustible usagé à Yongbyon provoque une première crise avec les États-Unis.

Pyongyang accepte alors de fermer Yongbyon en négociant la construction de deux réacteurs à eau légère non susceptibles de servir ses ambitions militaires et la livraison de 500 000 tonnes de fioul lourd par an. Mais en 2002, elle dénonce l'accord et relance Yongbyon après avoir expulsé les inspecteurs de l'AIEA et annoncé son retrait du **Traité de non-prolifération**.

En 2007, le site est à nouveau fermé après des négociations avec les États-Unis, la Corée du Sud, le Japon, la Russie et la Chine. Mais deux ans plus tard, elle met un terme aux pourparlers et relance son programme nucléaire.

Les experts internationaux ont la preuve depuis 2010 que le pays enrichit l'uranium et poursuit la sécurisation et le développement du site de Yongbyon.

» Les armées dans le monde

La Corée du Nord dispose de plus d'un million de soldats.

- Plus d'un million de militaires actifs et près de 10 millions de réservistes.
- 10 000 tanks, véhicules de combats, lanceurs de roquette.
- 500 avions de chasse.
- Un millier de bâtiments maritimes (dont 50 sous-marins)

Les chiffres ne montrent toutefois pas la vétusté de nombreux équipements et même l'état de délabrement d'une partie de cette force militaire datant de plusieurs décennies.

Classement des armées dans le monde		
Classement	Pays	Évolution 2016/2017
1	États-Unis	=
2	Russie	=
3	Chine	=
4	Inde	=
5	France	=
6	Royaume-Uni	=
7	Japon	=
8	Turquie	=
9	Allemagne	=
10	Égypte	(+ 2)
11	Italie	(– 1)
12	Corée du Sud	(– 1)
13	Pakistan	=
14	Indonésie	=
15	Israël	(+ 1)

Classement	Pays	Évolution 2016/2017
16	Vietnam	(– 1)
17	Brésil	(– 2)
18	Taïwan	(– 1)
19	Pologne	(– 1)
20	Thaïlande	=
21	Iran	=
22	Australie	(+ 1)
23	Corée du Nord	(+ 2)
24	Arabie saoudite	=
25	Algérie	(+ 1)
26	Canada	(– 4)
27	Espagne	=
28	Grèce	=
29	Suède	=
30	Ukraine	=

www.globalfirepower.com (site spécialisé globalisant les données militaires des pays : budget, effectif, équipement...)

B. Un peu d'histoire

Pour comprendre le conflit actuel entre les deux Corées, il faut remonter à la Seconde Guerre mondiale. Soviétiques et Américains devaient combattre les Japonais présents dans la péninsule coréenne, fixant le 38e parallèle comme ligne au nord de laquelle les soldats japonais se rendraient aux Soviétiques, et au sud de laquelle ils se rendraient aux Américains. Mais la tension est rapidement montée entre les deux alliés. Après la guerre et au début de la Guerre froide, les Soviétiques ne souhaitent pas la présence américaine en Asie, tandis que les Américains veulent faire de la Corée du Sud une base opérationnelle avancée.

Le 25 juin 1950, les forces nord-coréennes franchissent le 38e parallèle, déclenchant la Guerre de Corée, et envahissent la quasi-totalité de la péninsule, acculant les sudistes dans une poche à l'extrême sud du pays.

Le débarquement des Américains et des forces de l'ONU permet de repousser l'offensive nordiste ; les Américains pénètrent à leur tour dans l'actuelle Corée du Nord.

La Chine entre alors en guerre ; offensives et contre-offensives se déroulent jusqu'au 27 juillet 1953, date de l'armistice de Panmunjom, qui met fin à une guerre responsable de plusieurs millions de morts et de disparus (entre 2 et 4 millions).

Le 38e parallèle est redevenu la ligne de séparation entre les deux Corées. Les deux pays sont toujours juridiquement en état de guerre, le conflit s'étant conclu par un armistice et non par un traité de paix.

Une zone de 240 kilomètres de long et 4 kilomètres de large partage la péninsule en deux. De chaque côté de cette zone, l'une des plus militarisées au monde, des milliers de soldats se tiennent disposés à intervenir. Environ 30 000 militaires américains sont positionnés aujourd'hui en Corée du Sud pour soutenir les 650 000 hommes de l'armée sud-coréenne.

Le 38e parallèle, ligne de démarcation terrestre, se prolonge en mer mais son tracé est extrêmement discuté et disputé. Le Nord conteste la frontière établie par les Nations unies à la fin de la guerre, et voudrait la déplacer plus au sud. La zone de la mer Jaune

9

entre les deux Corées est régulièrement le théâtre d'incidents entre les marines des deux pays.
Dans les années 1990, des tentatives de normalisation des relations ont été entreprises. En 1991, les deux Corées ont été admises à l'ONU ; en 1992, un accord sur une dénucléarisation de la péninsule est décidé, et en 1997 ont débuté les premiers pourparlers de paix à Genève.
Les incidents frontaliers ont compliqué ces tentatives de normalisation, ainsi que le sort des Coréens du Nord qui fuient leur pays et se réfugient au Sud. Quelque 21 000 Nord-Coréens sont ainsi parvenus à s'enfuir depuis la fin de la Guerre de Corée, surtout ces dernières années, en raison de la détérioration des conditions de vie.

» La famille Kim
La Corée du Nord est la dernière dictature militaire communiste secrète et totalement repliée sur elle-même. La famille Kim, au culte de la personnalité fort développé, règne depuis plus de soixante ans sur un pays en ruine économique, dont la population souffre de famine, et qui ne consacre ses efforts qu'à son armée et au nucléaire.

Le grand-père, Kim Il-Sung
Kim Il-Sung, surnommé « le grand leader », « le soleil bienveillant », est mort en 1994 mais son portrait est présent partout dans Pyongyang, des monuments à sa gloire sont érigés et les écoliers ont ordre de le vénérer, d'étudier son œuvre. On loue la grandeur du « père de la nation », qui a fondé l'État communiste en 1948 après avoir combattu les Japonais pendant la guerre.

Le père, Kim Jong-Il
Kim Jong-Il, mort en décembre 2011 à 69 ans, est aussi surnommé « soleil du XXIe siècle ». À la mort de son père, il maintient le régime dictatorial communiste. L'armée est sous son contrôle, toute forme d'opposition est totalement réprimée, la quasi-totalité du budget de l'État est consacrée à l'armée et au nucléaire.
Le plus grand secret règne sur la vie du dictateur ; il serait né en Russie quand son père Kim Il-Sung y séjournait. La propagande préfère évoquer une naissance sur la plus haute montagne du pays, devenue un lieu sacré. Kim Jong-Il, qui dirigeait le pays d'une main de fer, laisse à son fils une économie exsangue, un pays marqué par la famine et les pénuries alimentaires.

Le fils, Kim Jong-Un
Kim Jong-Un a environ 30 ans. Il a succédé à son père à la mort de ce dernier, après avoir été nommé général et adoubé par le parti unique. Kim Jong-Un a montré sa volonté de poursuivre dans la lignée paternelle, notamment en menant d'importantes purges pour asseoir son autorité.

3 Thème de réflexion

» La communauté internationale sans solution face à la Corée du Nord
Les événements de l'année 2017 sonnent comme un évident aveu d'impuissance de la communauté internationale face à la Corée du Nord.
Les sanctions mises en place depuis des années par l'ONU sont inefficaces. Celles-ci devaient l'empêcher de développer un armement nucléaire. L'objectif n'est pas atteint, et les experts internationaux de s'étonner même en 2017 de la vitesse à laquelle les Coréens ont réussi à progresser dans leur quête de l'arme nucléaire.

Les sanctions internationales, qu'elles soient américaines, européennes ou multilatérales (résolutions du Conseil de sécurité de l'ONU) n'ont pas modifié sa détermination.
La question reste alors entière, comment faire en sorte qu'un régime dictatorial et paranoïaque ne se dote d'une arme de destruction massive ?
Même si les deux pays ne sont pas comparables, la question s'est posée avec l'Iran et le régime de sanctions a amené Téhéran à la table des négociations. Mais ce qui a fonctionné avec l'Iran n'est pas transposable à la Corée du Nord.
Alors, faut-il aggraver les sanctions ? Dialoguer ? Ou faire les deux ?
Principal soutien du régime nord-coréen, la Chine condamne les essais nucléaires de son voisin, s'en méfie et a pris ses distances, mais ne veut pas prendre le risque de le voir s'effondrer (sous l'effet d'un blocus économique total par exemple).
La Chine est en effet quasiment la seule à commercer avec la Corée du Nord et l'économie chinoise, ses entreprises, ses institutions financières, pâtiraient d'un arrêt complet des échanges.
L'effondrement de la Corée du Nord se traduirait surtout pour la Chine par l'arrivée à sa frontière d'un régime soutenu par les actuels opposants de Pyongyang, Corée du Sud et États-Unis. Il n'est pas question pour Pékin d'avoir à gérer une zone d'instabilité à sa frontière.
Ne souhaitant pas l'aggravation des sanctions, la Chine tente de réactiver des pourparlers avec la Corée du Sud, les États-Unis, la Russie et le Japon sur le programme nucléaire nord-coréen. Ils sont à l'arrêt depuis 2008. L'état de tension est tel que se remettre autour d'une table pour discuter apparaît dans l'immédiat peu probable. Les Chinois ne souhaitent pas une trop forte montée des tensions ni un renforcement de la présence américaine en mer de Chine, notamment pour soutenir la Corée du Sud et le Japon.
Pourtant, des discussions ont déjà eu lieu (2007), entre Pyongyang et la communauté internationale. Mais si le régime accepte discussions ou moratoires, il les dénonce presque systématiquement.
La solution militaire est impossible, la Chine et la Russie ne laisseront pas une intervention militaire se produire à leurs frontières. La solution des sanctions prouve son inefficacité. Celle de la négociation a été testée sans grand résultat. Fin 2017, la solution était encore à inventer.

L'Iran au centre de la diplomatie mondiale

Les Iraniens ont confirmé en 2017 leur volonté d'ouverture sur le monde en reconduisant Hassan Rohani à la présidence. L'ONU affirme que le pays respecte l'accord sur le nucléaire signé avec la communauté internationale, mais dont le président américain Donald Trump ne veut pas. La guerre diplomatique avec les États-Unis n'empêche pas les autres États de se rapprocher de l'Iran.

1 Les faits

A. Hassan Rohani confirmé

La nette réélection en 2017 d'**Hassan Rohani** à la présidence (première élection en 2013) est un signe confirmant l'ouverture de l'Iran, le président remerciant les Iraniens, à l'issue du scrutin, pour avoir choisi « la voie de l'entente avec le monde ».

Réélu avec 57 % des voix dès le premier tour, le président sortant, âgé de 68 ans, a rassemblé sur son nom plus de 23 millions d'électeurs (moins de 19 millions en 2013), qui ont validé son premier mandat, consacré à des réformes intérieures et à un début de normalisation des relations avec les États-Unis, avec principalement à son actif la levée d'une partie des sanctions économiques dans le cadre de l'accord nucléaire signé avec la communauté internationale.

Concomitamment à la victoire d'Hassan Rohani, les réformateurs ont remporté un franc succès aux élections locales, gagnant la totalité des sièges du conseil municipal de Téhéran alors que la capitale iranienne était dirigée par les conservateurs depuis 14 ans. L'autre indicateur marquant de ces élections est la victoire de nombreuses femmes, présentes désormais dans les conseils municipaux.

S'il est conforté par cette réélection, Hassan Rohani n'a pour autant pas les mains libres, il doit composer avec l'Assemblée des experts, instance chargée de superviser le travail du guide suprême Ali Khamenei, largement dominée par les conservateurs. Son président est l'ayatollah **Ahmad Janati**, religieux ultraconservateur qui dirige aussi le Conseil des gardiens de la Constitution, autre institution clé du pays.

» Hassan Rohani est un religieux modéré, partisan sur le plan international d'une plus grande souplesse et ouvert à la discussion avec des partenaires occidentaux.
Né en 1948, il était, avant la révolution de 1979, un proche soutien du fondateur de la République islamique, l'ayatollah **Khomeini**.
Député entre 1980 et 2000, il fut par la suite membre de l'Assemblée des experts. Il avait également été secrétaire général du Conseil suprême de la sécurité nationale (1998-2005).
Connu des diplomates internationaux, il avait été chef de la délégation, entre 2003 et 2005, dans les négociations avec les Européens sur le nucléaire, ayant abouti à la suspension du programme d'enrichissement de l'uranium, remise en question en 2009 par la réélection de **Mahmoud Ahmadinejad** à la présidence.
En 2013, son élection à la présidence et la nomination de **Javad Zarif** au ministère des Affaires étrangères sont rapidement suivies d'effets dans les relations internationales et le dialogue reprend avec les États-Unis, alors qu'aucun contact entre les deux pays ne s'était produit depuis 1979.
Entre autres gestes diplomatiques, Hassan Rohani s'est rendu à la tribune de l'ONU, sur des plateaux de télévision américains, a rencontré des chefs d'État et multiplié les signes d'ouverture.

B. L'accord nucléaire menacé

L'**Agence internationale de l'énergie atomique** (AIEA) a affirmé à plusieurs reprises en 2017 que l'Iran respectait les conditions fixées par l'accord nucléaire signé avec la communauté internationale.
L'agence a notamment attesté, au terme de centaines de visites des installations iraniennes, que Téhéran n'enrichissait pas d'uranium à des degrés interdits et ne constituait pas de stocks illégaux d'uranium enrichi. Pourtant, cet accord n'a jamais paru aussi menacé, car si l'AIEA, l'ONU, l'UE en souhaitent la pérennité, les États-Unis par la voix de son président n'ont pas de mots assez durs pour le remettre en cause.
Après avoir dans un premier temps fait part de son intention de dénoncer l'accord, Donald Trump a choisi d'utiliser un autre dispositif juridique en décidant de ne pas le « certifier ». Une loi oblige en effet le président à certifier devant le Congrès, tous les 90 jours, que Téhéran respecte l'accord et que ce dernier est conforme à l'intérêt national des États-Unis. Ayant choisi de ne pas le certifier en octobre, le président Trump laisse la main au Congrès, qui peut décider de réimposer ou non les sanctions levées depuis 2015. Plusieurs élus avaient fait part de leur inquiétude de voir les États-Unis isolés du reste du monde, même si Washington tentait en fin d'année d'obtenir de ses partenaires européens un durcissement des sanctions ou au minimum un dispositif qui permette de déclencher des sanctions plus facilement.
L'administration américaine conteste plusieurs points de l'accord, notamment la date de 2025 comme date de fin des restrictions des activités nucléaires iraniennes. Elle réclame aussi des inspections plus poussées.

C. Les relations avec les États-Unis à nouveau exécrables

Il paraît très loin le temps où les présidents Obama et Rohani échangeaient par téléphone, renouant un contact perdu entre les deux nations.
Rompant avec la politique internationale de son prédécesseur, Donald Trump a qualifié à plusieurs reprises l'Iran d'« État voyou », de « dictature corrompue » et a réservé à l'Arabie saoudite, le grand rival régional de Téhéran, son premier déplacement à l'étranger.
Les attaques du nouveau président américain ont été entendues à Téhéran et accueillies aux cris de « mort à l'Amérique » scandés lors du 38e anniversaire de la révolution islamique.

La position iranienne est de se réfugier derrière les inspections de l'AIEA avec le soutien des Européens : « l'Iran respecte l'accord nucléaire de 2015, ne trompe personne, mais réagira avec détermination si ce texte vient à être dénoncé » a déclaré Hassan Rohani devant l'ONU en estimant « dommage que l'accord soit détruit par des nouveaux voyous en politique internationale ».

Proche et Moyen-Orient - Les dates-clés de la République islamique d'Iran

2 Le contexte

A. L'accord nucléaire

» Le contenu

L'accord sur le nucléaire iranien survenu en 2015 tient dans un document d'une centaine de pages. Il peut se résumer en une formule : pas d'activité nucléaire à visée militaire contre une levée des sanctions économiques.

» L'objectif et les conditions des Occidentaux

Les Occidentaux, représentés par un groupe baptisé 5 + 1 (États-Unis, Russie, Chine, France, Royaume-Uni et Union européenne) avaient comme principal objectif de faire en sorte que, si l'Iran décidait de se lancer dans le nucléaire militaire, le temps nécessaire pour qu'il produise une bombe soit suffisamment long - pas moins d'un an - pour permettre une réaction internationale. Ce délai est appelé « *breakout time* ».

L'accord comporte donc une clause sur la baisse (importante) du nombre de centrifugeuses détenues par l'Iran qui servent à enrichir l'uranium, qui passera de 19 000 (la moitié était en activité) à 5 060.

Les stocks d'uranium enrichi seront aussi strictement limités. L'Iran ne pourra disposer sur son sol d'uranium enrichi au-delà de 3,67 % et, pendant quinze ans, ne pourra conserver plus de 300 kilos d'uranium enrichi à moins de 3,7 %. Il en possède actuellement dix tonnes, en passe d'être vendues à la Russie.

L'Iran disposait d'un autre moyen de fabriquer une bombe nucléaire grâce au plutonium. Pour éviter cette possibilité, l'accord prévoit la conversion du réacteur de la centrale à eau lourde d'Arak, sous le contrôle du « 5 + 1 » et de l'AIEA. Afin de s'assurer de la force de l'interdiction, un régime renforcé d'inspections a été décidé et accepté par l'Iran. Pendant vingt ans, l'AIEA pourra vérifier le parc de centrifugeuses et, pendant vingt-cinq ans, la production de concentré d'uranium.

» L'objectif de l'Iran

Obtenir la levée des sanctions était une promesse du président Rohani, disposé à un réchauffement des relations diplomatiques et à des concessions sur le nucléaire. Depuis une quinzaine d'années, les sanctions ont lourdement pénalisé l'économie et freiné le développement. Les secteurs de la finance, de l'énergie et du transport sont ainsi fortement sous-développés. Les entreprises étrangères ne pouvaient investir en Iran ou coopérer avec une banque iranienne. La connexion complète de l'Iran au système bancaire international est le geste le plus attendu par Téhéran, il permettra aux entreprises de faire circuler l'argent à l'intérieur et à l'extérieur et à l'économie de redémarrer. Cette connexion n'est que partielle.

L'allégement des sanctions se fait par étapes, dès le début 2016 pour celles prises par l'Union européenne et les Américains (principalement sur le secteur financier et pétrolier), puis échelonnées en fonction des rapports de l'AIEA et du respect des engagements de l'Iran.

10

» Les réactions

Les opposants à l'accord de Genève ont d'abord pointé le risque de voir l'Iran réussir à se doter de l'arme nucléaire en dépit des inspections de l'AIEA et mis en doute la confiance qu'à leurs yeux la communauté internationale peut accorder à la République islamique. Si, sous un régime de sanctions, elle a pu développer son arsenal nucléaire, elle le pourrait encore plus facilement avec des moyens financiers accrus.

Au-delà du débat sur le nucléaire militaire, d'autres questions se posent : les bénéfices financiers qui seront tirés de la vente du gaz, du pétrole, des taxes commerciales, vont-ils servir à développer l'éducation, la santé, ou à financer le terrorisme ?

L'Iran est un soutien au groupe armé palestinien Jihad islamique et au Hezbollah chiite libanais.

Difficile enfin d'imaginer que l'Iran ne renforce pas son armée et son arsenal militaire non nucléaire.

De leur côté, les monarchies sunnites du Golfe, Arabie saoudite, Koweït, ainsi qu'Israël s'inquiètent d'avoir un voisin rival plus puissant économiquement.

Proche et Moyen-Orient - L'Iran et ses voisins

Proche et Moyen-Orient - Les courants de l'islam : sunnites et chiites

» L'AIEA

Basée à Vienne, en Autriche, l'**Agence internationale de l'énergie atomique** (AIEA) dépend directement du Conseil de sécurité des Nations unies. L'AIEA est le « gendarme » nucléaire du monde, elle promeut les usages pacifiques de l'énergie nucléaire et tente de limiter le développement du nucléaire militaire. Elle veille à ce que le traité de non-prolifération des armes nucléaires soit respecté par les États signataires.

145 États sont membres de l'AIEA, qui a obtenu le prix Nobel de la paix en 2005.

Depuis fin 2009, le directeur général de l'EIEA est le Japonais Yukiya Amano.

L'AIEA reçoit des pays membres les rapports sur des incidents nucléaires. Le nombre de ces rapports d'incidents est en baisse sans que l'on puisse déterminer si les incidents sont moins nombreux ou s'ils sont davantage dissimulés par les États.

L'agence ne dispose pas de pouvoir contraignant pour obliger un État à réparer une anomalie ou lui demander de tester une installation.

Elle ne peut pas non plus imposer des normes de test à ses membres. Ses pouvoirs sont limités.

B. Le développement économique

» La levée des sanctions et l'international

Longtemps pénalisé par les sanctions économiques internationales, l'Iran avait fait de leur levée une condition de son développement. Le pari est en partie gagné. Certains produits interdits (comme des médicaments) sont aujourd'hui disponibles mais les grandes banques étrangères refusent toujours de travailler avec l'Iran dans l'attente de la position américaine et par crainte de nouvelles sanctions.

Les investissements étrangers dont le pays a besoin pour relancer son économie sont de ce fait retardés ou moins importants, malgré un progrès dans les secteurs économiques impactés par les sanctions, l'industrie pétrolière, mais aussi l'aéronautique, les transports. D'importants contrats ont ainsi été signés, notamment avec l'avionneur européen Airbus et le constructeur automobile PSA Peugeot Citroën, qui construira des véhicules en partenariat avec un groupe iranien.

Autre illustration de l'ouverture économique, la mise en place par Air France de la liaison Paris-Téhéran, suspendue depuis 2008 en raison des sanctions.

» **Au niveau national**

Lors du premier mandat d'Hassan Rohani, l'inflation est passée de 40 % à environ 8 %, les exportations pétrolières ont doublé mais les retombées pour les Iraniens ne sont pas visibles, le chômage est passé de 10,5 % à environ 12,5 %, selon les chiffres officiels.
Le président Rohani sait que l'amélioration des conditions de vie des Iraniens permettra de valider sa politique internationale.
Peuplé de presque 80 millions d'habitants, dont près de 60 % sont âgés de moins de 30 ans, l'Iran représente un marché potentiel important pour les nombreuses sociétés étrangères qui regardent vers Téhéran et y voient des débouchés commerciaux conséquents.
Le secteur de l'énergie a beaucoup souffert des sanctions, les infrastructures sont vieillissantes, les besoins d'investissements considérables.
L'économie est dépendante du pétrole, dont le pays possède les quatrièmes réserves mondiales, mais qu'il ne pouvait exporter en raison des sanctions. L'Iran est avec la Russie le pays disposant des plus grandes réserves de gaz.
Le retour dans le commerce mondial de pétrole est une chance économique pour l'Iran qui a augmenté sa capacité de production de pétrole à 4 millions de barils par jour (mbj) en 2017 et vise l'objectif de 4,6 mbj en 2022.

3 Thème de réflexion

» **L'Iran : une chance pour la France et les Européens**

L'annonce, fin 2017, d'Emmanuel Macron, le président français, d'une prochaine visite en Iran alors que Donald Trump tempête contre « l'État voyou » confirme la volonté française de développer avec Téhéran des relations commerciales et diplomatiques.
Tous les acteurs, notamment l'Union européenne, se réjouissent des débouchés commerciaux et des possibilités d'investissements dans un pays de 80 millions d'habitants, jeune, ouvert au mode de consommation occidental. Il est peu probable que ces pays délaissent le nouveau partenaire iranien. La France a signé de nombreux contrats à Téhéran et entend poursuivre ce partenariat. Des entreprises françaises, automobiles notamment, étaient présentes en Iran avant la révolution et entendent y reprendre pied durablement. Le sous-sol iranien est riche, les relations avec la France sont anciennes.
La France et l'Union européenne ont aussi une occasion de s'affirmer face au nouveau président américain. En dépit de ses diatribes guerrières, Donald Trump a vu se dessiner un front assez uni, même s'il est disparate.
Dans le groupe des 5 + 1 (États-Unis, Russie, Chine, France, Royaume-Uni et Union européenne), Washington est isolé. Les États-Unis pensaient que la seule menace sur les banques ou entreprises européennes de potentielles sanctions américaines en cas de commerce avec l'Iran suffirait à les faire reculer. La menace n'est pas légère et peu d'entre elles se risqueraient à un bras de fer, mais en bloc, l'ensemble des entreprises et des États opposés au rejet de l'accord nucléaire ne peut être balayé d'un revers de main.
Même si leurs motivations sont diverses, la Chine, la Russie, partenaires indispensables dans la résolution de la crise nord-coréenne, soutiennent l'accord nucléaire iranien, comme les États de l'UE, dont la France, conscients de l'importance des débouchés économiques.
L'Iran est redevenu avec Hassan Rohani un important acteur économique et géopolitique. Accord avec la Chine, paix avec Moscou qui trouve en Téhéran un allié ponctuel dans le cadre du conflit syrien, en soutien au dictateur Bachar al-Assad.
Même si les relations diplomatiques sont toujours rompues avec l'Arabie saoudite, l'ennemi sunnite, des discussions informelles entre diplomates des deux États se sont tenues à nouveau en 2017, pour commencer à renouer un lien. C'est une preuve supplémentaire de la volonté et de la force diplomatique de Téhéran.

L'État islamique perd du terrain

Le rêve d'Abou Bakr al-Baghdadi d'instaurer un califat sur un territoire comprenant une partie de l'Irak et la Syrie ne s'est pas réalisé. Fin 2017, l'État islamique/Daesh avait perdu, face aux coalitions militaires qu'il affronte, la zone qu'il contrôlait en 2014, lors de la proclamation du califat. Il était en fin d'année acculé dans ses derniers bastions désertiques, mais n'avait pas pour autant perdu son influence.

1 Les faits

A. En Irak et en Syrie, l'EI recule

Le groupe **État islamique** (EI) a perdu en 2017 la quasi-totalité des territoires (90 %) dont il s'était emparé en Irak et en Syrie et qu'il espérait être ceux du « califat » autoproclamé en 2014, soit environ, selon la coalition internationale emmenée par les États-Unis, 95 000 kilomètres carrés. Cela représente presque 7 millions de personnes libérées de l'emprise de l'EI.

À la fin de l'année 2017, quelques milliers de combattants de l'EI (entre 4 000 et 8 000 selon différentes estimations internationales) tentaient encore sur le terrain de défendre la dernière zone encore sous emprise, située sur la frontière entre l'Irak et la Syrie. Une zone désertique, de villages, dans laquelle déloger l'EI serait moins aisé que dans les grandes villes qu'il occupait.

» La libération de Mossoul

Au mois de juillet, les forces irakiennes ont chassé l'EI de **Mossoul**, deuxième ville d'Irak, capitale du califat autoproclamé en 2014. La partie est de la ville avait été libérée en janvier, puis l'Ouest et la vieille ville dans laquelle environ 100 000 civils étaient encore terrés.

Les combats ont duré de longs mois, impliquant 30 000 soldats irakiens, des **peshmergas**, combattants kurdes irakiens, des milices chiites, avec le soutien d'une coalition internationale menée par les États-Unis.

Mossoul est un symbole, c'est la ville où Abou Bakr al-Baghdadi, chef de l'organisation terroriste, avait appelé pour la première fois les musulmans à faire allégeance à l'EI.

Tout au long de l'année 2017, l'EI continue de perdre du terrain en Irak et en Syrie, où la chute de **Raqa**, la « capitale » syrienne de l'EI, est une autre perte symbolique.

» Le groupe jihadiste État islamique (EI)/Daesh en Irak et Syrie

Avril 2013 : Le chef d'Al-Qaïda en Irak, Abou Bakr al-Baghdadi, annonce la fusion de son groupe, l'État islamique en Irak (ISI), avec le Front al-Nosra, pour former l'État islamique en Irak et au Levant (EIIL).
Janvier 2014 : L'EIIL est désavoué par Al-Qaïda.
Juin 2014 : La ville de Mossoul, deuxième ville d'Irak, tombe, ainsi que quasiment toute sa province et celles de Kirkouk et Salaheddine. L'EIIL profite du soutien d'anciens militaires irakiens et de plusieurs tribus importantes. L'EIIL se fait appeler État islamique.
Juillet 2014 : Le califat est proclamé depuis la mosquée al-Nouri à Mossoul, sur les territoires conquis en Irak et en Syrie.
Le site archéologique de Nimroud est ravagé par les jihadistes.
Août 2014 : Les États-Unis bombardent les troupes de l'EI.
Janvier 2015 : Kobané, ville frontière syrienne avec la Turquie, est libérée par les forces kurdes avec le soutien des raids d'une coalition internationale menée par les États-Unis.
Mars 2015 : Début de la reconquête par les forces irakiennes, aidées de milices chiites, de Washington avec la coalition antijihadiste. La ville de Tikrit (nord de Bagdad) est reprise.
Printemps 2016 : Des attentats ensanglantent l'Irak, 320 morts le 3 juillet à Bagdad, l'EI cible les chiites.
Mars 2017 : La ville syrienne de Palmyre est reprise à l'EI par le régime syrien et son allié russe. Les trésors archéologiques inscrits au patrimoine mondial de l'humanité par l'Unesco sont détruits.
Juillet 2017 : La ville de Mossoul est reprise.
Août 2017 : Tal Afar et la totalité de la province irakienne de Ninive sont reprises.
Octobre 2017 : Chute de la ville de Raqa en Syrie, « capitale » syrienne de l'EI. Combats en Irak dans la province occidentale d'Al-Anbar à la frontière syrienne, dernier lieu de retranchement des combattants de l'EI.
Novembre 2017 : Reprise de la ville de Deir ez-Zor par les forces du régime syrien.

B. Le retour des Européens embrigadés par Daesh

Les forces de l'EI ont subi d'importantes pertes en 2017. Beaucoup sont morts au combat, d'autres ont fui dans d'autres pays, d'autres encore se sont fait passer pour des victimes de Daesh et se sont fondus dans la population.
Quelques-uns ont été faits prisonniers. La question de leur jugement se pose alors, surtout quand il s'agit d'Européens partis rejoindre le groupe terroriste. Le cas des femmes, non combattantes, est également problématique, d'autant qu'elles ont souvent des enfants en bas âge. Une mineure embrigadée par l'EI, n'ayant jamais porté les armes et ayant passé quelques mois en Syrie, ne peut être comparée à un combattant radicalisé sur le terrain.
La France, l'Allemagne et la Grande-Bretagne, trois des principaux pays concernés, ont privilégié une approche judiciaire, tout en reconnaissant agir parfois au cas par cas.
La situation est d'autant plus complexe que la peine de mort peut leur être appliquée, que les structures judiciaires sont peu fiables et les risques de tortures, viols, exécutions extrajudiciaires importants.
Selon le gouvernement français, environ 1 700 Français sont partis rejoindre les zones jihadistes irako-syriennes depuis 2014. En octobre, 302 seraient revenus en France, placés en détention ou sur surveillance. Très peu semblent avoir été faits prisonniers. Des forces militaires irakiennes ont évoqué la préférence des Français pour des situations « sans rescapés » où les combattants européens trouveraient la mort dans les combats au sol ou sous les bombes. « Si des jihadistes périssent dans ces combats, je

dirais que c'est tant mieux », a par ailleurs commenté la ministre des Armées, Florence Parly, fin 2017, et la France estime que les adultes arrêtés, combattants et épouses, doivent être jugés en Irak pour « terrorisme » mais privilégie un traitement judiciaire et social en France pour les enfants, qui seraient au nombre de 460 en Irak et en Syrie. Mais faut-il les considérer comme des enfants en danger à protéger, ou des enfants dangereux, à surveiller ? Des familles françaises ont lancé à la fin de l'année un appel aux autorités pour que les femmes soient jugées en France et y purgent leur éventuelle condamnation.

2 Le contexte

A. La naissance de l'État islamique

L'État islamique est né du chaos laissé en Irak par les États-Unis après leur intervention militaire de 2003, dont l'objectif était de faire tomber Saddam Hussein, suspecté de détenir des armes de destruction massive qui n'ont en fait jamais existé.
À la chute du dictateur irakien, les forces américaines ont fait le choix de dissoudre l'armée et laissé le pays dans une situation de très grande instabilité avec un gouvernement pro-chiite. Les anciens responsables de l'armée ont rejoint des groupes qui se sont développés en opposition au nouveau pouvoir en place. C'est dans ce contexte qu'est né l'État islamique d'Irak, une des composantes de groupements jihadistes soutenus par le Qatar et l'Arabie saoudite. Il se développe rapidement, s'émancipe d'Al-Qaïda, jusqu'à créer un soulèvement en Irak.
L'EI/**Daesh** parvient à fédérer les différentes factions et **Abou Bakr al-Baghdadi** installe en 2014 un califat sur une zone comprenant une partie de l'Irak et de la Syrie.
L'EI est à la fois un groupe terroriste possédant les attributs d'un État parallèle et une entreprise mafieuse. Il fait régner la terreur sur la zone qu'il contrôle, se finance grâce au racket des populations mais aussi grâce au commerce du pétrole de contrebande. L'EI a pris la possession de nombreux puits de pétrole en Syrie et Irak. La Turquie a été accusée – par la Russie notamment – de fermer les yeux sur le pétrole contrôlé par EI et transitant par son territoire. Moscou a même accusé le pouvoir turc de participer activement à ce commerce fructueux. L'EI revend également au marché noir des pièces d'antiquité pillées sur des sites archéologiques. L'EI a enfin mis en place un système de propagande très développé utilisant réseaux sociaux et vidéos, qui lui permet de recruter des jeunes venus d'Europe notamment.

B. La lutte contre Daesh

En août 2014, les États-Unis s'impliquent pour la première fois depuis leur retrait d'Irak en 2011 en bombardant des positions de l'EI et mettent sur pied une coalition internationale. La France y participe. En septembre 2015, la France frappe l'EI en Syrie. Les frappes de la coalition s'accentuent après les attentats de Paris. Par pragmatisme et intérêt commun, la Russie et la France se rapprochent et collaborent dans la lutte contre l'EI.
Au début de l'année 2016, lors d'une attaque ciblée des forces américaines, le numéro 2 de l'organisation, **Abdel Rahmane al-Qadouli**, est abattu. Des sites de stockage d'argent liquide sont également détruits, dans l'objectif de priver l'EI de liquidités pour le salaire des recrues. Tout au long de l'année 2016, l'EI subit des revers stratégiques et militaires dans les zones qu'il contrôle, sous l'effet des troupes syriennes (officielles et rebelles), irakiennes, kurdes, turques, des frappes américaines et russes. En mars, appuyée par les forces russes, l'armée syrienne reprend Palmyre, contrôlé par l'EI depuis mai 2015.
Les batailles de Mossoul, la plus grande ville du nord de l'Irak, et de Raqa, « capitale » de l'EI en Syrie, ont débuté fin 2016. Les deux villes ont été libérées en 2017.

11

» La nébuleuse islamiste liée à Al-Qaïda

En parallèle de l'EI, les groupes affiliés à Al-Qaïda continuaient en 2017 à exercer leur influence.

Le Front Al-Nosra en Syrie

Né en 2012, un an après le début de la révolte en Syrie, c'est le groupe jihadiste en Syrie le plus important après l'EI. Dirigé par Abou Mohammad al-Joulani et présent surtout dans le Nord et le Nord-Ouest.

Al-Qaïda au Maghreb islamique (Aqmi)

Il a principalement recruté dans le Sahel et a créé mi-2012 un sanctuaire dans le nord du Mali, avant de se replier dans le Sud libyen pour contrer l'intervention franco-africaine de janvier 2013.

Les shebab *somaliens*

Ils sont à la tête de l'insurrection armée en Somalie éprouvée par une violente guerre civile depuis 1991. Ils mènent régulièrement des attentats dans le pays et dans les États voisins, notamment au Kenya. Ils ont commis en 2017 le pire attentat jamais commis en Afrique.

Al-Qaïda dans la péninsule arabique (Aqpa)

Groupe principalement présent au Yémen. Décimé par les attaques américaines en 2015 et 2016.

Al-Qaïda dans le sous-continent indien (Aqsi)

Présent en Afghanistan, Pakistan, Inde, Bangladesh et Birmanie. Lié à des combattants comme les talibans afghans. Revendique surtout des attentats contre des militants des droits de l'homme, des blogueurs et éditeurs.

3 Thème de réflexion

» L'État islamique n'est pas mort

La débâcle militaire sur le terrain irakien et syrien des combattants de Daesh ne signifie pas, bien évidemment, la fin de l'État islamique et encore moins la fin du terrorisme.

Si la capacité à « tenir » une zone, établir un califat sur un vaste territoire est une chose, exporter le terrorisme vers des capitales occidentales en est une autre. Il suffit de lister les attentats de ces dernières années à Londres, Bruxelles, Paris, New York et tant d'autres villes pour en avoir un aperçu.

Le pouvoir de nuisance ne se résume pas au nombre de kilomètres carrés détenus dans deux pays.

L'idéologie et la propagande de l'EI auront à court terme un fort retentissement. Florence Parly, ministre des Armées, l'a résumé en ces termes à la fin de l'année 2017 : « *Il y aura, d'une manière ou d'une autre, réapparition d'une forme de terrorisme qui ne s'appellera probablement pas Daesh, qui sera plus clandestine que Daesh, qui n'aura pas d'ancrage territorial précis* ».

Certains combattants et cadres de l'EI ont déjà pris la fuite, sont à l'abri et vont tenter de se reconstruire, certains en Irak et en Syrie, où ils peuvent encore trouver des soutiens dans la population, d'autres dans les États européens qu'ils avaient quittés pour rejoindre ce qui devait être le califat. Et quand bien même l'influence de l'EI devrait diminuer en Syrie et en Irak, des franchises sont déjà en place quand d'autres tentent de se mettre en place. En Afrique, Al-Qaïda est l'organisation qui garde la haute main sur le jihad même si en Égypte, notamment, plusieurs milliers de soldats s'organisent et revendiquent au nom de l'EI des attentats et attaques contre des forces de sécurité ou des chrétiens coptes.

L'EI tente par ailleurs de se déplacer vers l'Asie jusqu'à la Russie et la Chine, et de diffuser son idéologie dans des régimes de l'ancien bloc soviétique. Deux Ouzbeks sont responsables de deux attentats revendiqués par l'EI en 2017, l'un à Istanbul le 1er janvier dans une discothèque, l'autre à New York début novembre. Déjà présent en Afghanistan,

même s'il est en conflit avec les talibans, il y recrute et trouve un écho important, tout comme au Pakistan.
En Birmanie, La situation de la population Rohingya, de confession musulmane peut aussi offrir un nouveau terrain de lutte à l'EI et un public réceptif.
Enfin, sans même tenir compte de ses velléités d'expansion, il peut tirer profit de la division de ses adversaires dans sa zone d'influence initiale. Les forces du régime syrien, appuyées par l'aviation russe, ses alliés du Hezbollah libanais et des gardiens de la révolution iranienne se retrouvent face aux Forces démocratiques syriennes (FDS) soutenues par une alliance de combattants kurdes et arabes et les États-Unis.
La bataille finale sur la frontière irako-syrienne et dans d'autres poches de résistance prévisibles sera autant une bataille contre l'EI qu'une bataille pour la mainmise sur quelques champs de pétrole, sur des axes stratégiques, une bataille de positionnement pour l'avenir entre des grandes puissances qui possèdent des intérêts divergents et soutiennent des forces rivales. L'EI peut largement profiter de ce scénario.

Syrie : un avenir à inventer

12

Le recul sur le terrain du groupe État islamique et la baisse de l'intensité des combats sont deux faits majeurs de l'année 2017. La situation humanitaire reste dramatique et l'emploi d'armes chimiques par le régime de Damas effrayant. Aucune perspective diplomatique liée à l'avenir du pays ne se dessinait en 2017, tant les intérêts des multiples acteurs de ce conflit divergent.

1 Les faits

A. L'état des lieux fin 2017

De 2011 à 2015, le conflit syrien est passé d'un mouvement de révolte contre le pouvoir de Bachar al-Assad, immédiatement réprimé dans le sang, à une guerre civile impliquant une partie de la population, vite dépassée par des mouvements islamistes, dont l'EI.
L'entrée de la Russie dans la guerre, en septembre 2015, devant le risque d'effondrement du régime de **Bachar al-Assad**, puis son action tout au long des années 2016 et 2017 ont profondément changé le visage du conflit syrien.
Appuyées par l'aviation russe, par ses alliés du **Hezbollah** libanais, par des soldats des gardiens de la révolution iranienne, les forces de Bachar al-Assad ont repris le dessus et chassé les soldats de l'EI (voir fiche L'État islamique perd du terrain).
Sur le terrain, les **Forces démocratiques syriennes** (FDS) soutenues par une alliance de combattants kurdes et arabes et les États-Unis, ont participé à la chute de l'E.
En novembre 2017, l'**armée du régime** al-Assad contrôlait environ la moitié du territoire, notamment les principales villes (Damas, Homs, Hama et Alep), correspondant à environ les deux tiers de la population. La reprise d'Alep par le régime, fin 2016, est une date importante, elle a marqué le début de la reconquête par Damas.
La situation humanitaire sur le terrain s'est un peu améliorée en 2017, les combats sont moins nombreux même s'ils persistent, l'EI a été repoussé, mais l'opposition démocratique est essoufflée et affaiblie devant un pouvoir violent.
Les **Kurdes**, localisés dans le nord du pays, contrôlent environ un quart du territoire, correspondant à 15 % de la population, soit environ 2,5 millions de personnes. Les Unités de protection du peuple (YPG), leur principale milice armée, ont rejoint les Forces démocratiques syriennes avec des combattants arabes, notamment, et sont soutenues par la coalition internationale conduite par Washington.

Les **rebelles**, regroupant de nombreux groupes islamistes et des groupes sans affiliation religieuse, ont perdu beaucoup de poids et n'étaient présents que sur environ 10 % du territoire.
L'**EI** et le groupe Fateh al-Cham (ex-Front Al-Nosra) ont subi d'importantes pertes de territoires en 2017, et ne contrôlaient encore qu'une petite zone peu peuplée, le long de la frontière irako-syrienne.

B. La violence du régime

- La politique d'extermination du régime syrien a été dénoncée à plusieurs reprises en 2017, par l'ONU, ou par des ONG, comme **Amnesty International**.
- Dans un rapport publié après des entretiens avec des gardiens, détenus et juges syriens, Amnesty détaille les pendaisons et l'extermination de masse à la prison de Saydnaya, un des principaux centres de détention syriens, à 30 km au nord de Damas. L'ONG évalue à 13 000 le nombre de civils, opposants politiques, exécutés dans cette prison qualifiée « d'abattoir humain », et dénonce « le meurtre de sang-froid de milliers de prisonniers sans défense, qui vient s'ajouter aux programmes systématiques et soigneusement orchestrés de torture physique et psychologique dans la prison de Saydnaya ».
- Le 4 avril, environ 80 civils dont la moitié étaient des enfants sont tués lors d'une attaque au gaz sarin dans la commune de Khan Cheikhoun, alors sous le contrôle de rebelles et de djihadistes, dans la province d'Idleb. L'utilisation, une nouvelle fois, de gaz sarin contre la population a provoqué l'indignation, notamment de l'**Observatoire syrien des droits de l'homme** (OSDH), contre le régime. En octobre, l'ONU a affirmé dans un rapport d'enquête que les forces du régime portaient la responsabilité de cette attaque chimique. Devant la gravité des faits et l'émotion suscitée, les États-Unis avaient, trois jours après les faits, bombardé la base d'Al-Chaayrate, d'où avaient décollé les avions qui avaient largué les bombes chimiques. Des dizaines de missiles Tomahawk, tirés depuis deux navires américains en Méditerranée avaient endommagé la base. Les États-Unis, qui avaient prévenu la Russie alliée de la Syrie de leur assaut, ont justifié une réponse « proportionnée » à l'attaque de Khan Cheikhoun afin de dissuader le régime d'utiliser des armes chimiques.
- Plus de 330 000 personnes, dont un tiers de civils, ont été tuées depuis le début de la guerre en 2011, selon l'Observatoire syrien des droits de l'Homme, qui estime à environ 18 000 le nombre d'enfants tués et plus de 11 000 le nombre de femmes.

2 Le contexte

La Syrie est enfoncée depuis l'année 2011 dans un conflit interminable et meurtrier résumable en quelques chiffres : plus de 330 000 morts, près de 5 millions de réfugiés à l'extérieur des frontières, plus de 10 millions de déplacés à l'intérieur du pays et des drames humains au quotidien dans un pays à feu et à sang, où Bachar al-Assad s'accroche au pouvoir, soutenu par la Russie et ses alliés.

L'Europe face aux migrations - Les routes migratoires

A. La genèse

Le soulèvement en Syrie a débuté juste après le renversement des dictateurs tunisien et égyptien. Les deux premiers rassemblements pacifiques datent des 15 et 16 mars 2011 ; des jeunes protestaient contre l'arrestation et la torture d'adolescents qui avaient tagué des graffitis contre le régime. Rapidement, les manifestations se multiplient. Une semaine après la première manifestation, la police réprime dans la violence un rassemblement, tuant sans discernement plus de cent personnes à Deraa. La ligne de non-retour est franchie.

B. L'évolution

Bachar al-Assad affiche immédiatement une ligne de conduite dure et intransigeante. Il prétend que les manifestants sont des rebelles armés venus de l'étranger et dirigés par des groupes salafistes. Cette position lui permet de justifier la répression.

Petit à petit, l'opposition à Bachar al-Assad évolue. Si les premières manifestations étaient des mouvements d'humeur de la population, tous les opposants commencent à s'impliquer dans la contestation du pouvoir : militaires déserteurs, Syriens en exil revenus combattre pour la liberté de leur peuple, mouvements rebelles islamistes.

Cette « opposition » a rapidement montré ses divisions et son hétérogénéité. Derrière l'appellation Armée syrienne libre (ASL), se sont rassemblés des combattants d'horizons politiques, religieux très différents. Le régime joue et profite de cette désunion entre des groupes animés par une volonté commune, la chute de Bachar al-Assad, mais qui n'ont pas la même vision du futur de la Syrie.

Ces divisions rendent aussi difficile la mise en place d'une représentation de l'opposition pour des négociations de paix.

Une dizaine de factions islamistes ont fusionné pour constituer la plus importante force rebelle, le « Front islamique », qui a annoncé vouloir remplacer le régime d'al-Assad par un État islamique. Y figurent notamment des proches des **Frères musulmans**, des salafistes, le Front islamique kurde. Ces forces sont soutenues et armées par le **Qatar** et l'**Arabie saoudite**. Ajoutant au chaos, des groupes extrémistes et violents contre les populations civiles qui ne suivent pas leur vision de l'islam ont proliféré, comme le groupe État islamique et le Front al-Nosra.

L'entrée dans le conflit de l'aviation russe en 2015 en soutien du régime a modifié la donne et a permis aux forces du régime de reprendre le dessus face à l'EI.

Proche et Moyen-Orient - Les courants de l'islam : sunnites et chiites

C. Le drame humain

Le cap des 330 000 Syriens morts a été dépassé mi-2017, d'après l'Observatoire syrien des droits de l'homme. La situation humanitaire est catastrophique. La moitié de la population a fui les zones de combats ou a quitté le pays. Des villages, des quartiers de villes étaient bloqués, avec interdiction d'en sortir ; la faim, la maladie tuent alors ceux que les armes ont épargnés. Les pénuries de médicaments, d'essence et d'électricité sont courantes.

D'après l'ONU, la moitié des 23 millions de Syriens vivent sous le seuil de pauvreté, et six millions survivent dans une pauvreté extrême.

12

» Bachar al-Assad

Né en 1965, **Bachar al-Assad** préside la Syrie depuis la mort de son père, Hafez al-Assad, en 2000. Il n'a pas l'image que l'on peut se faire d'un dictateur, tel Saddam Hussein ou Mouammar Kadhafi.

Bachar al-Assad ressemble davantage à un haut cadre d'entreprise, distingué et raffiné. Fils cadet de la famille, il n'était pas destiné à prendre la succession de son père, mais la mort de son frère, en 1994, change son destin. Installé à Londres, il rentre au pays et se forme à la succession à l'Académie militaire. À la mort d'Hafez, il est désigné par le Parlement puis élu par référendum populaire. Il semble vouloir ouvrir le pays, libère des prisonniers politiques, mais les conservateurs le rappellent à l'ordre et lui imposent de revenir à la ligne dure. La corruption est très forte, l'économie en difficulté.

Sur le plan international, la Syrie souffre des sanctions économiques imposées, elle est accusée de soutenir le terrorisme international en aidant le Hezbollah et le Hamas (Bachar al-Assad est alaouite, une branche du chiisme). Elle est aussi soupçonnée d'être impliquée dans l'assassinat du Premier ministre libanais, Rafic Hariri.

Les États-Unis, l'Union européenne, la France, accusent Bachar al-Assad de crimes de guerre et de crimes contre l'humanité.

Carla del Ponte, ancienne procureure auprès de tribunaux pénaux internationaux, membre de la commission d'enquête de l'ONU en Syrie de 2012 à 2017, a affirmé en avril 2017 avoir suffisamment d'éléments de preuve pour juger Bachar al-Assad pour crimes de guerre. Mais, désabusée par l'incapacité du Conseil de sécurité de l'Onu de mettre en place un tribunal spécial pour la Syrie, elle a décidé de démissionner. Le dictateur syrien est soutenu de manière inconditionnelle par la Russie, au nom de ses intérêts géopolitiques et économiques (la Russie possède en Syrie une base militaire et une base navale, à Tartous).

3 Thème de réflexion

» Et maintenant ?

La situation a beaucoup évolué en Syrie en 2017. L'EI chassé, le régime syrien a repris le contrôle d'une large partie de son territoire. Face à lui, une population déplacée, meurtrie et une opposition affaiblie, éclatée, radicalisée.

Si les combats ont baissé en intensité et que le nombre de civils tués sur l'année est moins important que l'année passée, la situation reste complexe et surtout l'avenir très incertain. D'abord, en raison de l'incapacité de la communauté internationale à s'entendre sur le minimum dans un conflit aux multiples acteurs.

La structure même de l'ONU et le principe du droit de veto rendent impossible toute action. L'impuissance de l'ONU est saisissante, les réunions ne débouchant que sur des résolutions du Conseil de sécurité auxquelles la Russie met son veto, imposant ses vues aux États-Unis et à l'UE, incapables de peser dans le conflit et le drame humanitaire. Depuis la fin 2015, les frappes de l'aviation russe ont porté le coup de grâce à une situation mouvante au sol, où la Turquie est surtout préoccupée par sa lutte contre les Kurdes, et à laquelle ni les États-Unis ni l'UE ne peuvent apporter de solution, coupables de leurs indécisions et de leurs promesses non suivies. La communauté internationale se retrouve dans une impasse, sans justice internationale, la Syrie et la Russie n'ayant pas ratifié le traité de Rome, et sans poids politique, la Russie bloquant tout processus de décision.

Ensuite, le nombre d'États impliqués donne le vertige : pays présents directement sur le terrain, ceux qui font partie de la coalition internationale, ceux qui soutiennent les diverses factions de combattants. États-Unis, Russie, Union européenne, Iran, Turquie, Israël, les autres voisins, Liban, Jordanie, Irak sont concernés sans qu'il soit besoin de beaucoup détailler les rivalités ou conflits entre eux.

L'avenir de Bachar al-Assad est un des points de blocage, mais n'est probablement pas le plus important. Européens et Américains refusent de le voir demeurer dans le jeu et n'entendent discuter d'un éventuel plan de sortie de crise qu'à la condition que cela se fasse sans lui.
Plus complexe en revanche, est l'équilibre à inventer sur le terrain. L'Iran a avancé ses pions et aimerait entretenir des relations pacifiées avec le futur pouvoir syrien. L'intérêt pour Téhéran réside dans l'ouverture sur la mer Méditerranée. Cette perspective ne peut faire l'objet d'un accord avec les États-Unis, et Israël et porte en elle les germes d'un conflit potentiel.
La question kurde reste également présente, l'obstination du pouvoir turc à vouloir combattre les Kurdes sera également, dans les mois et années à venir, un facteur de taille. La position des États-Unis est peu lisible, l'unique volonté affichée de Washington est d'éradiquer l'EI, sans autre stratégie visible.

La crise des Rohingyas

13

International

Les Rohingyas, persécutés en Birmanie dont ils sont privés de la nationalité, ce qui fait d'eux la plus grande population apatride au monde, vivent un drame d'une ampleur inédite. Plus de 600 000 d'entre eux ont fui le pays en l'espace de deux mois pour rejoindre, dans des camps surpeuplés, les 200 000 qui étaient déjà partis. Un « cauchemar humanitaire » dénoncé par les Nations unies.

1 Les faits

A. La violence appelle la fuite

À la fin du mois d'août 2017, des incidents ont éclaté dans le sud-ouest de la Birmanie, dans la région du Rakhine (ou Arakan) où vivent les Rohingyas depuis des décennies. Le 25 août, un groupe armé de défense des droits des Rohingyas (l'Arakan Rohingya Salvation Army) lance des attaques coordonnées contre des postes de police et une base militaire. La réponse de l'armée birmane et des milices bouddhistes est immédiate et violente.

De quelques morts dans les premiers affrontements, on est passé à quelques dizaines puis centaines et des représailles aveugles et massives.

Le **Conseil de sécurité de l'ONU** a d'abord évoqué des « violences excessives », puis la volonté de « nettoyage ethnique ».

Ces incidents ne sont pas nouveaux ; en 2012, déjà, des combats avaient fait des centaines de victimes. Devant les exactions des forces armées, de nombreux civils ont fui et tenté de rejoindre le Bangladesh voisin, les deux États ne sont séparés que par le fleuve Naf.

Pendant les dix premiers jours de septembre, selon l'ONU, plus de 250 000 Rohingyas ont quitté la Birmanie pour le **Bangladesh**. Ils ont rejoint les quelque 200 000 personnes qui avaient déjà fui. Le 15 septembre, l'ONU comptabilise presque 400 000 réfugiés, plus de 500 000 début octobre, 600 000 fin octobre. Les images de longues colonnes humaines, pieds nus dans la boue, marchant le long du fleuve, font le tour du monde. Les témoignages des rescapés font état de villages rasés, incendiés, de milliers de Rohingyas vivant cachés pour tenter d'échapper à la mort promise par les forces armées et les milices bouddhistes extrémistes qui se sont renforcées ces derniers mois. Les

rançonnements sont courants, le fleuve charrie les cadavres de ceux qui ont refusé de payer.
L'ONG **Amnesty International** dénonce des attaques « au caractère planifié, délibéré et systématique ». L'ONU critique le blocage de la zone par l'armée birmane qui en interdit l'accès aux ONG et refuse l'aide internationale.

B. La catastrophe humanitaire

De l'autre côté de la frontière, s'il n'y a pas de persécution des autorités bangladaises, les populations s'entassent dans des camps surpeuplés, il y a pénurie de nourriture, d'eau, de médicaments, et les risques sanitaires sont nombreux (épidémies de choléra). Les enfants peuplent ces camps à 60 %. Dépassé, l'État bangladais envisage de rassembler les 900 000 Rohingyas présents sur son sol dans un seul gigantesque camp dans la région de Cox Bazar, à sa frontière avec la Birmanie, qui serait le plus grand de la planète.
Les autorités bangladaises ne reconnaissent pas le statut de réfugiés aux Rohingyas, ne veulent pas les intégrer (refus de dispenser des cours de langues) et n'entendent pas leur accorder la nationalité.
En octobre, la Birmanie évoquait la possibilité d'accepter le retour de réfugiés Rohingyas, hypothèse peu crédible en raison de la violence des exactions commises, de la perte de confiance qu'elle accompagne et de l'hostilité de la population birmane, dont les Bamars, majoritairement bouddhistes, largement xénophobes et anti-musulmans constituent le principal groupe ethnique et religieux.
Le secrétaire d'État américain Rex Tillerson et le pape François se sont rendus en novembre en Birmanie pour tenter d'accélérer les prises de décision face à la crise humanitaire. Le Bangladesh et la Birmanie ont signé fin novembre un accord très flou concernant le retour des réfugiés en Birmanie.

C. Le Bangladesh, terre de « non-accueil »

Le territoire qu'occupe le Bangladesh actuel est indien jusqu'en 1947, puis, jusqu'en 1971, province du Pakistan, lui-même composé d'une partie occidentale et d'une partie orientale séparés par plus de 1 500 kilomètres de territoires indiens. Soutenue par l'Inde, la partie orientale fait sécession au terme de longues violences et obtient son indépendance en 1971. Depuis, plusieurs coups d'État et renversements de gouvernements ont marqué la politique tourmentée du Bangladesh, peuplé de 160 millions d'habitants, pays pauvre à majorité musulmane, incapable de subvenir aux besoins alimentaires et élémentaires de centaines de milliers de réfugiés. Sa densité au km^2 est l'une des plus élevées au monde, sa capitale est Dacca.

2 Le contexte

A. Qui sont les Rohingyas ?

Il ne s'agit pas à proprement parler d'une communauté ethnique, mais d'un groupe religieux. « Rohingya » signifie « musulman de l'Arakan », du nom de la province dans laquelle ils sont installés (Rakhine pour les Birmans). Certains vivent en Birmanie depuis plusieurs siècles, d'autres depuis la colonisation britannique. Les Birmans considèrent les Rohingyas comme des immigrés illégaux venus du Bangladesh. Avant les événements de 2017, ils étaient un peu plus d'un million, d'autres vivaient déjà dans des camps de fortune au Bangladesh, fuyant les persécutions.
En 1982, l'État birman a voté une loi stipulant que seuls les groupes ethniques pouvant faire la preuve de leur présence sur le territoire avant 1823 (date de la première guerre anglo-birmane) peuvent obtenir la nationalité birmane. Pour les autorités, la présence des Rohingyas ne peut être attestée avant cette date, ce que dénoncent des historiens.

Ainsi, étrangers dans leur pays, ils n'ont pas accès aux services publics, à l'éducation, sont victimes de nombreuses discriminations, leurs terres sont confisquées, ils n'ont pas de liberté de mouvement.

B. L'Armée dirige encore le pays

La situation s'est tendue ces dernières années. Alors que l'Armée empêchait toute contestation jusqu'à la dissolution de la junte militaire en 2011, aujourd'hui, un mouvement de moines bouddhistes nationalistes s'amplifie, surfant sur le rejet des musulmans, considérant les Rohingyas, musulmans sunnites parlant un dialecte proche du sud du Bangladesh, comme des étrangers arrivés au début des années 1900.
Malgré l'autodissolution de la junte en 2011, des élections fin 2015 et l'entrée en fonction d'un gouvernement civil en avril 2016, les généraux gardent en main de nombreuses cartes : le Parlement reste composé de 25 % de députés militaires, nommés par le chef de l'Armée, assuré de pouvoir bloquer tout changement radical. Trois ministères clés, l'Intérieur, la Défense et les Frontières, échappent au contrôle d'Aung San Suu Kyi, et dépendent directement du chef de l'Armée, le général Min Aung Hlaing.

» La Birmanie en dates

- 1948 : ancienne colonie britannique, la Birmanie devient indépendante, c'est une démocratie parlementaire.
- 1962 : un coup d'État militaire du général Ne win renverse le pouvoir.
- 1988 : soulèvement populaire mené par Aung San Suu Kyi, fille du général Aung San, le père de l'indépendance. Le mouvement est réprimé.
- 1988 : création de la Ligue nationale pour la démocratie (LND).
- 1990 : la LND remporte plus de 80 % des sièges aux élections. Les militaires refusent le résultat du scrutin.
- 1991 : Aung San Suu Kyi reçoit le prix Nobel de la paix.
- 1992 : le général Than Shwe devient numéro un de la junte.
- 1997 : les États-Unis interdisent tout nouvel investissement en Birmanie.
- 2007 : début de la « révolte safran » de moines bouddhistes, réprimée dans le sang.
- 2008 : le cyclone Nargis fait 140 000 morts ou disparus, le pays est exsangue.
- 2010 : simulacre d'élection en faveur de la junte militaire, libération d'Aung San Suu Kyi.
- 2011 : dissolution de la junte, la LND est à nouveau un parti autorisé, Thein Sein devient président, porté au pouvoir par l'armée.
- 2015 : victoire de la LND, majoritaire au Parlement, reconnue par les militaires.
- 2015 : élection de Htin Kyaw à la présidence, il estime que son élection est la victoire d'Aung San Suu Kyi, interdite de se présenter.
- 2016 : prise de fonction du président Htin Kyaw, compagnon de dissidence de Aung San Suu Kyi.
- 2017 : la LND remporte les élections législatives.

13

» Aung San Suu Kyi

Icône de la démocratie et de la paix, prix Nobel pour son combat contre la dictature militaire, Aung San Suu Kyi a partiellement gagné son pari de faire triompher la démocratie en Birmanie.
Sa petite silhouette frêle a symbolisé pendant plus de vingt ans la résistance à la junte militaire, elle a représenté aussi l'espoir d'un pays martyrisé par un pouvoir qui avait confisqué les richesses au profit d'une caste de quelques milliers de personnes regroupées autour des militaires.
Depuis deux ans, elle dirige de fait le gouvernement même si la Constitution, rédigée par les militaires, lui interdit le poste de numéro un. Elle a décidé de composer avec l'armée encore omniprésente pour tenter d'amener la démocratie en Birmanie.
Aung San Suu Kyi est née le 19 juin 1945. Son père, le général Aung San, héros de l'indépendance birmane, meurt alors qu'elle est âgée de trois ans.
Aung San Suu Kyi est élevée dans les meilleures écoles de la capitale, Rangoun, puis part poursuivre ses études en Inde et à Oxford. En 1972, elle épouse un universitaire britannique, Michael Aris, avec qui elle a deux enfants (ce sont eux qui viendront à Oslo, en 1991, recevoir le prix Nobel de la paix de leur mère emprisonnée par la dictature). En 1988, elle décide de revenir dans son pays, sa mère y est malade. Cette année-là, un soulèvement populaire éclate, Aung San Suu Kyi fait partie des meneurs. Le régime militaire en place depuis 1962 vacille puis combat l'insurrection dans le sang, des milliers de Birmans sont tués. Aung San Suu Kyi défie le pouvoir et crée un parti politique, la Ligue nationale pour la démocratie (LND).
En juillet 1989, elle est assignée une première fois à résidence. Son jeune parti obtient une écrasante victoire aux législatives de 1990. La junte refuse le résultat.
Une première fois libérée en 1995, Aung San Suu Kyi tente d'organiser la résistance avant d'être une nouvelle fois emprisonnée, de 2000 à 2002. Sa popularité ne faiblit pas, le régime décide en 2003 de l'assigner à résidence.
En 2010, la dictature, qui tente de redorer son image, organise un simulacre d'élections mais décide d'en exclure le parti d'Aung San Suu Kyi en décrétant une loi qui interdit à un parti politique dont un responsable serait emprisonné de participer à une élection. La LND décide de boycotter le scrutin, le parti est dissous.
En 2011, la junte décide de se saborder, en façade. Une nouvelle constitution est rédigée. Porté au pouvoir par l'armée, Thein Sein devient président, Aung San Suu Kyi est libérée. La victoire de la LND est reconnue par le pouvoir, la « Dame de Rangoun » devient en 2016, chef de la diplomatie et « conseillère d'État » pour contourner la Constitution, dirigeant de fait le Gouvernement sans avoir les mains libres.

3 Thème de réflexion

» Faut-il condamner ou soutenir Aung San Suu Kyi ?

La dirigeante birmane Aung San Suu Kyi, ancienne dissidente et prix Nobel de la paix, a été vivement critiquée par la communauté internationale pour son silence, puis pour des propos assez neutres tenus sur le sort des Rohingyas. Une pétition signée de centaines de milliers d'internautes a même circulé, exigeant que son prix Nobel soit repris. L'icône de la paix semble s'être muée en persécutrice de minorité...
L'image de celle qui bravait la dictature, qui a vécu recluse de longues années dans une résidence surveillée, s'est effacée. Son manque d'empathie face à l'exode de centaines de milliers de Rohingyas a été observé avec étonnement, voire incompréhension. Ce n'est que début novembre qu'elle s'est rendue pour la première fois dans la région du Rakhine, sans montrer beaucoup de compassion.

Ses défenseurs mettent en avant qu'Aung San Suu Kyi ne dispose que d'une marge de manœuvre très étroite. La jeune constitution birmane, écrite par les militaires, fait la part belle à ces derniers et leur donne encore d'importantes prérogatives. C'est l'Armée, et non le Gouvernement, qui dirige directement plusieurs ministères (Défense, gestion des affaires intérieures et frontalières). Aung San Suu Kyi, qui n'a donc aucun pouvoir sur la police et l'Armée, doit composer avec une force militaire qui ne supporterait pas d'être mise en cause.
Selon la Constitution, l'Armée dispose aussi d'un droit de veto dans les deux chambres du Parlement.
Le bouclage de l'État du Rakhine, rendant impossible la présence d'ONG pour tenter d'endiguer la catastrophe humanitaire, a été décidé par l'armée, et non sur décision du Gouvernement. En 2016, en permettant le travail d'une commission présidée par l'ancien secrétaire général de l'ONU Kofi Annan pour dresser un état des lieux de la situation dans cette région afin d'améliorer le quotidien et les droits de toutes les minorités, Aung San Suu Kyi s'est de fait attiré les reproches des bouddhistes les plus extrémistes. C'était politiquement osé, pour une majorité de « Bamar ».
La LND, parti d'Aung San Suu Kyi, est favorable à l'instauration d'une forme de fédéralisme dans le pays qui donnerait une autonomie à des régions et donc davantage de droits aux minorités, car, outre les Rohingyas, une dizaine d'autres minorités sont concernées par les persécutions. L'armée ne souhaite pas aller dans cette direction.
Si les grandes nations et l'ONU ne se sont pas associées au concert de reproches contre Aung San Suu Kyi, c'est qu'elles savent qu'il est plus important de maintenir l'ancienne dissidente en place, de la laisser diffuser au maximum un discours démocratique et tolérant plutôt que de prendre le risque qu'elle soit renversée par les militaires.
La démocratie birmane est jeune, elle doit coexister avec l'Armée qui a dirigé le pays avec brutalité pendant des décennies, il n'est pas possible d'attendre d'elle la solution à une situation ancienne qu'elle n'a pas les moyens de résoudre.
Et si Aung San Suu Kyi était simplement devenue une femme politique, une dirigeante pragmatique tenant compte de l'avis majoritaire dans son pays, et tentant de trouver, à 72 ans, la meilleure solution, y compris en contradiction avec des principes, pour réussir son objectif : rendre irréversible la transition démocratique dans son pays ?

La Turquie autoritaire s'éloigne de l'Europe

14

International

La Turquie d'Erdogan est devenue en 2017 un régime autoritaire par l'intensification de la lutte contre les opposants ou supposés opposants au régime et la mise en place d'une nouvelle constitution concentrant les pouvoirs entre les mains d'un seul homme, le président. Cette évolution éloigne encore plus l'Union européenne et la Turquie qui se rapproche de Moscou.

1 Les faits

A. Les purges

Le président Recep Tayyip Erdogan, a lancé une vaste opération de purge depuis le coup d'État manqué du 15 juillet 2016. Il a décrété l'**état d'urgence**, prolongé pour la cinquième fois en octobre 2017 pour une nouvelle durée de trois mois. Cet état d'urgence lui donne les pleins pouvoirs, dont il profite au nom de la lutte contre le terrorisme pour chasser et punir tous ses opposants : toute personne susceptible d'avoir un lien même lointain ou une supposée sympathie envers Fethullah Gülen , prédicateur exilé aux États-Unis, ennemi juré de Recep Tayyip Erdogan, est emprisonnée et qualifiée de terroriste, risquant de longues années de prison.

Depuis juillet 2016, le bilan des purges est impressionnant. Plus de 50 000 personnes ont été arrêtées, certaines ignorant pourquoi elles sont toujours emprisonnées depuis de longs mois. Entre 100 000 et 150 000 fonctionnaires, magistrats, militaires, policiers, universitaires, journalistes... ont été limogés, révoqués, ou suspendus, et remplacés par des proches du pouvoir.

Ces purges à grande échelle touchent tous les secteurs de la société civile, l'Administration, le corps judiciaire, les forces armées, la police, l'enseignement. La vitesse et l'organisation démontrées laissent à penser qu'elles étaient largement anticipées.

Le pouvoir a également manifesté sa volonté d'interdire les médias indépendants, avec le placement sous tutelle judiciaire du quotidien *Zaman* et l'agence de presse Cihan. Plusieurs chaînes de télévision et de radio ont été interdites. De nombreux journalistes du principal titre d'opposition *Cumhuriyet* ont été arrêtés, poursuivis pour aide à « organisations terroristes armées ». Leur procès a débuté en novembre 2017.

Le procès de la romancière **Asli Erdogan**, accusée de « propagande », s'est aussi ouvert en fin d'année.

La Turquie occupe la 155e place (sur 180) au classement 2017 de la liberté de la presse établi par **Reporters sans frontières**.
Devant l'ampleur du phénomène, l'UE a vivement critiqué l'arrestation de députés pro-kurdes, de membres d'ONG, de journalistes d'opposition. Amnesty International a évoqué une situation alarmante et « un processus systématique des autorités turques de faire taire définitivement toute voix critique ».
Le cinquième Prix des droits de l'homme Václav Havel de l'Assemblée parlementaire du Conseil de l'Europe (APCE) a été décerné au défenseur turc de l'indépendance de la magistrature **Murat Arslan**. Il était le président de l'association turque des juges et procureurs, dissoute par le pouvoir. Il défendait l'indépendance de la justice. Il a été placé en détention en octobre 2016, sans chef d'inculpation.

B. Un référendum sur mesure

En avril, les Turcs ont approuvé à 51,4 % un référendum proposé par leur président qui modifie en profondeur les institutions du pays.
La révision constitutionnelle remplace le système parlementaire par un système présidentiel et donne quasiment tous les pouvoirs à un seul homme, le chef de l'État. Le poste de Premier ministre est supprimé, ses pouvoirs transférés au président qui, désormais, nommera et révoquera ses ministres, responsables devant le Parlement, dont les pouvoirs diminuent fortement.
Le président nommera douze des quinze membres du Conseil constitutionnel, et directement six des treize membres du Haut Conseil des juges et des procureurs. Il nommera aussi directement les responsables militaires et universitaires.
Le mandat présidentiel sera désormais de cinq ans, renouvelable une fois. Ainsi, Erdogan pourrait rester au pouvoir jusqu'en 2029.
Les opposants ont dénoncé une dérive autoritaire, une confiscation de tous les pouvoirs dans les seules mains du président, une absence de tous contre-pouvoirs. Erdogan a justifié sa réforme par le besoin d'avoir un pouvoir fort permettant de faire face au défi du terrorisme.

C. L'Europe et la Turquie s'éloignent

Le fossé entre l'**Union européenne** et Ankara s'est nettement agrandi en 2017, et la seule question qui demeure en suspens est de savoir qui va décider le premier d'entériner la fin de la relation.
Le virage autoritaire du régime, l'emprisonnement des opposants, juges et journalistes, l'attribution de tous les pouvoirs au seul président ont éloigné la Turquie des critères démocratiques reconnus par les Européens et attendus pour pouvoir intégrer l'UE.
Les relations s'étaient pourtant réchauffées en mars 2016 après la signature d'un accord sur la **crise migratoire** qui devait aider l'UE à gérer l'afflux de migrants vers l'Europe. Cet accord prévoit le renvoi vers la Turquie de tous les nouveaux migrants qui arrivent sur les îles grecques en provenance de la Turquie.
Pour chaque Syrien renvoyé en Turquie depuis une île grecque, les Européens se sont engagés à accueillir dans un pays de l'UE un autre Syrien déjà réfugié en Turquie, dans la limite de 72 000 personnes.
En contrepartie, la Turquie a obtenu de l'UE un engagement de versement d'une aide de trois milliards d'euros pour la prise en charge des trois millions de réfugiés qu'elle accueille, et une autre enveloppe de trois milliards avant la fin 2018. L'UE s'est aussi engagée à accélérer le processus de libéralisation des visas pour les Turcs et a promis l'ouverture d'un nouveau chapitre des négociations d'adhésion à l'UE.
Ainsi, les 28, très critiques vis-à-vis d'Erdogan, n'oublient pas que la Turquie est un partenaire essentiel pour la gestion des flux migratoires. Cette question est très présente dans l'opinion publique européenne et explique la frilosité des Européens à « claquer la porte ». De plus, couper les liens avec la Turquie perturberait l'équilibre régional au

sud de l'Europe et au sein de l'OTAN. La manière dont la Turquie s'est rapprochée de la Russie est un avertissement non déguisé à l'Europe.
Mais pour la Turquie, renoncer à l'adhésion, c'est aussi renoncer à la manne financière dont elle bénéficie à la fois dans le cadre des fonds européens pour la gestion des migrants mais aussi par son statut de pays candidat à l'adhésion à l'UE. La somme attendue pour la période 2018-2020 est d'environ 2 milliards d'euros au titre de la pré-adhésion.
Fin 2017, les dirigeants européens tentaient de se mettre d'accord sur une réaffectation des sommes que devait percevoir la Turquie. Le Premier ministre néerlandais, Mark Rutte, préconisait ainsi une affectation directe des sommes à des ONG (dans le cas de l'accord sur les migrations) et non plus à l'État turc. D'autres voix s'élevaient pour une conditionnalité des versements et une baisse sensible des montants prévus. L'Europe a aussi décidé de geler le régime des visas pour les citoyens turcs entrant dans l'Union, provoquant une nouvelle colère d'Erdogan contre une promesse non tenue de l'UE.

L'Europe face aux migrations - Les routes migratoires

2 Le contexte

A. Recep Tayyip Erdogan

Le président turc dirige la Turquie d'une main de fer, ne répugnant pas être comparé à un sultan des temps modernes ou à Mustafa Kemal, le père de la nation turque.
Né en 1954 dans un quartier populaire d'Istanbul, Erdogan milite dans sa jeunesse au sein de l'organisation de jeunesse du Parti du Salut national. Élu maire d'Istanbul en 1994, il fonde en 2001 le **Parti Justice et Développement** (AKP, islamo-conservateur), sous la bannière duquel il est élu député en 2002, lorsque l'AKP remporte les législatives. Il devient Premier ministre en 2003.
Ses premières initiatives sont remarquées, il participe à la relance de l'économie turque, ce qui lui vaut d'être réélu en 2007 puis en 2011. Mais l'homme fort du pays, soutenu par une partie de la population, fait taire toute tentative d'opposition et mène une politique de plus en plus ouvertement islamiste.
Pourtant, ni la répression des manifestations de 2013 ni la censure des médias, ni le scandale de corruption qui a éclaboussé le pouvoir en 2014 n'ont coupé le chef de l'AKP de ses soutiens : il est toujours considéré comme le promoteur du développement économique du pays.
En 2014, il est élu à la présidence de la République, dès le premier tour de scrutin de la première élection présidentielle au suffrage universel direct.
Erdogan n'apprécie pas que son action politique soit mise en cause, et bien avant les purges commencées en juillet 2016, il avait tenté de contrôler l'internet en Turquie, faute de pouvoir le supprimer. Des milliers de sites avaient été bloqués par les autorités.
Il a franchi en 2017 une étape supplémentaire vers un régime autoritaire, éloigné des critères démocratiques admis en Europe. Fin 2017, il a exigé la démission des maires de plusieurs grandes villes, dont Istanbul et Ankara, la capitale, pour pouvoir décider du nom de leur successeur.

B. La Turquie et l'UE

Le processus d'adhésion à l'UE est actuellement à l'arrêt.
Les purges menées par le régime ont refroidi les espoirs des partisans de l'adhésion. La diplomatie européenne a dénoncé la violente reprise en main du pouvoir, l'oppression des opposants, les mesures visant l'indépendance de la presse, de la justice, la mise en détention de milliers de personnes.

La Commission européenne a critiqué un « retour en arrière » sur la liberté d'expression et l'état de droit, critiques balayées d'un revers de main par le président Erdogan.

» La candidature de la Turquie date de 1963. La demande d'adhésion a été déposée en 1987 et reconnue en 1999. Les négociations ont débuté en 2005.
Mais en 2007, le président Nicolas Sarkozy et la chancelière Angela Merkel ont bloqué l'ouverture des discussions. La France et l'Allemagne sont des opposants de longue date à l'intégration dans l'UE d'un pays de 78 millions d'habitants à majorité musulmane.
Le processus de négociations s'avère le plus lent jamais mené par l'UE avec un candidat à l'adhésion. Sur les 35 chapitres des négociations, 16 ont été ouverts et un seul a jusqu'ici pu être bouclé. Les autres chapitres ont été bloqués par la France, l'Allemagne ou Chypre, dont la partie nord est occupée par les troupes turques depuis 1974.

Cahier couleurs - Processus d'adhésion à l'Union européenne

C. La question kurde

Avec une population estimée entre 20 et 40 millions de personnes, les **Kurdes** sont considérés comme la plus importante communauté sans État du monde. Ils se répartissent sur les territoires de la Turquie (environ 15 millions), de l'Iran, de l'Irak et de la Syrie et de manière moins importante en Azerbaïdjan, en Arménie, au Liban et en Europe.
Lors de la chute de l'Empire ottoman, à la fin de la Première Guerre mondiale, le traité de Sèvres de 1920 avait prévu la création d'un État kurde, le **Kurdistan**. Après la victoire militaire de Mustafa Kemal en Turquie, le traité de Lausanne (1923) définit les frontières entre la Turquie, l'Iran, la Grande-Bretagne (puis l'Irak) et la France (puis la Syrie), mais renonce à l'idée d'un Kurdistan indépendant, dont les populations seront par la suite régulièrement opprimées dans ces pays. En Turquie, le **Parti des travailleurs du Kurdistan** (PKK), opposé au pouvoir central, organise une rébellion armée. Depuis 1984, on estime à environ 50 000 le nombre de victimes des affrontements entre le PKK et l'armée turque.
Au fil des années, le PKK a évolué et souhaite négocier une autonomie des régions de peuplement kurde et des droits spécifiques accrus (langue, éducation notamment).
Le principal chef du PKK, **Abdullah Öcalan**, est emprisonné depuis 1999.
Ankara assimile les défenseurs de la cause kurde à des terroristes et combat en Syrie autant le groupe État islamique que les forces kurdes.

3 Thème de réflexion

» La Turquie veut compter

Depuis son arrivée au pouvoir en 2003, Recep Tayyip Erdogan veut faire de la Turquie un acteur incontournable de la politique régionale au Moyen-Orient.
Devant les réticences d'États comme l'Allemagne et la France à accepter son pays dans l'Union européenne, le pouvoir turc a cherché à affirmer force et autorité par des alliances parfois mouvantes et des prises de position tranchées. Aux réactions de l'UE aux violentes purges consécutives à la tentative de putsch de 2016, le président Erdogan a opposé sur un ton agacé la « lutte normale contre le terrorisme ». Le refus des États-Unis, fin 2016, de livrer Fethullah Gülen, son opposant historique, lui a tout autant déplu. Si les États-Unis,

présents militairement sur le sol turc (base américaine d'Incirlik), sont des alliés de la Turquie, cela n'empêche pas Ankara de prendre ses distances et de protester contre ce refus d'extradition.

Haussement de ton et prises de distance d'un côté, nouvelles alliances de l'autre : la Turquie a ainsi renoué des relations diplomatiques avec Israël après six années de brouille. Israël a accepté de verser 18 millions d'euros à la Turquie en réparation de l'abandon des poursuites contre les ex-chefs de l'armée israélienne impliqués en 2010 dans l'assaut d'un navire, le Mavi Marmara, affrété par une ONG turque qui voulait rejoindre Gaza. Dix militants turcs avaient été tués par des militaires israéliens. Israël a également accepté que les Turcs acheminent de l'aide humanitaire à Gaza. Les deux États développent un important projet de coopération économique gazier.

Mais l'évolution géopolitique majeure concerne la Russie. Fin 2017, les deux pays annonçaient un accord pour la vente par Moscou à Ankara d'un système de défense antiaérienne perfectionné. L'occasion pour la Turquie de montrer à l'UE et aux États-Unis qu'elle doit être respectée et peut nouer des accords avec qui elle souhaite.

En 2016 déjà, elle avait signé un accord de construction du gazoduc TurkStream, passant sous la mer Noire, qui permettra au gaz russe de rejoindre l'Europe via la Turquie.

Les deux pays étaient pourtant en crise ouverte depuis novembre 2015, lorsque l'aviation turque avait abattu un bombardier russe au-dessus de la frontière syro-turque. Moscou avait pris des mesures de rétorsion économiques importantes, désormais levées.

Vladimir Poutine s'est rapproché d'Ankara au cœur de l'été 2016, il a été l'un des premiers chefs d'État à condamner le coup de force du 15 juillet et n'a fait aucun commentaire sur les purges.

Les deux pays ont aussi trouvé une forme d'accord tacite en Syrie. Depuis le début du conflit, la Russie soutient **Bachar al-Assad** que la Turquie voudrait de son côté voir tomber, en apportant son aide la rébellion.

Les deux nouveaux alliés se sont entendus autour de l'axe suivant : la Turquie oublie sa rancœur envers le président syrien, n'aide plus les rebelles à Alep, laissant le champ libre aux frappes russes. En échange, la Russie ferme les yeux sur le grignotage turc de territoire sur la zone frontalière du nord de la Syrie, dans le but d'empêcher les Kurdes de s'y installer. En Syrie, la Turquie combat prioritairement les YPG, les unités de protection du peuple kurde. Elle y est même aidée par des frappes syriennes : faire tomber Assad n'est plus la priorité turque, mais bien la volonté de stopper les Kurdes.

Jusqu'où ira la crise brésilienne ?

Le président en exercice, Michel Temer, convaincu de corruption, a échappé de peu à la destitution. Il avait succédé à Dilma Rousseff, elle-même destituée pour corruption. L'ancien président Lula, véritable icône en son pays, est condamné à une peine de prison ferme pour corruption. Fernando Collor, lui aussi ancien président (1989-1992), aujourd'hui sénateur, est mis en examen pour corruption... La fonction présidentielle au Brésil serait-elle maudite ? Si l'économie se redresse, le pays étouffe de la corruption, au point que l'armée et l'extrême droite apparaissent parfois comme des solutions. Des élections devraient avoir lieu en 2018.

1 Les faits

A. Lula condamné

Luiz Inácio Lula da Silva, dit Lula, 71 ans, président du Brésil de 2003 à 2010, a été condamné en juillet 2017 à 9 ans et 6 mois de prison pour corruption et blanchiment d'argent. Il n'a pas été placé en détention, en attendant son procès en appel. Clamant son innocence, il dénonce un jugement politique et annonce se présenter à l'élection présidentielle de 2018 (pour laquelle il est en tête des sondages).

Le juge anti-corruption Sergio Moro, qui a déjà placé en détention plusieurs hommes politiques, a condamné Lula pour avoir reçu des pots-de-vin du groupe de construction OAS. Lula aurait reçu l'équivalent de plus d'un million d'euros pour favoriser l'obtention par ce groupe de contrats auprès, notamment, du géant pétrolier Petrobras, au cœur d'une autre affaire de corruption.

Lula est visé par quatre autres procédures :

- Institut Lula : tentative de corruption impliquant Odebrecht, la plus grande entreprise de BTP du Brésil, qui aurait cherché à financer l'institut Lula, dont le rôle est de perpétuer l'héritage politique de l'ancien président. Odebrecht aurait aussi acheté un appartement à l'épouse de Lula, morte au début de l'année 2017.
- Avions de chasse : Lula est accusé d'avoir influencé la présidente alors en exercice, Dilma Rousseff, en faveur de l'achat par l'armée brésilienne d'avions de chasse suédois Gripen. Il aurait perçu des pots-de-vin.

- Pression sur les repentis : un ancien sénateur du Parti des travailleurs (PT) de Lula l'accuse d'avoir tenté d'acheter le silence d'un ancien directeur de Petrobras, impliqué dans le scandale de corruption.
- Angola : Lula est poursuivi pour avoir favorisé, contre 6 millions de dollars, le financement, par la Banque nationale de développement, d'emprunts vers l'Angola et de contrats avec Odebrecht.

B. Temer sur la sellette ?

Le président Michel Temer, 76 ans, est arrivé au pouvoir en 2016 en lâchant son ancienne alliée, Dilma Rousseff, dont il avait précipité la chute en votant la destitution. Ancien avocat constitutionnaliste, il assure la présidence jusqu'aux élections de 2018. 3 % des Brésiliens lui font confiance, d'après un sondage publié au Brésil en octobre. Michel Temer est le premier président brésilien en exercice formellement accusé de corruption par la justice, moins d'un an après avoir succédé à Dilma Rousseff. En mai, la Cour suprême a ouvert une enquête contre lui pour « corruption passive, entrave à la justice et association de malfaiteurs ».
En juin, le Tribunal suprême électoral (TSE) le maintient au pouvoir par une majorité de 4 juges pour et 3 contre, avant que le procureur général ne présente une demande de mise en accusation formelle contre lui pour corruption. Le procureur dénonce un pot-de-vin de 150 000 dollars, au sujet duquel la presse a diffusé des éléments semblant prouver la réalité de ces pots-de-vin. Sans légitimité, accusé de corruption, Michel Temer gère les affaires courantes.

C. L'économie brésilienne repart

Le Brésil est officiellement sorti en 2017 de la pire récession de son histoire. Son PIB devrait être positif en 2017, grâce à une reprise de l'agriculture et de la consommation des ménages.
Les mesures d'austérité très impopulaires du président Temer ont porté leurs fruits.
Le Brésil est engagé dans une politique de privatisation importante (autoroutes, ports, aéroports, le fournisseur d'énergie Eletrobras) et le gouvernement libéral de Temer espère faire adopter avant les élections de 2018 la réforme des retraites.
Le Brésil avait été frappé de plein fouet par la baisse des cours de matières premières. Premier producteur et exportateur mondial de café, sucre, jus d'orange, il est l'un des leaders mondiaux de la production de soja, coton, maïs, tabac et fer. Il est autosuffisant en pétrole depuis 2006.
En dépit de ses difficultés, le Brésil, neuvième PIB mondial, première économie d'Amérique latine, reste un grand pays émergent doté d'évidents et forts atouts. Ses ressources naturelles sont abondantes et le secteur industriel est dynamique.
Le géant aux pieds d'argile retrouve donc le chemin d'une croissance encore fragile.
Les réformes en cours sont en lien avec la baisse des coûts de production, la formation de travailleurs qualifiés, un allègement de la lourdeur administrative.
Mais avant tout, le fléau premier est celui de la corruption généralisée qui pénalise fortement l'économie.

	Inflation %	Chômage %	Croissance %
2014	6,4	4,8	-0,2
2015	10	7,5	-3,7
2016	7	10	-3,5
2017 *	3,2	12,5	2,2

* Prévisions.

D. Rio accablé par les JO 2016

Un an après les Jeux olympiques, la ville de Rio panse ses plaies. L'euphorie de la fête est déjà très loin, tandis que la violence et l'insécurité ont repris depuis un an.
Les affaires de corruption en lien avec les JO occupent la « une » des journaux et les infrastructures bâties pour l'occasion tombent déjà en ruine. Trop chère à entretenir, la piscine olympique est à l'abandon. Le vélodrome, déserté pour les mêmes raisons, a été incendié. Les constructions qui devaient être reconverties en écoles ou dispensaires sont elles aussi à l'abandon, leur transformation serait trop onéreuse. Les logements de l'ancien village olympique, qui devaient être vendus, ont trouvé preneur à moins de 10 %. Les autres perdent de leur valeur. Un parc olympique, censé devenir un espace de jeux est lui aussi fermé, la ville n'ayant pas les moyens de l'entretenir.

2 Le contexte

A. La corruption au Brésil

Le Brésil est une jeune démocratie. De 2003 à 2010, sous les présidences de Lula, il a profité à plein de la découverte de la démocratie et de l'accroissement du niveau de vie. Environ 30 millions de Brésiliens sont sortis de la misère et se sont mis à consommer, favorisant la relance de l'économie. L'accès des classes moyennes au confort social et sanitaire s'est accompagné de revendications en termes de conditions de vie, de transports...
Mais après l'euphorie, le Brésil traverse aujourd'hui une période de transition. La crise économique qui frappe le pays depuis trois ans, et dont il semble s'extraire en 2017, a stoppé net le mouvement vertueux des années Lula et du premier mandat de Dilma Rousseff.
Les mouvements de colère et les manifestations de la population sont à observer au regard de la politique libérale du président Temer :

- baisse du niveau de vie, faisant craindre un déclassement social important,
- corruption endémique et ancienne des classes dirigeantes du pays,
- absence d'infrastructures nécessaires pour assurer le niveau de vie espéré.

La corruption est un fléau brésilien depuis des décennies. Son accroissement est concomitant de l'enrichissement du pays. C'est l'un des thèmes centraux des campagnes électorales, et ce d'autant plus que le financement de celles-ci est assuré par des entreprises, ce qui favorise les « compensations ». L'affaire Petrobras, du nom du géant pétrolier brésilien, empoisonne la vie politique. La compagnie publique aurait versé pendant plusieurs années des pots-de-vin à au moins vingt-cinq députés, six sénateurs et trois gouverneurs, majoritairement membres du Parti des travailleurs, mais aussi du Parti du mouvement démocratique brésilien (PMDB, centre), ancien allié parlementaire du gouvernement Rousseff.
Le président Lula avait déjà été impliqué dans un autre scandale de corruption, « Mensalao », une affaire concernant l'achat de votes au Parlement par le PT. En 2017, c'est l'affaire « Lavo jato », en lien avec l'affaire Petrobras, qui prenait de l'ampleur et dans laquelle de nombreux hommes politiques sont impliqués.
Pendant son premier mandat, Dilma Rousseff avait renvoyé sept ministres accusés de détournement de fonds ou d'irrégularités. De très nombreux candidats n'avaient pu se présenter ou avaient été écartés. Mais souvent, des proches s'étaient présentés à leur place.
Après sa réélection, Dilma Rousseff avait fait de la lutte contre la corruption sa priorité. La corruption est pourtant à l'origine de sa chute, même si les observateurs estiment qu'elle paie en partie pour le ras-le-bol accumulé depuis de nombreuses années.
Les charges ne sont pas moins lourdes sur l'actuel président. En 2017, un ancien ministre a été inculpé pour corruption. À son domicile, les enquêteurs ont trouvé plus de 11 millions d'euros dans des valises et des cartons. Membre du Parti du mouvement

démocratique brésilien (PMDB, centre) du président Temer, dirigeant d'une banque publique, il est accusé d'avoir octroyé des crédits contre des pots-de-vin. Il était déjà impliqué dans d'autres affaires.

Amériques - Le Brésil en crise politique

» **Brésil, points de repère**
- 202 millions d'habitants, 5e rang mondial ; capitale : Brasilia (2,7 millions).
- 8,5 millions km^2 (la moitié de l'Amérique du Sud), quinze fois la France.
- Plus grand pays catholique du monde : 123 millions de fidèles (environ 65 % de la population).
- Ancienne colonie portugaise.

Quelques dates
- 1964 - 1985 : vingt ans de dictature militaire
- 1989 : première élection présidentielle au suffrage universel, élection de Fernando Collor de Mello
- 1992 : démission du président après des accusations de corruption
- 1995 - 2002 : présidence du social-démocrate Fernando Henrique Cardoso
- 2003 : Lula, premier président de gauche du Brésil
- 2006 : réélection de Lula
- 2010 : élection de Dilma Rousseff
- 2014 : réélection de Dilma Rousseff
- 2016 : destitution de Dilma Rousseff
- 2018 : élection présidentielle (prévision)

B. Lula

Figure historique du Brésil de l'après-dictature, Lula a un destin extraordinaire.
Enfant pauvre des régions du Nord-est, les plus touchées par la misère, ouvrier tourneur, syndicaliste, il est devenu le président le plus aimé du Brésil, dont il a réussi à développer l'économie.
Né en 1945, huitième enfant d'une famille de paysans, il quitte à sept ans la campagne avec sa mère pour échapper à la misère. À Sao Paulo, il vit de petits boulots comme les enfants des rues brésiliens, fréquente un peu l'école, avant de devenir ouvrier métallurgiste à quatorze ans.
Il intègre à vingt et un ans le syndicat des métallurgistes dont il devient président en 1975. En pleine dictature militaire, il lance des mouvements de grève et défie le pouvoir. Lula sort de l'ombre. La prison n'entame pas sa détermination.
Sous la pression de la rue, les militaires rendent progressivement le pouvoir au peuple. Engagé syndicalement et politiquement, Lula crée le Parti des travailleurs (PT) en 1980. Élu député en 1986, il échoue à trois reprises à l'élection présidentielle en 1989, 1994, 1998.
Lula sait que les Brésiliens ont peur d'élire à leur tête un président trop à gauche. Son discours évolue, l'aile gauche du PT s'en émeut mais, grâce à ses qualités de tribun, il devient « l'ami du peuple et des plus pauvres » tout en étant crédible et accepté par la classe dirigeante et les instances économiques du pays.
Il est élu en 2002, réélu en 2006, alors que son parti est secoué en 2005 par un scandale de corruption. Lula se sépare de la direction du PT pour sauver sa réélection.
Capable, avec caractère, d'engager des réformes en profondeur, il lance la « Bolsa Familia » (Bourse famille) qui permet à 29 millions de Brésiliens de sortir de la pauvreté.

Il réussit à mener de front une politique de pragmatisme économique et de développement social.
La Constitution brésilienne interdisant au président d'aller au-delà de deux mandats consécutifs, il soutient la candidature de Dilma Rousseff, son héritière.
Rattrapé par les scandales de corruption, « Petrobras » puis « Lavo Jato », il assiste, impuissant à la destitution de Dilma Rousseff.
Lula, paradoxalement, ne profite pas politiquement d'avoir sorti des millions de Brésiliens de la misère mais garde une forte popularité auprès des plus pauvres. Souhaitant se représenter aux élections de 2018, il ne pourra le faire que si l'élection a lieu avant son procès en appel.

C. Dilma Rousseff

Née en 1947, Dilma Rousseff a milité dans les mouvements de lutte armée pendant la dictature militaire. Arrêtée en 1970, elle est condamnée à six ans de prison ; elle subit la torture, purge deux ans de prison. La presse brésilienne a publié (2010) des documents secrets de la dictature (1964-1985) où les militaires la qualifient de « Jeanne d'Arc de la subversion ». Elle rejoint le Parti des travailleurs en 1986.
Sa carrière fait un bond en avant en 2005, lorsque Lula se sépare de toute la hiérarchie du PT, impliquée dans un scandale de corruption auquel Dilma Rousseff échappe : devenue proche du président, elle gère le programme d'accélération de la croissance et bénéficie du soutien inconditionnel de Lula pour devenir la première femme chef d'État au Brésil, en 2010. C'est à lui qu'elle rend grâce à l'annonce de son élection, promettant de poursuivre sa politique d'éradication de la pauvreté.
Moins charismatique que Lula, l'économiste, surnommée la « dame de fer », profite de la popularité de son mentor pour être élue au second tour avec 56 % des voix. Pendant les quatre premières années de son mandat, elle poursuit le programme de lutte contre la pauvreté et le développement de l'économie. Son second mandat en 2014 débute sur fond de division du pays et de colère sociale croissante. Elle est accusée de manipulation des comptes publics de l'État pendant la campagne électorale, et notamment d'avoir minimisé l'ampleur des déficits (comme tous les présidents avant elle). Plusieurs millions de Brésiliens descendent dans la rue pour demander son départ. S'appuyant sur cette impopularité, le Parti du mouvement démocratique brésilien (PMDB), parti centriste du vice-président Michel Temer et allié de Dilma Rousseff, décide de quitter la coalition gouvernementale. Dilma Rousseff est destituée en 2016. Ironie de l'histoire, la procédure de destitution avait été lancée par Eduardo Cunha, lui-même poussé à la démission de la présidence de l'Assemblée nationale pour de multiples accusations de... corruption dans le scandale Petrobras.

3 Thème de réflexion

›› Brésil, attention danger

Jusqu'où ira la crise brésilienne, la patience des Brésiliens et celle de l'armée brésilienne ? Pour la première fois en 2017, un cadre militaire, Antonio Hamilton Martins Mourao, a évoqué la possibilité d'une intervention de l'armée devant la crise qui secoue le pays.
« Ou les institutions résolvent le problème politique, par l'action du pouvoir judiciaire en retirant de la vie publique tous ces éléments impliqués dans des actes illicites, ou nous devrons l'imposer », a expliqué le militaire.
La dictature militaire au Brésil n'est pas ancienne, elle a plombé le pays de 1964 à 1985. De nombreux Brésiliens encore vivants ont été emprisonnés, torturés (comme l'ancienne présidente Dilma Rousseff), entravés dans leurs libertés sous le régime militaire.
Et pourtant, dans un pays où les plaies de la dictature ne sont pas cicatrisées, ces propos n'ont suscité qu'une timide demande d'explication de sa hiérarchie à ce cadre de l'armée.

Cela illustre le désarroi de l'opinion publique brésilienne. Selon un sondage publié en octobre, 21 % des Brésiliens estiment que, dans certaines circonstances, une dictature est meilleure qu'une démocratie.
L'opinion publique est choquée, pour une partie, que Lula ne soit pas emprisonné, alors qu'il est condamné et convaincu de corruption. Choquée également que l'actuel président Temer, qui croule sous les accusations, soit encore en poste alors que Dilma Rousseff a été destituée. Choquée qu'Aecio Neves, candidat centriste à l'élection de 2014, confondu par des écoutes téléphoniques accablantes, soit encore en liberté.
Le Brésil est si mal en point devant les dysfonctionnements des pouvoirs, exécutif, législatif et judiciaire, qu'un retour au joug militaire, à la perte de démocratie, apparaît comme une solution possible. Les Brésiliens, lassés, affligés par la corruption généralisée et par leurs hommes politiques pourraient aussi se retourner vers les extrêmes.
Un sondage publié fin septembre montrait à la fois que Lula était le favori de la présidentielle de 2018 mais également que le candidat de l'extrême droite, Jair Bolsonaro, était solidement accroché à la deuxième place et qu'il pourrait même être élu si Lula ne pouvait pas se présenter.
Bolsonaro, militaire homophobe, défenseur de la torture et de la peine de mort, est un nostalgique de la dictature militaire, dont il fait régulièrement l'éloge.

Les conflits territoriaux en Asie

16

International

Les nouvelles ambitions territoriales de la Chine et la montée du sentiment nationaliste dans plusieurs pays d'Asie ont provoqué des tensions en 2017, notamment en mer de Chine méridionale, secteur stratégique pour le commerce maritime international.

1 Les faits

A. Une zone convoitée

La **mer de Chine** méridionale est un secteur stratégique où transite annuellement l'équivalent de près de 5 milliards d'euros de fret. Principale route maritime entre les océans Pacifique et Indien, c'est une zone économique importante.
Une partie de son sous-sol, convoité par la Chine et de nombreux autres États, serait riche en hydrocarbures, gaz et pétrole.
En 2017, la Chine a voulu développer son emprise sur la zone en agrandissant artificiellement des îlots et des récifs, dans le but qu'ils puissent à terme être équipés en armement ou stations de forage. La Chine joue la carte du fait accompli, et entend agir à sa guise en mettant les autres États devant une situation non négociable.
En mai, alors que le président philippin **Rodrigo Duterte** annonçait son intention d'explorer des ressources pétrolières au large de son pays, dans cette zone, Pékin avait réagi en menaçant d'entrer en guerre avec les Philippines, qui envisagent désormais un accord d'exploitation avec leur « ami » chinois.

B. Des lectures opposées du droit maritime

Bien qu'elle s'en défende, la Chine a réactivé la crise sur les territoires disputés en instaurant une zone aérienne d'identification sur une grande partie des mers de Chine orientale et méridionale, entre la Corée du Sud et Taïwan. Cette large zone englobe notamment l'archipel des **îles Senkaku**, contrôlé par le Japon. Les autorités japonaises, sud-coréennes et américaines n'ont pas reconnu cette zone aérienne et l'ont fait survoler par leurs avions, entraînant de fait, de nouvelles frictions avec la Chine.
Ces litiges témoignent en réalité des différentes lectures des accords passés, des conventions signées, ou non, et de leur interprétation.

Les États-Unis considèrent (comme la France et l'Union européenne) que la majeure partie de la mer de Chine méridionale (hors proximité des côtes et zone économique d'exclusivité) est une zone de libre navigation. Les navires américains estiment donc être en droit d'y naviguer en se signalant auprès des autorités comme le prévoit le Code maritime international. Des navires français y croisent également. Mais la Chine considère que cette zone est sienne et que les « intrusions » étrangères y sont hostiles et interdites. « Viol des eaux territoriales » pour Pékin, « liberté de navigation internationale » pour les autres. Des navires et avions de reconnaissance américains ont été contrôlés, menacés de tirs s'ils ne se détournaient pas, provoquant à plusieurs reprises un pic de tension, notamment près du récif Mischief, transformé par les Chinois en île artificielle.
Si les États-Unis refusent de prendre parti sur la souveraineté des territoires et renvoient à des discussions entre acteurs concernés, ils reconnaissent l'administration par le Japon des îles Senkaku, revendiquées par la Chine, et ont affirmé qu'elles entraient dans l'alliance militaire américano-japonaise : l'article 5 de ce traité de défense engage Washington à repousser toute attaque sur le territoire japonais ou sous administration japonaise.

C. La Chine refuse l'arbitrage de la justice internationale

Les États-Unis et les autres pays concernés s'appuient sur une décision de la **Cour permanente d'arbitrage** (CPA) de La Haye qui a tranché en juillet 2016 un différend en mer de Chine méridionale entre la **Chine** et l'archipel **philippin** en faveur de ce dernier, en refusant à la Chine le droit de décréter territoire national chinois la quasi-totalité de cette zone (2,6 millions de km^2 sur une étendue de 3 millions de km^2). La CPA a affirmé qu'il n'existait pas de preuve que la Chine ait, historiquement, « exercé un contrôle exclusif sur les eaux et leurs ressources ». La Cour a également refusé à la Chine d'accorder le statut d'îles d'habitation aux îles artificielles créées ces dernières années dans la zone grâce à de vastes travaux de remblaiement, Pékin souhaitant requalifier la zone en « **zone économique exclusive** » (ZEE), prévue par le droit international sur 200 milles nautiques autour des îles.
La CPA a affirmé qu'aucune des **îles Spratley** ne peut générer une zone maritime étendue et reconnaît même que certaines sont situées dans la zone philippine, suscitant la colère de Pékin. Elle précise enfin que la Chine a violé les droits souverains des Philippines en empêchant les navires philippins de passer dans ces zones maritimes, et a porté atteinte à l'environnement.
La Chine a dénié toute compétence de la CPA et a refusé ses conclusions.

Les conflits territoriaux en Asie - Les zones revendiquées par la Chine

2 Le contexte

A. Chine-Japon, les îles Senkaku/Diaoyu

La tension entre les deux États est forte. Elle est historique et remonte à la Seconde Guerre mondiale.
La nationalisation par le Japon, en 2013, des îles Senkaku, revendiquées par la Chine sous le nom de **Diaoyu**, a mis le feu aux poudres. Paradoxalement, il s'agissait d'un geste d'apaisement du Japon qui préférait acheter ces îlots plutôt que de les abandonner à des ultranationalistes japonais.
Depuis cette date, les deux États revendiquent ces îlots et leurs alentours. Il s'agit d'un ensemble de cinq îlots non habités, dont la surface totale ne dépasse pas 7 km^2, situés à 200 km au nord-est de Taïwan et à 400 km à l'ouest d'Okinawa (sud du Japon). Leur sous-sol pourrait receler des hydrocarbures, les mers sont riches en poissons.

La Chine revendique la souveraineté sur cet ensemble d'îlots que les aléas de l'Histoire ont placés en 1972 sous la tutelle du Japon depuis leur cession par les États-Unis, qui en avaient pris possession après la Seconde Guerre mondiale. La Chine assure qu'ils sont chinois depuis la dynastie Ming (1368-1644).

Le ressentiment chinois contre l'ancien envahisseur japonais militariste, pendant la Seconde Guerre mondiale, ressurgit au moindre incident. La rivalité entre les deux puissances dominantes en Asie s'inscrit en toile de fond de ce différend territorial apparemment mineur mais révélateur d'un positionnement déterminé.

Le Japon bénéficie du soutien des États-Unis pour défendre ces îlots en cas de besoin.

B. Russie-Japon, les îles Kouriles

Elles sont disputées par la **Russie** et le Japon. Il s'agit d'une bande d'une trentaine de petites îles (quatre seulement sont habitées) et de rochers, qui s'étend au nord-est de l'île d'Hokkaido.

Ce conflit, vieux de 70 ans, empêche la signature d'un traité de paix entre les deux pays. Dans les derniers jours de la Seconde Guerre mondiale, l'URSS avait envahi les Kouriles et déporté ses habitants au Kazakhstan et en Ouzbékistan, avec interdiction de retour. En 1945, les accords de Yalta promettent le Sud de l'île de Sakhaline et les Kouriles à l'Union soviétique de Staline, en remerciement de son offensive contre le Japon. Les accords ne précisent pas vraiment le territoire de l'archipel composé d'une multitude d'îles.

Par le traité de San Francisco de 1951, ponctuant la conférence de la paix des campagnes du Pacifique pendant la Seconde Guerre mondiale, Sakhaline est devenu soviétique et les Kouriles méridionales japonaises. Staline a refusé de ratifier ce traité.

Au-delà de l'orgueil, de la fierté nationale et de l'histoire, les îles Kouriles sont importantes pour la Russie en raison de leurs réserves minières et de la porte d'entrée sur le Pacifique qu'elles représentent pour la base militaire russe de Vladivostok.

Si les deux pays maintiennent leurs revendications territoriales, ils se sont toutefois entendus en 2017 sur la mise en place d'une réflexion pour un développement économique conjoint. Depuis, Moscou a créé une zone franche sur les îles Kouriles.

Les conflits territoriaux en Asie - Les îles Kouriles et le différend Russie-Japon

C. Japon-Corée, les îles Takeshima (Japon)/Dokdo (Corée du Sud)

Même si les deux États partagent des intérêts forts, et notamment une politique commune vis-à-vis de la **Corée du Nord**, ils se disputent depuis des décennies deux îlots et environ trente-cinq rochers qui couvrent une superficie de 18,7 hectares, quasiment inhabités. La Corée du Sud maintient toutefois sur place un petit détachement de garde-côtes depuis 1954.

Une étroite coopération économique existe entre les deux pays, mais les 35 années d'occupation japonaise, jusqu'à la capitulation de 1945, ont laissé des traces. Parmi les dossiers qui compliquent les relations : le refus du Japon de dédommager les femmes sud-coréennes forcées à la prostitution pendant la Seconde Guerre mondiale.

D. Les îles Spratley et Paracels

Pékin revendique la souveraineté sur la totalité des îles de la mer de Chine méridionale. Les revendications concernent des zones très proches des côtes du Vietnam, des Philippines, de la Malaisie, de Brunei, opposés à ce que des îles situées à quelques kilomètres de leurs littoraux soient chinoises.

Les **Paracels** sont constituées d'une grosse centaine d'îlots minuscules, des îles coralliennes, dont le sous-sol regorge potentiellement de gaz et pétrole.

Elles sont revendiquées par le Vietnam, les Philippines, Taïwan et la Russie.

La Chine a décidé de construire sur l'une de ces îles une piste d'atterrissage de 2 000 mètres destinée à des appareils militaires. Pékin a aussi installé une plateforme offshore, provoquant une crise diplomatique avec Hanoï.
Les **îles Spratley** sont revendiquées par Brunei, la Chine, Taïwan, la Malaisie, les Philippines et le Vietnam.

3 Thème de réflexion

» Les ambitions chinoises

Depuis plusieurs années, la Chine a augmenté très sensiblement sa puissance navale et entend étendre sur les mers son autorité.
La construction d'un second porte-avions intégralement réalisé en Chine (le premier est de fabrication russe) en est une preuve parmi d'autres. Pour l'empire du Milieu, il s'agit de rattraper le retard sur les autres grandes puissances en termes d'équipement naval mais également d'accompagner une nouvelle politique à ses frontières proches.
La présence navale japonaise et américaine est très forte aux abords de la Chine, les États-Unis possèdent des bases en Asie et soutiennent notamment le Japon et la Corée du Sud face à la Corée du Nord. Cette présence forte agace Pékin, qui entend rivaliser dans ses eaux proches. Les autorités chinoises semblent convaincues que les discussions avec ses voisins seront facilitées par le déploiement d'une nouvelle force militaire, envoyant par exemple des patrouilles navales dans des zones maritimes sensibles que la Chine ne fréquentait pas jusque-là.
Pékin ne craint plus de remettre en cause les statu quo qui prévalaient, notamment en mer de Chine méridionale.
La Chine n'a pour autant pas la même compréhension du droit maritime que les autres grandes nations. Les Chinois tentent de faire respecter en mer (et dans les airs) un partage du territoire tel qu'il existe sur terre, là où le droit international reconnaît le droit de circulation et de passage. La conception, l'approche sont différentes. Pékin veut par exemple restreindre ou interdire la circulation dans de larges zones qu'elle considère comme siennes. Pour les Chinois, la mer n'est pas un bien commun que les États ne peuvent « s'approprier ».
La mer de Chine méridionale se trouve donc plus que jamais au centre des enjeux géopolitiques, de la mondialisation des échanges, et est l'objet d'une nouvelle « guerre froide » entre les États-Unis et la Chine.
La Chine revendique des territoires, pour certains de longue date, à onze de ses vingt-quatre voisins, dont l'Inde, le Japon, le Vietnam, les Philippines, la Russie... Mais la tension née de ces différends territoriaux est nouvelle. C'est avec le Japon que la situation est la plus tendue. Est-ce cette même volonté des dirigeants de prouver au monde la « renaissance », la « force » de leur nation respective ?
Le président chinois Xi Jinping, réélu à la tête du PCC en 2017 et élevé au même rang que Mao, et le Premier ministre japonais Shinzo Abe, également conforté dans les urnes en 2017, ont une posture nationaliste qui plaît, et il n'est pas question pour eux de céder un pouce de territoire, surtout à un ancien ennemi.
La Chine développe l'idée d'un « espace vital » qui ne serait pas forcément délimité par les frontières existantes mais par la puissance, la force, les besoins d'un État.
On assiste ainsi à un jeu de positionnement politique et géostratégique en Asie orientale, où chaque camp - pro-chinois ou pro-américain - cherche à se constituer une sphère d'influence la plus large et solide possible.
En Asie, le respect de la souveraineté, de l'intégrité territoriale et de la non-ingérence reste une norme fortement ancrée. Le compromis territorial n'est pas chose aisée, les relations internationales s'organisent encore comme des rapports de force.

En 2017, la Chine a relancé des discussions bilatérales, a négocié au cas par cas avec ses voisins et a développé des relations commerciales. La Malaisie, le Cambodge, et même les Philippines, en dépit des menaces, préfèrent discuter que de se retrancher sur le droit international.

La crise migratoire 17

Sous la pression d'opinions publiques inquiètes de la crise migratoire, l'Europe a tenté de déplacer en 2017 la gestion des migrations à l'extérieur de ses frontières. Le nombre de migrants qui ont tenté la traversée de la Méditerranée a baissé pour la deuxième année consécutive mais la crise n'a été que temporairement résolue.

1 Les faits

A. Moins de réfugiés arrivent en Europe

D'après l'Organisation internationale pour les migrations (OIM), l'agence des Nations unies chargée des migrations, sur les dix premiers mois de l'année 2017, 149 785 migrants et réfugiés sont arrivés en Europe par la mer Méditerranée : 75 % par l'Italie, 13 % par la Grèce, 8 % par l'Espagne. C'est environ deux fois moins qu'en 2016 (298 663 sur la même période).

Les migrants tentent majoritairement la traversée depuis la **Libye** (à 80 %). Les tentatives depuis le Maroc pour atteindre les plages espagnoles dans de petites embarcations ou sur des scooters des mers ont également augmenté en 2017.

Si la « pression » migratoire est moins forte en Méditerranée, ce n'est pas la fin de la crise, loin de là, mais un déplacement du phénomène, et la baisse du nombre d'arrivants (quasiment divisé par deux entre 2016 et 2017) n'influe pas sur le nombre de morts ou portés disparus, qui reste stable : environ 6 000 à 7 000 morts par an.

Plusieurs facteurs expliquent qu'en dépit de la baisse du nombre d'arrivants, les tragédies en mer soient aussi fréquentes : d'une part, l'interdiction de vente de bateaux et zodiacs à la Libye incite les passeurs à faire embarquer les migrants dans des embarcations de fortune, d'autre part, la pression est accrue sur les ONG pour qu'elles n'interviennent pas à proximité des côtes.

Nombre de migrants dans le monde (tous types de migrants) *	
2016	65,6
2015	65,3
2014	52,9
2013	41,1

17

Nombre de migrants dans le monde (tous types de migrants) *	
2012	33,8
2011	31,7
2010	30,8

Haut-Commissariat des Nations unies pour les réfugiés

* En millions.

Provenance des réfugiés dans le Monde *	
Syrie	5,5
Afghanistan	2,5
Sud-Soudan	1,4
Somalie	1
Soudan	0,5
République démocratique du Congo	0,5
Centrafrique	0,4
Birmanie	0,4
Érythrée	0,3
Burundi	0,3

Haut-Commissariat des Nations unies pour les réfugiés

* En millions.

Pays d'accueil des réfugiés dans le monde	
Jordanie	3 million*
Turquie	2,9millions
Pakistan	1,4 million
Liban	1 million
Iran	979 400
Ouganda	940 800
Éthiopie	791 600

Haut-Commissariat des Nations unies pour les réfugiés

* Dont plus de 2 millions de Palestiniens.

›› Les camps de réfugiés dans le monde

Kutupalong, Bangladesh (environ 800 000)
Le plus important au monde, il accueille les Rohingyas fuyant les persécutions en Birmanie (*cf.* Fiche 13 : La crise des Rohingyas).

Bidibidi, Ouganda (285 000)
Ouvert en 2016 devant l'afflux massif de Sud-Soudanais.

Dadaab, Kenya (240 000)
Ouvert en 1992, pour accueillir les Somaliens fuyant la guerre et la famine. En 2012, près de 500 000 personnes s'y entassaient.

Kakuma, Kenya (185 000)
Ouvert en 1992 pour accueillir des Sud-Soudanais fuyant la guerre civile et des Éthiopiens.

Nyarugusu, Tanzanie (140 000)
Ouvert en 1996 pendant la guerre en République démocratique du Congo. Accueille aussi depuis 2015 des Burundais fuyant la dictature.

Zaatari, Jordanie (80 000)
Pour des réfugiés syriens, plus de 5 millions de Syriens ont fui leur pays depuis 2011.

Arrivée de migrants en Europe par la mer Méditerranée	
2017	149 785*
2016	352 822
2015	1 015 078
2014	216 054
2013	59 421
2012	22 439
2011	70 402
2010	9 654

Haut-Commissariat des Nations unies pour les réfugiés

* Sur les dix premiers mois de l'année.

L'Europe face aux migrations - Les routes migratoires

B. L'accord avec la Libye

La Commission européenne a décidé en 2017 d'aider l'Italie, en première ligne dans la crise migratoire en raison de sa position géographique. 46 millions d'euros ont été débloqués à destination des gardes-côte libyens, sous forme de vedettes d'interception, matériel ou encore formation. L'accent est également mis sur un meilleur contrôle de la frontière terrestre au sud : le ministre des Affaires étrangères italien a ainsi résumé le nouveau credo européen : *« Pour faire baisser le nombre de ceux qui arrivent chez nous, il faut faire baisser le nombre de ceux qui arrivent en Libye. Ne pas agir seulement au nord ou en mer, mais aussi à la frontière sud ».*

Dans la même optique, des accords ont été passés avec le Niger, le Tchad et le Mali pour un meilleur contrôle des frontières et surtout un meilleur contrôle des déplacements vers l'Europe.

Cette politique s'est accompagnée, d'après la presse italienne, d'accords moins avouables avec des chefs de tribus libyens, des groupes armés et des trafiquants locaux afin qu'ils régulent les départs vers l'Italie. Mis en cause, le ministre de l'Intérieur italien,

Marco Minniti, s'en est défendu, tout en multipliant les rencontres et les promesses d'aides aux responsables locaux.

De fait, après l'accord de l'été 2017, les gardes-côte libyens ont intercepté des embarcations avant qu'elles n'atteignent les eaux internationales et les ont refoulées vers la Libye. Les autorités européennes et italiennes ont joué la carte de l'efficacité en acceptant d'être très peu regardantes et de fermer les yeux sur les conséquences. Les Libyens n'interviennent en effet qu'aux limites des eaux territoriales et laissent des embarcations sombrer en mer sans intervenir à l'intérieur de la zone libyenne, interdite aux ONG. On signale aussi à l'encontre des migrants, des rançonnements et des agressions. Selon Amnesty international, il existe également une connivence entre les passeurs et gardes-côte libyens.

C. Les ONG dans le viseur

Afin de pouvoir agir à leur guise, les autorités libyennes ont décidé d'éloigner les associations humanitaires qui venaient en aide aux migrants en les accusant d'« inciter au départ ». La marine libyenne a également créé une zone de recherche et de secours, bien au-delà des 12 milles nautiques de ses eaux territoriales, et en a exclu les ONG, en les menaçant de tirs sur leurs navires de sauvetage. De son côté, l'Italie a imposé aux navires des ONG de déposer les migrants sauvés dans des ports choisis par les autorités.

2 Le contexte

A. Les migrations

La question migratoire n'est pas nouvelle mais son ampleur la rend plus sensible, le phénomène s'étant amplifié depuis le début des années 2010. Elle s'explique par la multiplication des conflits dans le monde, par la déstabilisation au Proche et au Moyen-Orient et principalement par la crise syrienne. Même si les chiffres officiels de l'année 2017 n'étaient pas connus en fin d'année, on peut affirmer qu'en cinq ans, le nombre de migrants et réfugiés a plus que doublé, de 30 à plus de 60 millions. Ces chiffres rassemblent l'ensemble des migrations, causées par les guerres principalement, mais aussi par les famines, les accidents climatiques, les raisons économiques.

Les dernières années ont été marquées par de nouveaux drames, naufrages, accidents, liés aux tentatives de migrants d'atteindre l'Europe en provenance notamment de Syrie, d'Érythrée, du Soudan, d'Afghanistan, pour fuir leur pays en ruine, en guerre, ou soumis à la folie d'un dictateur. En 2017, le déplacement de centaines de milliers de Rohingyas, population apatride de Birmanie, a également marqué l'opinion.

Les mesures d'empêchement mises en place dans un État n'ont eu pour effet que de déplacer le phénomène dans un pays voisin ou plus éloigné. Ainsi, des zones très lointaines des pays en crise ont vu arriver des réfugiés syriens.

» La **Syrie** vit une situation de guerre civile depuis 2011. Le pays est exsangue, le conflit a causé la mort de plus de 330 000 personnes et provoqué le déplacement de plus de cinq millions de Syriens hors de leurs frontières. Dix autres millions sont déplacés à l'intérieur du pays et ont fui les zones de combats.
L'**Irak** est un autre territoire où l'État n'exerce qu'en partie son autorité. Son occupation par l'armée américaine à partir de 2003 a entraîné un bouleversement politique durable, qui s'est accentué après le départ des dernières troupes américaines en 2011.
Dirigé par le dictateur **Omar el-Béchir** poursuivi par la Cour pénale internationale (CPI), le **Soudan** est en conflit avec son jeune voisin, le **Soudan du Sud**, indépendant depuis 2011. Depuis fin 2013, le Soudan du Sud est éprouvé par une guerre civile qui a fait plusieurs dizaines de milliers de morts. Des millions de Soudanais et de Soudanais du Sud fuient leurs pays.
L'**Érythrée** subit depuis 23 ans le régime dictatorial du président Issayas Aferworki. Un rapport de l'ONU a dénoncé les « crimes contre l'humanité » commis par le pouvoir. Les droits humains élémentaires y sont bafoués.
La **Somalie** est touchée par le terrorisme islamiste des *shebab*, l'État est inexistant.
Le **Yémen** est secoué par une guerre civile sanglante.

B. Réfugiés - migrants

Terme générique, « **migrant** » désigne toutes les personnes qui migrent quels qu'en soient les contextes ou les raisons. Un migrant est défini par l'ONU comme une personne née dans un pays et résidant dans un autre. Cela peut concerner des étudiants à l'extérieur de leur pays d'origine, ou ceux qui fuient leur pays pour échapper à un danger, ou simplement pour améliorer leurs conditions de vie (migration économique).
Un **réfugié** est une personne reconnue par un État comme ayant fui son pays en raison de menaces sérieuses pour sa vie. Le réfugié doit apporter la preuve de ces menaces. Le Haut-commissariat des Nations unies pour les réfugiés reconnaît d'office le droit à être considéré comme réfugié aux Syriens et Afghans. Mais tous les États ne reconnaissent pas automatiquement ce droit. Juridiquement, l'appellation « réfugié » n'est pas neutre. La convention de Genève de 1951, ratifiée par 145 pays, accorde des droits aux réfugiés et donne des devoirs aux États (ne pas renvoyer les réfugiés dans un pays où leur vie serait en danger).

C. En mer

En 2013, l'Italie a mené, seule, l'opération sauvetage en mer « **Mare Nostrum** », qui a permis de sauver environ 150 000 personnes en seulement une année. Fin 2014, l'intervention de l'Union européenne a permis de remplacer « Mare Nostrum » par l'opération « Triton », consistant en plusieurs dizaines de navires qui patrouillent en mer Méditerranée pour venir en aide aux réfugiés. Cette opération est menée par FRONTEX : créée en 2004, **FRONTEX** est l'agence européenne chargée de la surveillance des frontières extérieures de l'espace Schengen. Son siège est curieusement situé à Varsovie en Pologne, très loin de ses lieux d'intervention.

» FRONTEX aide les États membres confrontés à des crises aux frontières extérieures de l'Union. L'agence met à disposition des États membres une force de réaction rapide de gardes-frontières. Elle doit gérer 44 000 kilomètres de frontières maritimes et 9 000 kilomètres de frontière terrestre. FRONTEX coordonne notamment l'opération Triton.
Une force d'un millier d'hommes, « EU Navfor Med », dotée d'un porte-avions italien, a été déployée en 2016.

17

D. L'Europe en échec

Devant le nombre important de migrants entrant en Europe *via* deux pays, l'Italie et la Grèce, les Européens ont décidé en septembre 2015 de modifier la règle imposant que la demande d'asile d'un migrant soit traitée dans le premier État de l'UE traversé (Règlement de Dublin). Selon le principe annoncé de « relocalisation », les États membres ont ainsi décidé de la répartition en deux ans de 160 000 réfugiés, depuis ces deux pays vers le reste de l'Union. Mais cet accord est un échec complet, moins de 20 000 personnes ont été « relocalisées » comme cela était prévu. La Hongrie, la Pologne, la République tchèque en ont tout bonnement refusé le principe, les autres l'ont appliqué au ralenti, comme la France.

» L'action de la France

L'État français a annoncé la création de 12 500 places d'hébergement pour les demandeurs d'asile et les réfugiés d'ici à 2019. Le Premier ministre, Édouard Philippe, a aussi promis un raccourcissement du délai de procédure de demande d'asile (14 mois aujourd'hui) grâce à une augmentation de moyens pour les structures concernées.
La France souhaite aussi être présente dans le Sud libyen, le nord du Niger et le nord du Tchad pour y traiter sur place des demandes d'asile afin de décourager ceux qui ne seraient pas éligibles à l'asile, tout en favorisant l'arrivée de ceux qui le sont.
En 2016, 85 000 migrants ont déposé des demandes d'asile en France, environ 100 000 en 2017.
En 2016, 40 % ont obtenu l'asile, soit environ 35 000 personnes.

» L'espace Schengen

En 1957, à la création de la Communauté économique européenne (CEE), l'idée de libre circulation des hommes et des marchandises à l'intérieur des pays européens était déjà présente. Mais c'est la pression économique qui, au début des années 1980, va faire tomber les frontières. Le 14 juin 1985, la Belgique, le Luxembourg, l'Allemagne, les Pays-Bas et la France se retrouvent à Schengen, petit village luxembourgeois proche des frontières, et élaborent un accord de suppression des frontières communes. Cet accord supprime les barrières douanières et facilite la circulation des personnes. L'accord est effectif dix ans plus tard, en 1995. Aujourd'hui, Schengen concerne près de 420 millions d'habitants, répartis dans 26 États membres.
Tous les États de l'Union européenne ont adhéré à l'espace Schengen, à l'exception du Royaume-Uni et de l'Irlande qui ne le souhaitent pas, ainsi que de la Roumanie, la Bulgarie, la Croatie et Chypre, qui sont en attente d'application de l'accord.
Quatre États qui ne sont pas membres de l'UE ont rejoint l'espace Schengen : la Suisse, le Lichtenstein, la Norvège et l'Islande.
Le principe de Schengen est une libre circulation sans frontière à l'intérieur de l'espace et un renforcement des frontières extérieures.
Les États signataires gardent le droit de rétablir les contrôles à leurs frontières de manière temporaire et exceptionnelle.

Membres de l'Union européenne, OTAN, espace Schengen

3 Thème de réflexion

›› L'Europe entre impuissance et cynisme

Les réfugiés, environ 22 millions de personnes, représentent aujourd'hui 0,3 % de la population mondiale ; l'ensemble des migrants, 65 millions de personnes, moins de 1 % de celle-ci.

À l'échelle de la population européenne (environ 500 millions d'habitants), les migrants en 2017 seront loin de représenter 1 % de cette population.

Le phénomène est donc aujourd'hui mineur. Mais il suffit de regarder les projections liées au changement climatique pour se convaincre qu'il va devenir majeur : entre 250 millions et un milliard d'humains vont être déracinés dans les années à venir. Cette lecture purement statistique est évidemment incomplète, mais elle mérite d'être rappelée, au moment où certains acteurs politiques évoquent une « invasion » ou un « déferlement » sur l'Europe, faisant fi des drames humains et surtout de la concentration des réfugiés dans certaines zones. À Calais, sur l'île italienne de Lampedusa, la plus proche des côtes africaines, sur les îles grecques de Kos et de Lesbos, en mer Egée, aux points de frontières terrestres, à Ceuta et Melilla, cette concentration soulève d'autres problématiques, tant pour les réfugiés que pour les populations locales.

Selon Amnesty International, plus de la moitié des personnes déplacées dans le monde (56 %) sont accueillies dans dix pays seulement. Ces dix pays pèsent ensemble moins de 2,5 % du PIB mondial. Amnesty cite l'exemple des réfugiés syriens en pointant le différentiel entre la Jordanie et la Grande-Bretagne : le nombre d'habitants est dix fois plus important en Grande-Bretagne, le nombre de Syriens réfugiés est cent fois plus élevé en Jordanie.

Faisant preuve d'égoïsme, craignant « l'invasion », les États de l'Union européenne ont aussi démontré leur incapacité à s'accorder sur une politique d'immigration commune. À cette impuissance, l'UE a rajouté en 2017 une bonne dose de cynisme en acceptant de tourner le dos à des règles élémentaires et humanitaires acceptées jusqu'alors.

L'idée que l'UE vienne en aide, financièrement, techniquement, par transfert de compétences, en amont à des pays pour éviter que leur population ne tente de migrer n'a rien de choquant, l'UE finance des programmes variés de développement dans des pays africains.

Mais l'accord de 2017 avec la Libye, et avant lui, celui avec la Turquie en 2016, a ceci de choquant que l'Union européenne n'a posé aucune condition, même élémentaire, les États membres étant obnubilés, aveuglés par le besoin politique d'afficher une baisse de la migration. L'UE n'a pas exigé que les textes internationaux protégeant les réfugiés soient signés par la Libye, ni que la Libye intervienne pour ne pas laisser des embarcations de migrants sombrer sans réagir, en empêchant les humanitaires d'intervenir. L'UE accepte que le droit maritime international, imposant que les naufragés soient dirigés vers le port le plus proche et le plus sûr, soit bafoué : ils sont dirigés dans des camps de prisonniers, où ils peuvent être torturés, affamés, soumis à un travail obligatoire, et l'UE n'a pas exigé la présence d'observateurs internationaux et d'ONG dans ces camps.

Ce faisant, l'UE a exporté la crise migratoire à ses frontières, mais juste de l'autre côté de la frontière. La crise migratoire n'est en rien réglée, elle est juste déplacée de quelques centaines de kilomètres. Pour combien de temps ?

La planète en surchauffe

18

Le constat est le même depuis plusieurs années : la planète se réchauffe en raison de l'activité humaine. Le niveau des océans monte, la banquise diminue, des espèces animales disparaissent. Les records d'élévation de température sont battus tous les ans, les conséquences terrifiantes sont connues de tous mais la prise de conscience tarde et les dirigeants mondiaux ne transcrivent pas en actions réelles l'accord sur le climat de Paris.

1 Les faits

A. Le réchauffement climatique et ses conséquences

Les températures enregistrées à la surface du globe, la montée des océans et les émissions de **gaz à effet de serre** ont atteint en 2017 des niveaux sans précédent. Avant même la fin de l'année, on pouvait affirmer que la tendance observée se poursuivait.
Le rapport de référence de l'**Agence américaine océanique et atmosphérique** (NOAA) et de l'American Meteorological Society (AMS), auquel 500 scientifiques de plus de 60 pays ont contribué, démontre une intensification du réchauffement planétaire.
Selon la NOAA, les six premiers mois de l'année 2017 sont parmi les plus chauds enregistrés depuis 1880 et les concentrations de dioxyde de carbone (CO_2) sur la Terre ont dépassé pour la première fois le seuil de 400 ppm (parts par million). Tous les indicateurs (étendue des glaces dans l'océan Arctique, température globale des océans) vont dans le même sens. Au-delà de ces records inquiétants, le rapport souligne que la tendance à la hausse s'accélère.

» Des conséquences potentiellement dramatiques

Les répercussions sont déjà bien visibles, les événements les plus frappants de 2017 sont la violence avec laquelle les ouragans Irma et Harvey, s'intensifiant au cours de leur progression, ont frappé les Caraïbes et le sud-est des États-Unis, et les périodes de sécheresse et de mousson amplifiées au Bangladesh, au Népal et en Inde.
L'**Organisation météorologique mondiale** (OMM) affirmait fin 2017 que les événements météorologiques extrêmes avaient augmenté de 46 % dans le monde depuis 2000. Une étude montre que la hausse des températures engendrée par le réchauffement climatique pourrait rendre l'Asie du sud (20 % de la population de la planète) inhabitable

avant la fin du siècle. Et les prévisions sont alarmistes en cas de poursuite du phénomène, car il provoquerait le déplacement de plus d'un milliard de personnes dans les décennies à venir, notamment des populations fuyant pour trouver de l'eau ou pour échapper aux températures insupportables. À ces populations, s'ajouteraient celles, chassées des zones côtières ou des îles vouées à la disparition, Kiribati, Tuvalu ou Marshall, par exemple.
Plusieurs études de l'ONU soulignent également le risque important de conflits en lien avec ces déplacements de populations. La « crise migratoire » que vit aujourd'hui la planète n'est rien par rapport à ce qu'elle devra affronter, sans réaction rapide pour une diminution réelle de l'émission des gaz à effet de serre.
Des effets directs vont se produire sur l'organisation des sociétés et des économies nationales, de vastes espaces vont devenir incultivables, d'autres vont devoir changer radicalement de culture. Une étude de l'Académie américaine des sciences, parue en septembre 2017, évoque ainsi une réduction de la production de graines de café de 73 à 88 % d'ici à 2050 dans les zones aujourd'hui les plus propices à sa culture. La hausse des températures et la baisse drastique du nombre d'abeilles, indispensables en nombre suffisant pour la pollinisation, expliquent cette perspective. Les baisses les plus importantes de production pourraient toucher le Nicaragua, le Honduras et le Venezuela. Les pays dont l'économie dépend de cultures qui vont disparaître, disposeront de peu de temps pour changer de modèle.
Parmi les conséquences moins prévisibles, figure la capacité des océans à absorber le dioxyde de carbone (CO_2). Sous l'effet du courant chaud El Nino, les températures à la surface des océans ont été les plus chaudes jamais enregistrées. Or une étude publiée dans la revue américaine *Science* note qu'en absorbant le CO_2 de l'atmosphère, la composition chimique des océans s'est modifiée, en devenant plus acide, avec des conséquences importantes sur la faune et la flore. Les experts notent que les océans ont la capacité d'absorber, sans conséquences, seulement une certaine quantité de CO_2.

B. L'anéantissement biologique

Des chercheurs américains et mexicains ont analysé l'évolution de la moitié des espèces de vertébrés terrestres, mammifères, oiseaux, reptiles et amphibiens. Cette étude de grande ampleur, parue en 2017 dans Proceedings of the National Academy of Sciences, confirme celles déjà existantes : 32 % des espèces de vertébrés voient leur population diminuer, 40 % des espèces de mammifères ont vu leur aire de localisation baisser de plus de 80 % depuis 1900 et plus de 50 % des animaux ont disparu depuis quarante ans. Cette étude chiffre ce que l'on savait déjà : des espèces diminuent fortement (il ne reste que 7 000 guépards et 35 000 lions en Afrique), mais ce qui peut être plus inquiétant est que 30 % des espèces en déclin sont des espèces « courantes » dont on ne supposait pas que le nombre d'individus pourrait diminuer.
Une autre étude, publiée en octobre par la revue *PLoS One*, montre que les populations d'insectes ont chuté de près de 80 % en Europe en 27 ans, notamment en raison du recours aux pesticides et aux engrais de synthèse. Les insectes forment l'un des maillons de la chaîne alimentaire.
La Terre est entrée dans une phase d'extinction de masse en raison de la destruction des habitats sous l'effet de l'agriculture, de l'élevage, de l'exploitation du sous-sol, de la pollution et du réchauffement climatique. L'ensemble des écosystèmes pourrait s'en trouver bouleversé avec des répercussions sur la productivité des terres, l'assainissement de l'air et de l'eau ou du stockage du CO_2.

C. La planète vit à crédit

Depuis le 2 août 2017, les humains ont consommé toutes les ressources que la Terre peut produire en une année. Après le 2 août, l'homme surexploite la planète et compromet sa capacité de régénération. Cette date est calculée tous les ans par le Global Footprint

Network, un institut de recherches international établi à Oakland (Californie). Et chaque année, cette date avance dans le calendrier.

Selon les calculs du GFN, il faudrait l'équivalent de 1,7 planète pour assouvir les besoins des humains. Chaque année, l'homme abat plus d'arbres qu'il n'en plante, prélève sans compter plus de poissons qu'il n'en naît, rejette plus de CO_2 que la planète est la capable d'absorber.

Un changement d'habitudes de vie, de consommation serait indispensable, prendrait des formes différentes en fonction des pays, mais en dépit des alertes lancées, la prise de conscience du danger n'avait pas donné lieu en 2017 à de vrais plans d'actions internationaux.

2 Le contexte

A. L'accord de Paris sur le climat

Donald Trump a annoncé le 2 juin que les États-Unis souhaitaient se retirer de l'accord de Paris. L'appel en forme de clin d'œil d'Emmanuel Macron aux Américains « Make our planet great again », en paraphrase du slogan de campagne de Donald Trump, aura été vain.

L'accord de Paris sur le climat est historique mais il n'est pas suivi d'effet. Historique, car pour la première fois, à l'issue de treize jours de discussions et de longs mois de négociations en coulisses, les représentants de 195 États l'ont accepté.

Historique, car les États ont tous reconnu la réalité et la gravité de l'urgence climatique. C'est le premier accord de ce type dans la lutte collective contre le réchauffement de la planète, après l'échec du sommet de Copenhague, en 2009, où les pays s'étaient séparés sans même parvenir à un semblant d'accord.

À Paris, des pays jusqu'à présent réticents se sont engagés : la Chine, les États-Unis ont suivi la présidence française, l'Inde a accepté de suivre. L'accord a le mérite d'exister, d'être le premier et d'être ambitieux. Le document (32 pages en anglais, 39 en français) comporte deux parties, un premier texte non soumis à ratification par les États, et l'accord qui, lui, devra être ratifié dans chaque État représenté à Paris. L'accord entrera en vigueur lorsqu'il aura été ratifié par « au moins 55 pays » représentant « au moins 55 % » des émissions mondiales de gaz à effet de serre (GES).

En marge de la COP 21, trente villes européennes (en France, Lyon, Paris, Bordeaux) se sont engagées à réduire d'au moins 40 % leurs émissions de gaz à effet de serre d'ici 2030.

›› Le contenu de l'accord

L'accord a fixé un objectif plus ambitieux que l'objectif initial de la COP 21 : la limitation du réchauffement sous le seuil de 2 °C, si possible 1,5 °C par rapport aux niveaux préindustriels.

L'accord note que cela « réduirait significativement les risques et impacts du changement climatique ». 186 États sur 195 ont annoncé des mesures pour limiter ou réduire leurs émissions de GES à l'horizon 2025/2030.

L'accord prévoit une distinction entre les pays en développement et les pays développés, responsables du réchauffement déjà enregistré, en différenciant les responsabilités et les efforts demandés à chacun « sur la base de l'équité ».

Concrètement, les pays du Nord ont promis de financer à hauteur d'au minimum 100 milliards de dollars (91 milliards d'euros) par an, d'ici à 2020, les efforts des pays non développés. Il est prévu de réviser à la hausse ce montant avant 2025. Afin de ne pas prendre le risque d'une non-ratification par un État, ce dernier point ne fait pas partie de l'accord final mais d'un texte d'accompagnement.

Les pays développés ont accepté d'aider les pays en développement mais ont obtenu que ne soient pas prévues d'indemnisations au profit des pays qui vont subir des

18

préjudices climatiques. Le texte prévoit ainsi que « les pays développés doivent apporter des ressources financières pour aider les pays en développement » et que « d'autres parties sont encouragées à apporter un soutien sur une base volontaire ».
Les engagements des États seront revus tous les cinq ans. À ce jour, ils ne permettraient pas d'atteindre l'objectif fixé mais mettraient la planète sur une trajectoire d'environ + 3 °C, bien loin des 2 °C envisagés. La première révision des objectifs est prévue pour 2025, cinq ans après l'entrée en vigueur de l'accord en 2020. Plusieurs pays ont déjà annoncé qu'ils n'attendraient pas 2025. La France, l'Union européenne, les États-Unis, et plusieurs dizaines d'autres pays ont évoqué une première révision avant 2020.

» Les engagements des États

Les « gros » pollueurs

- La **Chine** (premier émetteur mondial, responsable de 25 % des émissions de GES) annonce un pic d'émission en 2030 puis une baisse. La Chine prévoit qu'en 2030, 20 % de sa production d'électricité sera de source non fossile.
- Les **États-Unis** (deuxième émetteur mondial) annoncent une diminution de 26 à 28 % d'ici à 2025 par rapport à 2005.
- L'**Inde** (troisième émetteur mondial) veut ralentir la hausse de ses émissions et porter à 40 % la part de puissance électrique en énergie non fossile d'ici à 2030.
- L'**Union européenne** propose de réduire ses émissions de 40 % d'ici à 2030, avec des disparités assez fortes entre ses membres.
- Le **Brésil** prévoit une baisse de 45 % d'ici à 2030 par rapport à 2005, et le triplement de la part des énergies renouvelables d'ici à 2030.

Les pays applaudis par les ONG

Quatre pays ont impressionné par une contribution ambitieuse et volontariste.

- L'**Éthiopie** annonce une réduction de 64 % de ses émissions de GES d'ici à 2030 par le développement des sources d'énergies renouvelables.
- Le **Maroc** annonce réduire ses émissions de 13 % d'ici à 2030 et porter à 50 % sa production d'électricité issue des énergies renouvelables d'ici à 2025.
- Le **Costa Rica** veut réduire de 25 % ses émissions de GES entre 2012 et 2030.
- La **Gambie** veut réduire de 45 % ses émissions de GES d'ici à 2030

Les mauvais élèves

Peu sensibles ou peu désireux de mobiliser des fonds.

- L'**Australie**, 13e émetteur mondial, prévoit de réduire d'ici à 2030 de 26 à 28 % les émissions de GES, par rapport à 2005.
- Le **Canada** s'est fixé une réduction de 30 % d'ici à 2030 par rapport à 2005
- Le **Japon** annonce une baisse de 26 % de ses émissions de GES par rapport à 2013.
- La **Russie** s'est engagée à baisser ses émissions de 25 à 30 % d'ici à 2030 par rapport à 1990.
- La palme du mauvais élève revient à la **Turquie** qui annonce une augmentation et une accélération de ses émissions de CO_2 de 15 % entre ses rejets actuels et 2030.

›› Les limites de l'accord

Si une forme d'unanimité s'est dégagée pour se réjouir d'un accord historique et volontaire, des voix se sont vite élevées pour en souligner les limites.

- L'annonce de l'objectif de limitation à 2 °C voire 1,5 °C est surtout une marque d'ambition mais ne repose que sur le volontarisme. D'après les objectifs chiffrés communiqués par les différents États, la hausse de la température serait de 3 °C, un résultat très insuffisant. Le **Groupe d'experts intergouvernemental sur l'évolution du climat** (GIEC) a établi qu'une baisse sensible de 40 % à 70 % des émissions mondiales de GES d'ici à 2050 serait nécessaire pour éviter des catastrophes climatiques incontrôlables. Aujourd'hui, on est loin du compte.
- L'un des principaux reproches fait à l'accord est l'absence de disposition coercitive pour les États en cas de non-respect, même si le texte emploie des termes qui engagent les signataires et qu'un comité d'experts sera chargé de superviser dans le temps les engagements des pays. On sait déjà que plusieurs pays sont en dessous de leurs engagements.
- Le texte ne comporte pas explicitement de référence à l'abandon des ressources fossiles (des pays producteurs de pétrole ou dont l'industrie est gourmande en charbon s'y sont opposés).
- La date de 2025, première échéance de révision des contributions, est jugée très tardive par beaucoup. « Il y a le feu et on appellera les pompiers dans dix ans », ont ainsi résumé des responsables d'ONG.
- Des ONG regrettent que les émissions de GES du transport maritime et aérien ne soient pas prises en compte. Ces émissions de GES représentent environ 10 % des émissions mondiales.

›› Les émissions des gaz à effet de serre

Les 10 plus gros émetteurs = 70 % des émissions mondiales

1. Chine 24 %
2. USA 15 %
3. Union européenne 10 %
4. Inde 6 %
5. Russie 4,9 %
6. Japon 2,9 %
7. Brésil 2 %
8. Iran 1,6 %
9. Indonésie 1,6 %
10. Canada 1,5 %

B. Démographie

Au moment où l'homme exploite de manière excessive et sans discernement les ressources de la planète, l'évolution démographique peut inquiéter. D'après le Département des affaires économiques et sociales des Nations unies, la population mondiale va fortement augmenter dans les années à venir : 7,6 milliards d'habitants en 2017 ; 8,6 en 2030 ; 9,8 en 2050 et 11,2 en 2100.

3 Thème de réflexion

» Chiche, on ne fait rien…

Prendre des mesures impopulaires, de restriction, de modification forte des comportements n'est pas forcément chose naturelle et facile, surtout pour éviter un futur qui, objectivement, ne nous concernera pas directement. Pour se persuader du besoin d'agir et vite, il suffit d'observer les conséquences directes que l'on commence seulement à identifier.

Si rien n'était fait pour limiter les émissions de GES, la température du globe connaîtrait une hausse de 5 °C en 2100. Les conséquences les plus visibles seraient l'élévation du niveau des mers, des canicules à répétition, la disparition d'espèces animales.

Le niveau des mers

D'après les spécialistes, une hausse des températures de 2 °C provoquerait l'élévation de 40 cm du niveau des océans à la fin du siècle (sous l'effet de la fonte des glaces) ; à + 3 °C : 60 cm, et à + 4/5 °C : 80 cm, voire plus.

Avec une hausse de 2 °C, les océans couvriraient à terme une zone peuplée par 280 millions de personnes ; à + 3 °C : 400 millions de personnes ; à + 4 °C : plus de 600 millions.

Dans tous les cas de figure, des villes comme New York, Hong Kong, Shanghai, Bombay seront concernées et des millions d'habitants déplacés, les économies de plusieurs dizaines de pays très directement impactées.

La canicule, les inondations

Les épisodes caniculaires semblent aujourd'hui inéluctables mais leur fréquence pourrait varier dangereusement. Dans l'hypothèse d'une hausse de 4/5 °C, les étés seraient plus chauds que les records connus.

À + 2 °C, d'ici à 2100, 30 millions de personnes seraient chaque année frappées par des inondations. À + 3 °C, elles seraient 60 millions. Les ouragans seraient d'une violence inédite jusqu'à présent et leur fréquence accrue.

La vie bouleversée

D'après le GIEC, les impacts seraient « graves, étendus et irréversibles ».

Incapables de s'adapter, de nombreuses espèces animales seraient menacées d'extinction.

L'homme ne pourrait plus pêcher comme il le fait aujourd'hui, la sécurité alimentaire ne serait plus garantie, d'autant que les sécheresses feraient baisser sensiblement les rendements céréaliers.

Les hausses de températures, sécheresses, inondations, entraîneraient aussi inévitablement des déplacements massifs de population qui entreraient en conflit pour avoir accès aux ressources, à l'eau notamment.

Les lanceurs d'alerte espèrent des jours meilleurs

Certains sont restés anonymes, d'autres ont été propulsés en « une » de l'actualité, comme Julian Assange, Edward Snowden, Bradley (Chelsea) Manning. Ils ont en commun d'avoir, au nom de l'intérêt général, mis en lumière des crimes ou délits, souvent commis par leur employeur, au péril de leur carrière. Seuls ou avec l'aide de la presse, ils dénoncent les scandales avec un idéal de justice mal récompensé. Le Parlement européen a commencé à leur venir en aide en adoptant un texte de protection en 2017, la Commission européenne augmentera-t-elle cette protection en le transformant en directive en 2018 ?

1 Les faits

Seuls ou relayés par la presse organisée en consortium, les **lanceurs d'alerte** ont depuis plusieurs années multiplié les révélations, notamment de fraudes fiscales. Certains le payent en années de prison, comme Chelsea Manning, d'autres voient leur carrière brisée.

Considérés par certains États ou de grandes multinationales peu respectueuses de la législation fiscale comme des traîtres qui doivent être logiquement condamnés, les lanceurs d'alerte sont au cœur de l'actualité. D'autres réclament protection, récompense, aide pour ces héros des temps modernes qui informent le grand public au nom de l'intérêt général sur le comportement anormal, délictueux, voire criminel de leurs dirigeants.

Médias - À qui appartiennent les médias français ?

» **Chelsea Manning libérée**

Bradley Manning, qui avait diffusé en 2010, via WikiLeaks, plus de 700 000 documents confidentiels sur les guerres d'Irak et d'Afghanistan, prouvant des exactions américaines, dont plus de 200 000 échanges impliquant la diplomatie américaine, est sorti de prison, à 29 ans, après avoir changé d'identité sexuelle.

Traître à la nation américaine pour les uns, héros de libertés pour les autres, il avait été condamné à 35 ans de prison par une cour martiale, en a purgé 7.

L'ancien président Barack Obama avait commué la peine de Chelsea Manning juste avant de quitter la Maison Blanche.

» **Julian Assange - en partie - soulagé**

L'Australien Julian Assange, 45 ans, fondateur de WikiLeaks, vit enfermé à Londres, dans les murs de l'ambassade d'Equateur, pays qui lui a fourni ce « refuge » pour échapper à une possible extradition. Le 19 mai 2017, la justice suédoise a mis un terme aux poursuites pour viol à son encontre, une accusation qu'il dénonçait comme une volonté de l'emprisonner.

Si le risque d'extradition vers la Suède (et potentiellement vers les États-Unis ensuite) s'est éloigné pour Julian Assange, ses ennuis judiciaires sont toujours présents : la justice britannique l'accuse d'avoir enfreint en 2012 les conditions de sa liberté sous caution au Royaume-Uni ; l'administration américaine déclare en avril 2017 que son arrestation est une « priorité ». Donald Trump, qui a dénoncé la libération de Manning comme une faiblesse de l'administration Obama, veut apparaître comme celui qui fera condamner le responsable de WikiLeaks.

» **Perrin relaxé, Deltour et Halet condamnés**

Le 15 mars 2017, la justice luxembourgeoise a jugé en appel les acteurs du LuxLeaks (voir ci-après).

La relaxe du journaliste Édouard Perrin a été confirmée, mais les deux autres prévenus, Antoine Deltour et Raphaël Halet, employés d'un cabinet d'audit luxembourgeois, ont été condamnés respectivement à six mois de prison avec sursis et 1 500 € d'amende et à une amende de 1 000 €. Les lanceurs d'alerte ont annoncé leur pourvoi en cassation, dont l'audience devait se tenir fin 2017.

» **L'Europe en soutien aux lanceurs d'alerte ?**

Les parlementaires européens ont voté fin octobre un texte de protection des lanceurs d'alerte. Ils ont suivi la commission des affaires juridiques du Parlement européen qui avait déjà adopté en début de mois le texte de la députée française Virginie Rozière. Ce texte définit de manière large les lanceurs d'alerte et liste de nombreux domaines possibles d'intervention : fiscalité, santé, environnement...

Il définit également le rôle de lanceur d'alerte pour le journalisme d'investigation, veut garantir la confidentialité des sources, sanctionner toutes les représailles possibles dans l'environnement du lanceur d'alerte et prévoir une protection judiciaire et financière en cas de procès.

Il évoque la création d'une agence européenne indépendante pour conseiller les lanceurs d'alerte.

La Commission européenne devrait s'emparer de la question en 2018 et pourrait proposer une directive (une loi européenne). En 2013, le Parlement européen avait déjà appelé la Commission européenne à prendre des mesures pour protéger les lanceurs d'alerte... en vain.

» **L'assassinat de Daphné Caruana Galizia**

La journaliste et bloggeuse maltaise de 53 ans avait fait de la lutte contre la corruption son cheval de bataille. Elle a été assassinée le 16 octobre 2017. Elle avait enquêté sur des proches du Premier ministre travailliste de Malte et sur le chef de l'opposition nationaliste.

» **Paradise Papers**

En novembre, 96 médias dans le monde, partenaires du **Consortium international des journalistes**, publient une enquête qui met au jour les méthodes d'optimisation fiscale dont profitent les multinationales et les grandes fortunes mondiales pour échapper à l'impôt. Plusieurs enquêtes fiscales et judiciaires sont lancées, notamment sur des paradis fiscaux au sein même de l'Union européenne.

2 Le contexte

L'Affaire des Panama Papers

L'affaire des « Panama Papers » est la révélation en 2016, par le Consortium international des journalistes d'investigation (**International Consortium of Investigative Journalists** (ICIJ) : 190 journalistes issus de 65 pays différents), d'un vaste système d'évasion fiscale et de création de sociétés offshore via des sociétés « prête-nom » au Panama.

À partir d'un corpus de plus de 11 millions de documents, une centaine de journaux dans le monde ont décrypté les montages financiers opérés par des hommes politiques, sportifs, entrepreneurs, milliardaires, épinglés dans cette vaste enquête internationale. Le Premier ministre islandais lui-même, Sigmundur David Gunnlaugsson, est poussé à la démission pour avoir profité de cette évasion fiscale. La France décide de réinscrire le **Panama** sur la liste des paradis fiscaux et de mener des enquêtes sur les banques ou personnalités citées.

Ce nouveau scandale planétaire met une nouvelle fois en lumière le rôle des lanceurs d'alerte, dont le statut n'est pas protégé au niveau international.

Snowden, toujours réfugié à Moscou

Edward Snowden, 34 ans, est un ancien consultant de l'Agence de sécurité nationale américaine (NSA) qui a révélé certains programmes de surveillance massive des communications aux États-Unis.

En 2013, le journal britannique *The Guardian,* et un titre américain, *The Washington Post,* affirmaient que la NSA et le FBI ont fait pression sur les géants américains de l'internet (Microsoft, Yahoo!, Google, Facebook) pour intercepter et surveiller les communications d'internautes.

Edward Snowden fuit les États-Unis et, depuis Hong Kong, révèle être la source des fuites. Il affirme que son pays surveille des centaines de milliers d'ordinateurs dans le monde.

Washington commence sa traque et demande l'extradition de l'informaticien. Il est inculpé pour espionnage, vol et utilisation illégale de biens gouvernementaux. Snowden rejoint Moscou, la Russie lui offrant l'asile.

En juillet 2013, le journal allemand *Der Spiegel* publie des informations d'Edward Snowden sur l'espionnage de l'Union européenne par la NSA, notamment dans ses représentations à Washington et à l'ONU. La France et l'Allemagne exigent aussitôt des explications. Angela Merkel, dont le téléphone portable aurait été espionné, hausse le ton.

En France, le journal *Le Monde* révèle que la NSA a effectué 70 millions d'enregistrements de données téléphoniques de Français entre le 10 décembre 2012 et le 8 janvier 2013.

Les révélations d'Edward Snowden touchent de très nombreux pays.

En décembre 2016, *Le Monde* révèle encore, toujours sur la base des informations d'Edward Snowden, que les services secrets britanniques et américains espionnaient les communications en vol des avions de plusieurs compagnies, dont Air France. « Le signal transitant par satellite, la technique d'interception se fait par des stations secrètes d'antennes au sol. Le seul fait que le téléphone soit allumé suffit à le localiser, l'interception peut alors être croisée avec le registre des listes de passagers et les numéros des avions, pour mettre un nom sur l'utilisateur du smartphone », écrit le journal.

Toujours réfugié à Moscou, qui a prolongé son visa en 2017, Edward Snowden est considéré comme un criminel par les États-Unis.

WikiLeaks

Fondé par **Julian Assange**, WikiLeaks est une ONG qui a rassemblé et diffusé sur le net des milliers de documents classés secret-défense par l'administration américaine ; ces

documents concernaient notamment les guerres en Irak et en Afghanistan, ainsi que les échanges entre dirigeants mondiaux, et particulièrement des télégrammes diplomatiques.
C'est l'analyste **Bradley Manning** qui avait transmis environ 700 000 documents militaires et diplomatiques au site WikiLeaks, alors qu'il était analyste du renseignement en Irak, de novembre 2009 à son arrestation en mai 2010. Certains de ces documents mettent en cause l'armée américaine ; des crimes de guerre perpétrés par les États-Unis y sont mentionnés. On y trouve la vidéo d'une bavure sur des civils irakiens, une autre sur le meurtre de civils afghans par l'armée américaine en mai 2009, des preuves de comportements indécents de soldats sur des détenus, des dossiers confidentiels sur des détenus de Guantanamo qui montrent qu'il n'existe aucune charge pour certains d'entre eux, des preuves d'utilisation de la torture par les militaires.
Les documents ont été publiés par étapes, de février 2010 à septembre 2011. Cinq quotidiens internationaux ont relayé ces informations à partir de novembre 2010 : *The New York Times, The Guardian, Der Spiegel, Le Monde, El Pais.*

» **LuxLeaks**
Antoine Deltour et Raphaël Halet ont été employés d'un cabinet d'audit luxembourgeois, PricewaterhouseCoopers. Ils ont découvert un système d'optimisation fiscale complexe qui permet à des grandes entreprises de réduire leurs impôts grâce à des filiales domiciliées au Luxembourg, avec la complicité des autorités luxembourgeoises qui négocient des accords secrets avec ces grandes firmes.
Ils dénoncent ce système, des journalistes enquêtent et le consortium ICIJ dévoile l'affaire **LuxLeaks** : des centaines d'accords fiscaux négociés entre des multinationales et l'État luxembourgeois .

» **SwissLeaks**
Ex-informaticien de la filiale suisse de la banque HSBC, Hervé Falciani est l'acteur majeur du scandale « **SwissLeaks** ». Ses informations ont permis à un consortium de journalistes mené par *Le Monde* de dévoiler un immense système d'évasion fiscale européen. Grâce à ces révélations, la France, notamment, a pu identifier des milliers d'évadés fiscaux. Hervé Falciani a été condamné par défaut à cinq ans de prison par la justice suisse, il vit en France sous protection et avec la promesse de ne pas être extradé.

» **UBS**
Stéphanie Gibaud est en 2008 directrice marketing chez UBS France. Elle reçoit l'ordre de détruire des documents qui prouvent un système d'évasion fiscale organisé par la banque. Elle refuse : des chargés de clientèle suisses prospectaient en France pour proposer des comptes cachés à des clients. Un an plus tard, Stéphanie Gibaud porte plainte contre son employeur, subit menaces, intimidation, avant d'être licenciée et vit dans des conditions précaires, tout en ayant permis la condamnation d'UBS.

3 Thème de réflexion

» **Une loi bien timide**
La loi française de protection des lanceurs d'alerte, « loi relative à la transparence, à la lutte contre la corruption et à la modernisation de la vie économique », dite « loi Sapin 2 » est entrée en application en 2017, après promulgation.
Elle définit le lanceur d'alerte comme « *une personne physique qui révèle ou signale, de manière désintéressée et de bonne foi, un crime ou un délit, une violation grave et manifeste d'un engagement international régulièrement ratifié ou approuvé par la France, d'un acte unilatéral d'une organisation internationale pris sur le fondement d'un tel engagement, de la loi ou du règlement, ou une menace ou un préjudice graves pour*

l'intérêt général, dont elle a eu personnellement connaissance. » Elle prévoit la protection pour le lanceur d'alerte qui ne pourra subir de pression ou représailles de la part de son employeur sous peine d'un an d'emprisonnement et de 15 000 € d'amende. Pour respecter la loi, le lanceur d'alerte devra signaler initialement cette alerte au déontologue de l'entreprise ou de l'administration concernée, au supérieur hiérarchique, à l'autorité judiciaire et en dernier ressort à l'opinion publique.

La loi définit les lanceurs d'alerte comme des personnes physiques, excluant du champ de la loi les institutions représentatives du personnel dans une entreprise : un comité d'entreprise, un comité d'hygiène et de sécurité (CHSCT), une délégation unique du personnel (DUP) ne peuvent être considérés comme des lanceurs d'alerte.

Elle précise également que le lanceur d'alerte doit être « désintéressé » et de « bonne foi ». Le législateur a ainsi voulu éviter que des lanceurs d'alerte agissent pour des intérêts financiers.

On peut toutefois s'interroger sur la manière dont les tribunaux estimeront « l'intérêt » ou la « bonne foi » des lanceurs d'alerte, lorsqu'il est question de salariés d'une entreprise qui dénoncera la « volonté de nuire » intéressée des lanceurs d'alerte.

La loi interdit à tout lanceur d'alerte, sauf « en cas de danger grave et imminent ou en présence d'un risque de dommages irréversibles », de divulguer son information aux médias et à la société civile sans avoir au préalable alerté sa hiérarchie, puis une autorité judiciaire ou administrative.

On imagine aisément les pressions ou intimidations que pourraient exercer les hiérarchies aux lanceurs d'alerte, même si toute tentative d'empêcher le signalement d'une alerte est punie d'un an de prison et de 15 000 € d'amende.

La notion d'« intérêt général » est aussi problématique pour les juristes. Si les faits révélés sont réels, délictueux, mais ne concernent qu'une catégorie de salariés ou un petit nombre de personnes, seront-ils considérés « d'intérêt général » ?

Enfin, le lanceur d'alerte devra, dit la loi, avoir eu « personnellement connaissance » des faits qu'il dénonce. Que dira la justice sur des faits rapportés à la connaissance du lanceur d'alerte ?

Si ce texte de loi a le mérite d'exister et marque une étape importante dans la reconnaissance et la protection des lanceurs d'alerte en droit français, il porte en lui ces terminologies floues qui risquent de rendre difficile la qualification de « lanceur d'alerte ».

Et, au-delà de ce texte, un lanceur d'alerte licencié par son employeur sera certes « protégé », son licenciement pour faute sera requalifié mais il est difficile d'imaginer une réintégration dans l'entreprise et dans certaines branches professionnelles, la possibilité de retrouver un emploi.

La paix passe par la fin du nucléaire

Le Nobel de la paix, le plus attendu et souvent le plus polémique des prix Nobel, est attribué « *à celui qui aura agi le plus ou le mieux pour la fraternisation des peuples, l'abolition ou la réduction des armées permanentes ainsi que pour la formation et la diffusion de congrès de la paix* ». Les membres du Comité Nobel ont récompensé en 2017 la Campagne internationale pour l'abolition des armes nucléaires (ICAN).

1 Les faits

» **Le prix Nobel de la paix à l'ICAN**

La question nucléaire était dans tous les esprits au moment de décerner le prix Nobel de la paix 2017. L'escalade diplomatique entre Washington et Pyongyang après le sixième essai nucléaire nord-coréen, le 3 septembre, et les réticences de l'administration Trump à confirmer l'accord nucléaire iranien l'avaient replacée au cœur de l'actualité. Parmi les 318 candidats au Nobel de la paix figuraient plusieurs acteurs de l'accord sur le nucléaire iranien, signé en 2015 entre la communauté internationale et l'Iran. Les chefs des diplomaties européenne, **Federica Mogherini**, iranienne, **Mohammad Javad Zarif** et américaine, **John Kerry**, étaient donnés comme possibles lauréats.

Les « Casques blancs » syriens, ces 3 000 bénévoles qui risquent leur vie pour sauver les civils victimes des frappes et des combats en Syrie, avaient cette année encore obtenu des soutiens, comme le médecin congolais Denis Mukwege, le blogueur saoudien emprisonné Raef Badaoui et le lanceur d'alerte américain, Edward Snowden.

C'est finalement à l'ICAN (*International Campaign to Abolish Nuclear Weapons*), un regroupement de plusieurs centaines d'ONG fondé en 2007, que le prix a été attribué. Financé par des donateurs privés et des États, l'ICAN, qui avait lancé une vaste campagne pour l'abandon de l'arme nucléaire, avait fait adopter par 122 pays à l'ONU en juillet 2017 un traité historique sur l'interdiction de l'arme nucléaire. Soixante-douze ans après les bombardements de Hiroshima et Nagasaki, ce traité expose le principe de l'interdiction « de la mise au point, du stockage, ou de l'utilisation de la menace d'utiliser l'arme atomique ». Toutes les puissances nucléaires (*cf.* éclairage ci-après) ont toutefois refusé de signer ce traité, rendant sa portée toute symbolique.

20

» Les puissances nucléaires dans le monde

Cinq États ayant procédé à des essais nucléaires avant 1967 sont actuellement considérés comme puissances nucléaires officielles : **États-Unis**, **Russie**, **France**, **Grande-Bretagne** et **Chine**. En 1968, était signé un traité international, le **Traité de non-prolifération nucléaire** (TNP), qui stipule que seuls ces cinq États sont autorisés à détenir l'arme nucléaire, et implique des accords avec l'**Agence internationale de l'énergie atomique** (AIEA).

Le TNP comporte trois axes majeurs : le désarmement, la vérification du caractère pacifique des programmes nucléaires nationaux et l'utilisation civile de l'atome. Les pays membres se réunissent annuellement dans une conférence de suivi.

L'**Inde** et le **Pakistan** sont deux autres puissances nucléaires déclarées depuis leurs essais atomiques de mai 1998. Ces deux États n'ont pas souscrit aux obligations du TNP.

Israël, qui refuse également de signer le TNP, dispose selon les experts militaires étrangers d'un arsenal comprenant plusieurs centaines d'ogives nucléaires.

La **Corée du Nord**, qui a procédé à plusieurs essais nucléaires, notamment en 2017, est capable de produire l'arme nucléaire mais ne maîtrise pas encore parfaitement la miniaturisation. La Corée est sortie du TNP en janvier 2003.

Plusieurs pays ont officiellement renoncé à un armement nucléaire, dont l'**Afrique du Sud**, l'**Argentine**, le **Brésil**.

» Le Nobel de la paix engagé contre la prolifération nucléaire

D'autres personnalités ou mouvements ont obtenu le Nobel de la paix pour leurs efforts contre les armes de destruction massive.

2005 : l'Agence internationale de l'énergie atomique (AIEA) et son directeur Mohamed El Baradei (Égypte) et « leurs efforts visant à prévenir l'usage de l'énergie nucléaire à des fins militaires ».

1995 : le Mouvement anti nucléaire Pugwash et son créateur, Joseph Rotblat pour « leurs efforts pour réduire et, à plus long terme, éliminer les armes nucléaires dans le monde ».

1985 : l'Internationale des médecins pour la prévention contre la guerre nucléaire pour son action pour « la prise de conscience des conséquences d'une guerre nucléaire ».

1982 : les diplomates suédois Alva Myrdal et mexicain Alfonso Garcia Robles, pour les négociations aux Nations unies sur le désarmement.

1975 : le dissident et physicien nucléaire Andreï Sakharov (URSS), pour sa lutte en faveur du désarmement nucléaire.

1974 : le Premier ministre japonais Eisaku Sato, qui a renoncé à l'option nucléaire pour le Japon.

1962 : le chimiste et physicien américain Linus Carl Pauling, pour sa campagne contre les essais nucléaires.

1959 : l'homme politique britannique Philip Noel-Baker, pour son action afin d'empêcher la guerre nucléaire entre les États-Unis et l'Union soviétique.

Les derniers lauréats du prix Nobel de la paix	
2017	Campagne internationale pour l'abolition des armes nucléaires (ICAN).
2016	Le président colombien **Juan Manuel Santos**, « pour ses efforts déterminés en vue de mettre fin à la guerre civile qu'a connue le pays pendant plus de 50 ans et qui a provoqué le déplacement de près de six millions de personnes ».
2015	Le quartet de la paix en Tunisie, pour sa contribution à la construction d'une démocratie pluraliste en Tunisie.
2014	**Malala Yousafzai** et **Kailash Satyarthi**, pour leur combat contre l'oppression des enfants et des jeunes et pour le droit de tous les enfants à l'éducation.

2013	L'Organisation pour l'interdiction des armes chimiques (OIAC) pour ses efforts visant à débarrasser la planète de ces armes de destruction massive.
2012	L'Union européenne qui a contribué à pacifier un continent ravagé par deux guerres mondiales.
2011	**Ellen Johnson Sirleaf** et **Leymah Gbowee** (Liberia), et **Tawakkol Karman** (Yémen) pour leur lutte non-violente en faveur de la sécurité des femmes et de leurs droits à participer aux processus de paix.
2010	**Liu Xiaobo** (Chine) pour ses efforts durables et non-violents en faveur des droits de l'Homme en Chine.
2009	**Barack Obama** (États-Unis) pour ses efforts en vue de renforcer la diplomatie internationale et la coopération entre les peuples.
2008	**Martti Ahtisaari** (Finlande) pour ses nombreuses médiations de paix à travers le monde.
2007	**Al Gore** (États-Unis) et le panel de l'ONU sur le climat (**Groupe intergouvernemental d'experts sur l'évolution du climat**, GIEC) pour leurs efforts permettant d'accroître les connaissances sur le changement climatique.

» Bilan 2017 des prix Nobel

Prix Nobel	Lauréat	Objet
Médecine	Les généticiens américains **Jeffrey C. Hall**, **Michael Rosbash** et **Michael W. Young**	Ils ont éclairé les mécanismes moléculaires qui règlent le rythme circadien. Leurs travaux portent sur l'adaptation du corps au cycle du jour et de la nuit, les troubles du sommeil et leurs effets sur la santé.
Physique	Les astrophysiciens américains **Rainer Weiss**, **Barry Barish** et **Kip Thorne**	Ils ont créé LIGO (Laser Interferometer Gravitational-Wave Observatory), formé de deux détecteurs identiques qui ont directement observé les ondes gravitationnelles pour la première fois en septembre 2015. Cela confirme une prédiction d'Albert Einstein dans sa théorie de la relativité générale.
Chimie	Le Suisse **Jacques Dubochet**, l'Américain **Joachim Frank** et le Britannique **Richard Henderson**	Développement de la technique de « cryo-microscopie électronique » pour déterminer la structure à haute résolution des protéines en solution.
Littérature	L'écrivain britannique **Kazuo Ishiguro**	« Par des romans d'une puissante force émotionnelle, il a révélé l'abîme sous notre illusoire sentiment de confort dans le monde » (comité Nobel)
Paix	**Campagne internationale pour l'abolition des armes nucléaires** (ICAN)	Pour son action pour la dénucléarisation de la planète, et « un encouragement » aux pays non-signataires du traité de l'ICAN d'interdiction de mise au point, de stockage ou de menace d'utilisation de l'arme atomique.
Économie	L'économiste américain **Richard Thaler**	Pour ses travaux sur les mécanismes psychologiques et sociaux dans les décisions des consommateurs ou des investisseurs.

2 Le contexte

» L'histoire des Nobel

Le prix Nobel porte le nom de son créateur, **Alfred Nobel**. Savant, chimiste, industriel, né en Suède en 1833, il a décidé de léguer sa fortune à une institution chargée de récompenser tous les ans ceux « qui, au cours de l'année précédente, se sont consacrés au plus grand intérêt de l'humanité ».

Depuis 1901, la fondation Nobel remet ainsi les prix à ses lauréats selon les modalités définies par Alfred Nobel :
- à celui qui aura fait la découverte ou l'invention la plus importante dans le domaine de la physique ;
- à celui qui aura fait la découverte ou le progrès le plus remarquable en chimie ;
- à celui qui aura fait la découverte la plus importante dans le domaine de la physiologie ou de la médecine ;
- à celui qui aura produit dans le domaine littéraire l'œuvre la plus remarquable d'une tendance idéaliste ;
- à celui qui aura agi le plus ou le mieux pour la fraternisation des peuples, l'abolition ou la réduction des armées permanentes ainsi que pour la formation et la diffusion de congrès de la paix.

Les comités chargés de remettre les prix sont les suivants : l'Académie suédoise pour la littérature, le Karolinska Institutet pour la médecine, l'Académie royale suédoise des sciences pour la physique et la chimie, et pour la paix, un groupe d'hommes et de femmes spécialement élus par le Parlement norvégien.

En 1968, la Banque centrale de Suède décide de créer un prix de sciences économiques en mémoire d'Alfred Nobel, et octroie une somme équivalente aux autres prix (8 millions de couronnes suédoises), gérée par la Fondation Nobel. C'est la naissance, décalée, du prix Nobel d'économie.

» Brèves de Nobel

- Deux lauréats ont refusé leur prix : Jean-Paul Sartre (littérature en 1964) et le Premier ministre du Vietnam Le Duc Tho (paix 1973) car il refusait de le partager avec son co-lauréat, le secrétaire d'État américain Henry Kissinger.
- Le plus âgé des Nobel avait 90 ans à l'attribution du prix, il s'agit de l'Américain d'origine russe Leonid Hurwicz, prix d'économie 2007. La plus jeune, la Pakistanaise Malala Yousafzai (paix 2014) avait 17 ans.
- La parité n'est pas de mise… 5 % des prix Nobel décernés le sont à des femmes.
- Nobel chez les Curie… une affaire de famille ! En 1903, le couple Pierre et Marie Curie reçoit le prix de physique. Huit ans plus tard, Marie Curie est récompensée, cette fois par celui de chimie. Elle est la première – et seule à ce jour – femme double lauréate. En 1935, Irène Joliot-Curie, sa fille, et son mari Frédéric Joliot reçoivent à leur tour le prix de chimie. Une autre de ses filles, Ève Curie, a elle épousé un Nobel de la paix, Henry Richardson Labouisse, directeur de l'Unicef, prix Nobel de la paix 1965.
- May-Britt Moser et Edvard Moser ont été récompensés en 2014 du prix Nobel de médecine. Les Moser sont le cinquième couple de l'histoire à recevoir conjointement un Nobel.
- Des lauréats n'ont pas été autorisés à recevoir leur prix :
  - par interdiction d'Hitler pour les Allemands Richard Kuhn (chimie 1938), Adolf Butenandt (chimie 1939) et Gerhard Domagk (médecine 1939) ;
  - par interdiction du pouvoir soviétique pour Boris Pasternak (littérature 1958) ;
  - parce qu'ils étaient incarcérés, pour trois lauréats du Nobel de la paix : le pacifiste allemand Carl von Ossietzky (1935), l'opposante birmane Aung San SuuKyi (1991), le dissident chinois Liu Xiaobo (2010), mort en captivité en 2017. Aung San SuuKyi a reçu son prix et prononcé son discours le 16 juin 2012 à Oslo, plus de vingt ans après son attribution.
- À 49 reprises, le Comité Nobel a décidé de ne pas décerner de prix. Le palmarès du prix Nobel de la paix est ainsi resté vierge à 19 reprises, la dernière fois en 1972.

» La France et les Nobel

Les lauréats français		
Discipline	**Lauréats**	**Année**
Médecine	Charles Louis Alphonse Laveran	1907
	Alexis Carrel	1912
	Charles Richet	1913
	Charles Jules Henri Nicolle	1928
	François Jacob, André Lwoff et Jacques Monod	1965
	Jean Dausset	1980
	Françoise Barré-Sinoussi et Luc Montagnier	2008
	Jules Hoffmann	2011
Économie	Maurice Allais	1988
	Jean Tirole	2014
Physique	Henri Becquerel, Pierre et Marie Curie	1903
	Gabriel Jonas Lippmann	1908
	Jean-Baptiste Perrin	1926
	Charles Louis-Victor de Broglie	1929
	Alfred Kastler	1966
	Louis Néel	1970
	Pierre-Gilles de Gennes	1991
	Georges Charpak	1992
	Claude Cohen-Tannoudji	1997
	Albert Fert	2007
	Serge Haroche	2012
Chimie	Henri Moissan	1906
	Marie Curie	1911
	Victor Grignard et Paul Sabatier	1912
	Frédéric Joliot et Irène Joliot-Curie	1935
	Jean-Marie Lehn	1987
	Yves Chauvin	2005

Discipline	Lauréats	Année
Littérature	Sully Prudhomme	1901
	Romain Rolland	1915
	Anatole France	1921
	Henri Bergson	1927
	Roger Martin du Gard	1937
	André Gide	1947
	François Mauriac	1952
	Albert Camus	1957
	Saint-John Perse	1960
	Jean-Paul Sartre	1964
	Claude Simon	1985
	Gao Xingjian	2000
	Jean-Marie Gustave Le Clézio	2008
	Patrick Modiano	2014
Paix	Frédéric Passy	1901
	Louis Renault	1907
	Aristide Briand	1926
	Paul d'Estournelles de Constant	1909
	Léon Bourgeois	1920
	Ferdinand Buisson	1927
	Léon Jouhaux	1951
	Albert Schweitzer	1952
	René Cassin	1968

3 Thème de réflexion

» La légitimité des prix Nobel

Les prix Nobel ont acquis au fil des années une telle notoriété et une telle importance que leur légitimité pose question.

Ils sont décernés chaque année par un comité de cinq membres, nommés par le parlement norvégien. Ce comité distribue ces prix de renommée mondiale avec un prisme très spécifique, norvégien, européen, alors que les retombées ou répercussions sont mondiales.

Régulièrement, des voix s'élèvent pour discuter la légitimité de ces prix dont les lauréats sont choisis dans une grande opacité. L'attribution du Nobel de la paix à un chef d'État peut apparaître comme une forte ingérence dans la politique d'un pays : en 2011, son attribution à Ellen Johnson Sirleaf s'était faite en pleine campagne électorale pour la présidence du Liberia, provoquant la stupeur de ses opposants.

En 2017, c'est une polémique autour de la lauréate 1991, la dirigeante birmane **Aung San Suu Kyi**, en pleine crise des **Rohingyas**, dont l'image est ternie par l'absence de condamnation du drame vécu par une partie de son peuple.

En 2016, son attribution au président colombien n'a pas provoqué de levée de boucliers mais a toutefois surpris car il a été attribué pour un accord de paix… rejeté par référendum par les Colombiens.

En 2012, ce sont les eurosceptiques qui affirment avoir cru à un canular ; des voix se sont élevées pour dénoncer cette attribution à une Union européenne accusée à leurs yeux de tous les maux en cette période de crise économique.
En 2010, l'attribution du prix au dissident chinois Liu Xiaobo a provoqué la colère de la Chine, furieuse qu'un homme jugé comme un délinquant par le pouvoir chinois soit reconnu et décoré.
En 2009, le président américain Barack Obama a été décoré ; les soldats américains étaient encore déployés en Afghanistan et en Irak.
En 1973, l'Américain Henry Kissinger reçoit le prix Nobel de la paix, à la suite des accords de Paris qui avaient mis fin à la guerre du Vietnam. Il était aussi à cette période, secrétaire d'État lors de l'Opération Condor, une campagne d'assassinats d'opposants politiques dans des dictatures d'Amérique latine soutenues par les États-Unis.
Enfin, le comité Nobel n'a pas fait preuve d'une grande clairvoyance en nommant à cinq reprises le Mahatma Gandhi... sans jamais lui attribuer le prix ; le comité a même décidé en 1948 de ne pas attribuer le prix Nobel de la paix faute de candidat crédible.
D'autres attributions ont, avec le recul, paru surprenantes ou même choquantes.

- Le prix Nobel de chimie de 1918 a été décerné à l'Allemand Fritz Haber pour des travaux sur l'ammoniac, décisifs pour l'agronomie. Fritz Haber est pourtant le père des gaz toxiques utilisés pendant la Première Guerre mondiale. Il en avait supervisé l'utilisation à Ypres.
- En 1912 déjà, un autre chimiste, Français, Victor Grignard, avait obtenu le prix Nobel pour ses travaux sur les gaz.
- Les bombardements nucléaires meurtriers d'Hiroshima et Nagasaki n'ont pas empêché le comité Nobel de récompenser Otto Hahn, prix Nobel de chimie en 1944 pour sa découverte de la fission des noyaux. Il est l'un des « pères » du nucléaire.
- Le Portugais Egas Moniz, prix Nobel de médecine 1949 pour sa découverte de la valeur thérapeutique de la leucotomie dans certaines psychoses a été fortement décrié par la communauté médicale, choquée de la mise en valeur de l'instigateur de la lobotomie.

Les noms de l'actualité en 2017

1 France

A. Politique

» Le portrait : Simone Veil

Disparue à 89 ans en juin 2017, Simone Veil, ancienne déportée, ministre, présidente du Parlement européen, auteure de la loi autorisant l'avortement en France, était souvent désignée personnalité politique préférée des Français dans les baromètres d'opinion. Déportée en 1944 à Auschwitz, où périrent sa mère et une des sœurs, elle entreprend des études de droit à la Libération et devient en 1970 la première femme secrétaire générale du Conseil supérieur de la magistrature (CSM).

En 1974, elle entre en politique dans les gouvernements de Raymond Barre et Jacques Chirac, au ministère de la Santé. Son nom est indissociable de la « loi Veil » de 1975 : devant une Assemblée nationale très masculine et en partie très hostile, elle a défendu avec courage cette loi permettant aux femmes d'avorter.

Européenne convaincue, elle a présidé le Parlement européen de 1979 à 1982 et y a siégé jusqu'en 1993.

Pendant deux ans, de 1993 à 1995, elle est encore à la tête d'un grand ministère des Affaires sociales, de la santé et de la ville dans le gouvernement d'Édouard Balladur, avant de rejoindre le Conseil constitutionnel, la présidence de la fondation pour la mémoire de la Shoah, et l'Académie française en 2008.

Simone Veil a été inhumée au Panthéon, avec son mari, Antoine Veil, dans cette nécropole laïque des « grands hommes » auxquels la Patrie est « reconnaissante ».

» Les élections en 2017

- **Philippe Poutou**, candidat du Nouveau Parti Anticapitaliste (NPA), extrême gauche, a obtenu 1,09 % des suffrages au premier tour de l'élection présidentielle, un peu moins de 400 000 voix. Déjà candidat en 2012 (1,15 %), il est ouvrier dans une usine automobile de la région de Bordeaux.
- **Nathalie Arthaud**, candidate de Lutte Ouvrière (LO), extrême gauche, a obtenu 0,64 % des suffrages au premier tour de l'élection présidentielle, environ 230 000 voix. En 2012, elle avait obtenu 0,56 % des voix, 200 000 voix.

- **Jean Lassalle**, député centriste des Pyrénées-Atlantiques, ancien proche de François Bayrou, a obtenu 1,21 % des suffrages au premier tour de l'élection présidentielle, un peu plus de 430 000 voix. Fils de berger, il a voulu porter pendant la campagne le thème de la défense de la ruralité.
- **Jacques Cheminade**, fondateur du parti politique Solidarité et progrès, a obtenu 0,18 % des suffrages (environ 65 000 voix) au premier tour de l'élection présidentielle. Déjà candidat en 1995 (0,27 %) environ 85 000 voix, et en 2012, 0,25 %, environ 90 000 voix.
- **François Asselineau**, souverainiste et europhobe, avait tenté sans succès d'obtenir suffisamment de parrainages en 2012. Il a obtenu 0,92 % au premier tour de l'élection présidentielle, environ 330 000 voix.
- **Christophe Borgel**, membre du parti socialiste, ancien député de Haute-Garonne, a présidé le comité d'organisation de la primaire citoyenne de la gauche.
- **Agnès Roblot-Troizier**, déontologue de la nouvelle Assemblée nationale, elle est docteure en droit public.

» À gauche

- Jean-Christophe Cambadélis, membre du Parti socialiste, député de Paris pendant plus de 20 ans de 1997 à 2017. Premier secrétaire du PS depuis 2014, il a démissionné en 2017 après les débâcles électorales du PS.
- **Olivier Faure**, président du groupe **Nouvelle Gauche**, qui désigne désormais le groupe des élus socialistes à l'Assemblée nationale. Réélu député de Seine-et-Marne en 2017.
- **Vincent Peillon**, candidat de la primaire de la Belle Alliance Populaire (primaire de la gauche), a obtenu 6,8 % des suffrages. Ancien député de la Somme et ministre de l'Éducation nationale de 2012 à 2014.
- **Arnaud Montebourg**, troisième homme de la primaire de la Belle Alliance Populaire avec 17,5 % des suffrages (déjà candidat lors de la primaire de 2011). Député de Saône-et-Loire pendant quinze ans, ministre de l'Économie de 2012 à 2014, il a quitté le gouvernement, en désaccord avec François Hollande et Manuel Valls.
- **Jean-Luc Bennahmias**, a obtenu 1 % lors de la primaire de la Belle Alliance Populaire, dernier des sept candidats. Ancien écologiste passé par le MoDem.
- **François de Rugy**, président de l'Assemblée nationale depuis juin 2017. Député de Loire-Atlantique depuis 2007. Longtemps membre du parti EELV, il y a prôné le rapprochement avec la gauche. Candidat de la primaire de la gauche, au nom du parti écologiste, il obtient 3,82 % des suffrages, avant de rejoindre Emmanuel Macron et d'être réélu député, cette fois sous l'étiquette LREM.
- **Sylvia Pinel**, membre du Parti radical de Gauche (PRG) qu'elle préside depuis 2016. Ministre de 2012 à 2016 (logement, égalité des territoires, artisanat, commerce, tourisme). A obtenu 1,97 % des suffrages lors de la primaire de la Belle Alliance Populaire. Réélue députée en 2017 (LREM n'a pas présenté de candidat contre elle).
- **Matthias Fekl**, éphémère ministre de l'Intérieur en 2017. Il a succédé à Bernard Cazeneuve, devenu Premier ministre après la démission de Manuel Valls.
- **Yannick Jadot**, député européen EELV, désigné par la primaire écologiste pour représenter EELV à la présidentielle, a finalement décidé de ne pas se présenter pour rejoindre le candidat socialiste Benoît Hamon.
- **Lionel Zinsou**, ex-Premier ministre du Bénin, a été élu en 2017 président du centre de réflexion (*think tank*) Terra Nova.

» À LREM

- **Richard Ferrand**, ex-socialiste rallié très tôt à En Marche !, est devenu la cheville ouvrière du mouvement. Il est ministre de la Cohésion du territoire dans le premier gouvernement Philippe puis élu président du groupe LREM à l'Assemblée nationale.

- **Christophe Castaner**, porte-parole du Gouvernement, secrétaire d'État chargé des relations avec le Parlement, a été réélu en 2017 député des Alpes de-Haute-Provence. Tête de liste du PS aux élections régionales de 2015, il a rejoint En Marche ! en 2016. Élu à la présidence du mouvement en novembre 2017.
- **Sibeth Ndiaye**, conseillère presse pour les affaires nationales auprès du chargé de communication de l'Elysée. Elle a rencontré Emmanuel Macron au ministère de l'Économie où elle était chargée de mission presse et communication. À la fondation du mouvement En Marche !, elle suit le ministre et se chargera de sa communication pendant la campagne présidentielle.
- **Bruno Roger-Petit** a été nommé en 2017 porte-parole de l'Elysée. C'est un ancien journaliste, de France Télévision notamment.
- **Jean Pisani-Ferry**, 65 ans, économiste. A rejoint Emmanuel Macron au début de sa campagne.

» À droite

Christine Boutin, 73 ans, a annoncé son retrait de la vie politique. Députée des Yvelines de 1986 à 2007, candidate à la présidentielle de 2002 (1,19 %), ministre du Logement de Nicolas Sarkozy, cette fervente catholique s'était opposée au PACS et avait pris part au mouvement contre le mariage aux couples de même sexe.

» À l'extrême droite

- **Florian Philippot**, ancien vice-président du FN, démissionnaire en septembre 2017. Il représentait la ligne souverainiste du parti, par opposition à une ligne identitaire incarnée par des élus majoritairement du sud de la France se focalisant sur les questions d'immigration et d'identité. Battu aux élections législatives de 2017, il est poussé hors du parti. Il a fondé son propre parti, Les Patriotes.
- **Steeve Briois**, maire FN d'Hénin-Beaumont (Pas-de-Calais) et député européen, vice-président et secrétaire général du FN. Proche Marine Le Pen dont il est le suppléant à l'Assemblée nationale.
- **Jean-François Jalkh** a été nommé président par intérim du FN pendant la campagne présidentielle de Marine Le Pen. Il a quitté ce poste à la suite de la polémique provoquée par d'anciens propos négationnistes qu'il aurait tenus.
- **Catherine Griset**, chef de cabinet de Marine Le Pen, mise en examen dans l'enquête française sur les assistants parlementaires européens de Marine Le Pen.
- **Thierry Légier**, garde du corps de Marine Le Pen, et avant elle de Jean-Marie Le Pen, mis en examen dans l'enquête française sur les assistants parlementaires européens de Marine Le Pen.

» Ils sont morts

- **Henri Emmanuelli**, 71 ans, premier secrétaire du PS (1994-1995), président de l'Assemblée nationale (1992-1993), plusieurs fois ministre (1981-1986), fut un des hommes forts du PS dont il incarnait l'aile gauche. C'était un proche de François Mitterrand. Élu député des Landes pour la première fois en 1978, et président du conseil général en 1982, il gardera ses mandats pendant trois décennies.
- **Robert Vigouroux**, 94 ans, ancien maire socialiste de Marseille, il avait succédé en 1986 à l'emblématique Gaston Defferre dont il était proche, puis avait remporté l'élection de 1989 contre le candidat officiel du parti socialiste.
- **Nicole Bricq**, 70 ans, ministre de François Hollande de 2012 à 2014 (écologie et commerce extérieur), députée et sénatrice de Seine-et-Marne, elle fut l'une des premières parlementaires socialistes à rejoindre Emmanuel Macron après la création d'En Marche !.
- **Pierre Arpaillange**, 92 ans, magistrat, garde des Sceaux de François Mitterrand (1988-1990), avait été procureur général près la cour d'appel de Paris, puis procureur général près la Cour de cassation. A terminé sa carrière comme premier président de la Cour des comptes.

- **Michel Durafour**, 97 ans, ancien maire de Saint-Étienne, ministre du Travail de 1974 à 1976 sous la présidence de Valéry Giscard d'Estaing et de la Fonction publique, dans le gouvernement de Michel Rocard (1988-91), sous la présidence de François Mitterrand.
- **Bernard Bosson**, 69 ans, ancien député-maire centriste d'Annecy (1986-2007), plusieurs fois ministre de 1986 à 1995 (Collectivités locales, Affaires européennes, Équipement, Transports, Tourisme).
- **Jack Ralite**, 89 ans. Il fut l'un des quatre ministres communistes du gouvernement de Pierre Mauroy, entre 1981 et 1984.

B. Justice

- **Denis Baupin**, ancien élu écologiste, ancien vice-président de l'Assemblée nationale, attaqué en justice par huit femmes l'accusant d'agressions et de harcèlement sexuels. Les plaintes ont été classées sans suite pour prescription.
- **Serge Dassault**, ancien sénateur, 92 ans, PDG du groupe Dassault, condamné à 5 ans d'inéligibilité et 2 millions d'euros d'amende pour avoir dissimulé au fisc des dizaines de millions d'euros.
- **Thomas Thévenoud**, ex-secrétaire d'État, condamné à trois mois de prison avec sursis et un an d'inéligibilité pour fraude fiscale.
- **François Léotard**, ancien ministre, mis en examen en 2017 par la Cour de justice de la République (CJR) pour des soupçons de financement occulte de la campagne présidentielle d'Édouard Balladur en 1995 dans le cadre de l'affaire Karachi.
- **Paul Giacobbi**, ancien député de Corse, condamné en 2017 par le tribunal correctionnel de Bastia à trois ans de prison ferme et cinq ans d'inéligibilité pour des détournements de fonds publics au préjudice du conseil général qu'il présidait de 2007 à 2010.
- **Patrick Henry**, 64 ans, l'un des plus anciens détenus de France, incarcéré depuis 40 ans pour le meurtre d'un enfant, libéré en 2017 en raison de son état de santé.
- **Marcel** et **Jacqueline Jacob**, grand-oncle et grand-tante de Grégory Villemin, mis en examen pour leur implication présumée dans l'enlèvement et le meurtre de l'enfant en 1984. C'est l'une des grandes énigmes policières de la fin du xxe siècle en France.
- **Cédric Herrou**, agriculteur dans la vallée franco-italienne de la Roya, a été condamné en 2017 pour avoir facilité le passage de migrants à la frontière. Il est l'un des représentants emblématiques des Français venant en aide aux migrants.
- **Philippe Barbarin**, archevêque de Lyon, a été renvoyé devant le tribunal correctionnel de Lyon où il sera jugé du 4 au 6 avril 2018 pour ne pas avoir dénoncé à la justice des agressions pédophiles.
- **Adeline Hazan**, contrôleure générale des prisons.
- **François Molins**, procureur de Paris.
- **Mohamed Abrini**, suspect-clé des attaques terroristes de Paris et Bruxelles. C'est « l'homme au chapeau » de l'attentat à l'aéroport de Bruxelles-Zaventem. Il a été remis en 2017 aux autorités françaises.
- **Salah Abdeslam**, principal suspect des attentats de Paris et Saint-Denis du 13 novembre 2015, arrêté à Bruxelles puis transféré en France. Ces attentats avaient provoqué la mort de 130 personnes. Plusieurs centaines d'autres avaient été blessées.

» Ils sont morts

- **Paul Lombard**, 89 ans, célèbre avocat pénaliste présent dans les grands procès au pénal des dernières décennies. A écrit de nombreux ouvrages sur la justice et les affaires plaidées.
- **Thierry Lévy**, 72 ans, avocat pénaliste.
- **Jean-Michel Lambert**, 65 ans, premier juge d'instruction de « l'affaire Grégory », s'est donné la mort en 2017.

- **Roger Knobelspiess**, 69 ans, condamné en 1972 pour un braquage qu'il niait avoir commis, avait été gracié par François Mitterrand en 1981. À nouveau condamné en 1983, il est acquitté en 1986. A écrit plusieurs ouvrages pour dénoncer les erreurs judiciaires et les conditions de détention dont *QHS : quartier haute sécurité*, écrit en prison, vendu à plus de 300 000 exemplaires et qui dénonce les quartiers de haute sécurité.
- **Jean-Louis Turquin**, 68 ans, condamné en 1997 pour l'assassinat de son fils porté disparu, ce qu'il a toujours nié. L'affaire Turquin est une énigme judiciaire sur fond de séparation douloureuse des parents d'un enfant de 8 ans, Charles-Édouard.

C. Économie et social

- **Didier Migaud**, président de la Cour des comptes.
- **Christiane Lambert**, présidente de la FNSEA, a succédé à Xavier Beulin à la tête du premier syndicat agricole français.
- **Philippe Martinez**, secrétaire général de la CGT (Confédération générale du travail), la plus ancienne organisation syndicale de France, née en 1895.
- **Alexandre Bompard**, PDG de Fnac Darty, a succédé à Georges Plassat à la tête du géant de la distribution Carrefour.
- **Isabelle Kocher**, directrice financière de GDF Suez, devenue directrice générale du géant français de l'énergie et première dirigeante d'un groupe du CAC 40.
- **Patrick Drahi**, propriétaire d'Altice, maison-mère de l'opérateur SFR. Il a regroupé ses différents titres et entreprises de presse autour d'Altice Médias (*Libération*, *L'Express-L'Expansion*, RMC, BFM) et SFR.
- **Carlos Tavares**, président du directoire de PSA (Peugeot Citroën).
- **Éric Lombard**, nommé directeur général de la Caisse des dépôts en novembre 2017.

» Ils sont morts

- **Liliane Bettencourt**, 94 ans, héritière du fondateur de L'Oréal, était la femme la plus riche au monde d'après le magazine Forbes. Elle se trouvait au centre d'une affaire judiciaire ouverte à l'origine pour un abus de faiblesse à ses dépens, devenue une affaire de financement politique.
- **François Chérèque**, 60 ans, secrétaire général de la CFDT de 2002 à 2012. C'est sous sa direction, en 2003, que la CFDT avait sombré dans la crise après la validation de la réforme des retraites. De 2014 à 2016, Chérèque a aussi présidé l'Agence du service civique et le *think tank* Terra Nova. Il était le fils de Jacques Chérèque, ministre de l'Aménagement du territoire et aux reconversions dans le gouvernement Rocard (1988-1991).
- **Louis Viannet**, 84 ans, ancien secrétaire général de la CGT entre 1992 et 1999. Il avait mené l'opposition au plan Juppé de 1995.
- **Xavier Beulin**, 58 ans, présidait depuis 2010 la FNSEA, le plus important syndical agricole.
- **Edmond Maire**, 86 ans, a dirigé la CFDT de 1971 à 1988. Il est reconnu comme un défenseur du dialogue social.

D. Société

- **Pierre de Villiers**, chef d'état-major des armées françaises démissionnaire, en désaccord avec Emmanuel Macron.
- **Thomas Pesquet**, spationaute français. A passé six mois dans l'espace à bord de la Station spatiale internationale (ISS). Dixième Français à s'envoler dans l'espace, le premier depuis 2008.
- **Antoine Deltour** et **Raphaël Halet**, lanceurs d'alerte condamnés en appel à des peines d'amende (et de prison avec sursis pour le premier). Le journaliste **Édouard Perrin** a quant à lui été acquitté. Ils avaient mis au jour le scandale **LuxLeaks**, une optimisation fiscale de multinationales via le Luxembourg.

» Ils sont morts

- **Évelyne Sullerot**, 92 ans, militante féministe, sociologue et cofondatrice du Planning familial. Elle a écrit une vingtaine d'ouvrages sur la condition féminine.
- **Christian Cabrol**, 91 ans, grande figure de la chirurgie, auteur de la première greffe cardiaque en Europe, dont on célébrera les 50 ans en 2018.
- **Alain Senderens**, 77 ans, un des plus grands chefs français, chef de file de la « nouvelle cuisine » dans les années 1970 avec Michel Guérard, Paul Bocuse, Alain Chapel et Pierre Troisgros.
- **Christian Millau**, 88 ans, journaliste et critique gastronomique, cofondateur du guide culinaire *Gault et Millau* avec Henri Gault. Il avait lancé dans les années 1970 un manifeste de « nouvelle cuisine » au retentissement mondial et avait promu de nombreux chefs talentueux dont Michel Guérard et Joël Robuchon.

E. Culture

» Le portrait : Jeanne Moreau

Avec la disparition de Jeanne Moreau, morte à 89 ans, le cinéma français a perdu l'une de ses plus grandes figures encore en vie. Pendant ses soixante années de carrière, elle avait joué avec les plus grands réalisateurs dans plus d'une centaine de films, devenus pour certains des classiques du cinéma : *Journal d'une femme de Chambre* de Luis Buñuel, en 1964, *Jules et Jim* de François Truffaut, en 1962, *La Notte* de Michelangelo Antonioni (1961), *Ascenseur pour l'échafaud* (1958) ou *Viva Maria* (1965) de Louis Malle... Lauréate en 1960 du prix d'interprétation féminine à Cannes (pour *Moderato Cantabile*, de Peter Brook), elle est la seule comédienne à avoir présidé deux fois le jury du Festival de Cannes : en 1975 puis en 1995. Elle fut aussi récompensée du César de la meilleure actrice pour *La vieille qui marchait dans la mer*, en 1992 puis d'un César d'honneur en 1995 et d'un « Super César d'honneur », en 2008.
Jeanne Moreau avait participé il y a soixante-dix ans au tout premier Festival d'Avignon en interprétant des pièces de Jean Vilar ; en 2011, elle était remontée sur les planches d'Avignon dans *Le condamné à mort* de Jean Genet.

» Ils sont morts

- **Jean Rochefort**, 87 ans, acteur populaire dans de nombreuses comédies qui ont marqué le public pendant des décennies, dont *Cartouche* en 1961, *Le grand blond avec une chaussure noire, Le retour du grand blond, Un éléphant ça trompe énormément* dans les années 1970. Il est lauréat de trois Césars, en 1976 pour un second rôle dans *Que la fête commence* de Bertrand Tavernier, en 1978 pour *Le crabe-tambour* et en 1999 pour l'ensemble de sa carrière.
- **Mireille Darc**, 79 ans, actrice populaire, a joué dans une cinquantaine de films, majoritairement des comédies, dont une quinzaine de Georges Lautner, son réalisateur fétiche. Dans *La grande sauterelle, Des pissenlits par la racine, Les Barbouzes, Le grand blond avec une chaussure noire, L'homme pressé, Mort d'un pourri, Borsalino, Les Seins de glace*, elle a promené sa silhouette élancée et son carré blond de grande séductrice. Elle avait été mariée à une autre légende du cinéma, Alain Delon.
- **Victor Lanoux**, 80 ans, comédien et scénariste. *Un éléphant ça trompe énormément, Nous irons tous au paradis, Cousin, cousine, Adieu poulet* ont marqué une carrière riche au cinéma, mais aussi au théâtre et à la télévision pour des séries et téléfilms.
- **Alain Berbérian**, 63 ans, cinéaste français, réalisateur de *La Cité de la peur, Le Boulet, L'enquête corse*.
- **Emmanuelle Riva**, 89 ans, actrice révélée au grand public par son rôle dans *Hiroshima mon amour* d'Alain Resnais en 1959 : elle interprète une actrice amoureuse d'un architecte japonais après la Seconde Guerre mondiale. Plus récemment, sa prestation dans *Amour* (2012) de Michael Haneke, où elle évoque la fin de vie avec Jean-Louis Trintignant, fut largement saluée.

- **Danielle Darrieux**, 100 ans, actrice légendaire du cinéma français à la carrière d'une longévité exceptionnelle, *Madame de...* (1953), *Les Demoiselles de Rochefort* (1967), *Huit femmes* (2002)...
- **Claude Rich**, 88 ans, figure familière du théâtre et du cinéma français, où il incarnait élégance et malice, a joué dans une cinquantaine de pièces et près de quatre-vingt films dans lesquels il a interprété des rôles très différents : dans *Le souper*, qui lui vaut un César en 1993, il incarne Talleyrand, dans *Paris brûle-t-il ?* en 1966, le général Leclerc... Il fut salué pour son jeu dans le *Crabe-tambour* en 1977.
- **Jean-Marc Thibault**, 93 ans, comédien, longtemps compère de Roger Pierre dans l'un des plus populaires tandems comiques du théâtre français. Il a joué dans des comédies et des séries et téléfilms pour la télévision.
- **Max Gallo**, 85 ans, historien et académicien, auteur d'une centaine de romans et d'ouvrages historiques. Révélé par *La baie des Anges*, en 1976, il a écrit plusieurs biographies de personnages historiques, deux sagas (Napoléon Bonaparte, De Gaulle). Max Gallo fut aussi porte-parole du gouvernement en 1983-1984, secrétaire d'État et député européen. Il fut proche de François Mitterrand, puis de Jean-Pierre Chevènement et plus tard de Nicolas Sarkozy. Il était membre de l'Académie française depuis 2007.
- **Gonzague Saint Bris**, 69 ans, écrivain, auteur d'une cinquantaine d'ouvrages, principalement des biographies. Il avait obtenu le prix Interallié en 2002 pour *Les Vieillards de Brighton*. Il était également journaliste pour *Le Figaro* et critique littéraire.
- **Tzvetan Todorov**, 77 ans, théoricien de la littérature du langage, historien des idées, traduit dans plus de vingt-cinq langues. A enseigné dans les grandes universités américaines.
- **Pierre Bergé**, 86 ans, homme d'affaires, homme de médias (il était l'un des trois patrons du groupe *Le Monde*), homme de culture et mécène. Ancien compagnon d'Yves Saint Laurent, il avait fondé la Fondation Bergé-Saint Laurent.
- **Pierre Henry**, 89 ans, compositeur français, l'un des pères de la musique électroacoustique, considéré comme précurseur de la musique électro.
- **Georges Prêtre**, 92 ans, chef d'orchestre français. Il a régulièrement dirigé l'Orchestre symphonique de Vienne et à deux reprises (2008 et 2010) le prestigieux concert du Nouvel an du Philharmonique de Vienne. Il fut « la baguette » des plus grands orchestres mondiaux, au Metropolitan Opera de New York, à la Scala de Milan et l'Orchestre philharmonique royal de Londres.
- **Anne Bert**, 59 ans, romancière. Son euthanasie en Belgique a relancé le débat sur la liberté pour les personnes atteintes d'une maladie incurable de choisir leur fin de vie. Elle souffrait de la maladie de Charcot.
- **Robert Hirsch**, 92 ans, homme de théâtre.
- **Françoise Héritier**, 84 ans, ethnologue et anthropologue.
- **Jean d'Ormesson**, 92 ans, écrivain français, membre de l'Académie française (1973), auteur de fictions historiques et essayiste.
- **Johnny Hallyday** (pseudonyme de Jean-Philippe Smet), 74 ans, chanteur français. Depuis ses débuts dans les années 1960, marqués par le rock'n'roll qu'il a contribué à populariser en France, il a élargi son répertoire au blues et à la variété. Il a également été acteur au cinéma (J.-L. Godard, Costa Gravas).

F. Médias

- **Olivier Schrameck**, président du Conseil supérieur de l'audiovisuel (CSA).
- **Delphine Ernotte**, présidente du groupe France Télévision.
- **Loup Bureau**, journaliste français, emprisonné en Turquie pendant une cinquantaine de jours pour avoir réalisé un reportage auprès de groupes de combattants kurdes syriens considérés comme des terroristes par le pouvoir turc. Il risquait une peine de prison pour appartenance à « une organisation terroriste armée ».
- **Laurent Van der Stockt**, photographe belge, a remporté le prix le plus prestigieux du festival international de photojournalisme « Visa pour l'Image » (Perpignan) pour sa couverture de la bataille de Mossoul en Irak, pour le quotidien *Le Monde*.

» Ils sont morts

- **Jean-Christophe Averty**, 88 ans, homme de radio, éclectique, réalisateur, producteur, musicien. Il a animé pendant plus de trente ans l'émission *Les Cinglés du music-hall.*
- **Pierre Bouteiller**, 82 ans, une des dernières grandes voix de la radio. Journaliste, producteur, passionné de musique et de culture, il avait présenté pendant de longues années *Le masque et la Plume* (France Inter). Il a été directeur de France Inter de 1989 à 1996 et de France Musique de 1999 à 2004.
- **Jean Miot**, 77 ans, ancien patron du *Figaro* (1993-1996) et de l'AFP (1996-1999).
- **Claude Contamine**, 87 ans, ancien PDG d'Antenne 2 et de FR3.
- **Hervé Ghesquière**, 54 ans, journaliste, grand reporter à France Télévisions. Il avait été retenu en otage plus d'un an en Afghanistan.
- **Paul Wermus**, 71 ans, journaliste et polémiste.
- **Philippe Vecchi**, 53 ans, journaliste, ancien animateur vedette de la chaîne Canal+ dans les années 1990.

G. Sport

» Le portrait : Raymond Kopa

Mort à 85 ans, Raymond Kopa était une légende du football français. Vainqueur de trois coupes d'Europe avec le Real Madrid (1957, 1958, 1959), il avait aussi remporté le ballon d'or en 1958. Né dans le bassin minier du Pas-de-Calais, dans une famille d'immigrés polonais, il a joué en France à Angers (dont le stade a été rebaptisé à son nom en 2017) puis à Reims de 1951 à 1956. Il est l'un des premiers Français à avoir tenté l'aventure à l'étranger (Madrid).

Son nom est aussi associé à la coupe du Monde de 1958 où la France a atteint les 1/2 finales, battues par le Brésil de Pelé. Cette année-là, Raymond Kopa fut le premier Français à soulever le ballon d'or. Troisième en 1956 et 1957 et deuxième en 1959, il est avec Lionel Messi et Cristiano Ronaldo, l'un des trois joueurs dans l'histoire du football à avoir figuré quatre fois dans le tiercé de tête.

- **Teddy Riner**, 28 ans, a obtenu en 2017 son 9e puis 10e titre de champion du monde. Invaincu depuis septembre 2010. À ses titres mondiaux s'ajoutent deux titres olympiques en 2012 à Londres et en 2016 à Rio.
- Le **Paris Saint-Germain**, section football, est dans le collimateur de l'UEFA, l'instance européenne du football qui a ouvert une enquête dans le cadre du fair-play financier, une réglementation qui exige un équilibre financier. Le PSG a recruté le Brésilien Neymar contre 222 millions d'euros et le Monégasque Kylian Mbappé, 180 millions d'euros. Depuis 2010, les clubs ne peuvent avoir un déficit supérieur à 30 millions d'euros sur trois exercices. Le PSG avait déjà été sanctionné en 2014.
- **Noël Le Graët**, 75 ans, a été réélu en mars 2017 pour quatre ans à la tête de la Fédération française de football (FFF).
- **Nathalie Boy de la Tour**, première femme présidente de la Ligue de football professionnel.
- **Bernard Laporte**, président de la Fédération française de rugby (FFR), empêtré dans une affaire de conflit d'intérêts. A obtenu de la Fédération internationale l'organisation de la coupe du Monde.
- **Christopher Froome**, le Britannique a remporté son quatrième Tour de France cycliste en 2017.
- **Nikola** et **Luka Karabatic**, deux frères membres de l'équipe de France de handball championne du monde, ont été condamnés en appel à deux mois de prison avec sursis et 10 000 € d'amende. La justice estime que les deux joueurs du club de Montpellier ont truqué un match pour gagner des paris sportifs.

» Ils sont morts

- **Élie Cester**, 74 ans, deuxième ligne du XV de France de rugby de 1966 à 1974, victorieux du Grand Chelem en 1968.

- **Adrien Duvillard**, 82 ans, triple champion du monde de ski alpin en 1963, 1965 et 1969 et père du skieur Adrien Duvillard junior.
- **Jérôme Golmard**, 43 ans, tennisman, frappé par la maladie de Charcot. Numéro un français en 1999, il s'était hissé au 22e rang mondial.
- **Zacharie Noah**, 79 ans, footballeur du club de Sedan vainqueur de la coupe de France en 1961. Il était le père du champion de tennis Yannick Noah.
- **Jean Poczobut**, 80 ans, président de la Fédération française d'athlétisme (FFA) de 1993 à 1997. De 1977 à 1984, il avait été entraîneur national, directeur technique national de l'athlétisme français et, de 1990 à 1992, directeur de la préparation olympique.
- **Jean Vuarnet**, 83 ans, skieur, champion olympique de descente en 1960. Il a pratiqué mais aussi réfléchi sur son sport, et a notamment théorisé une position de recherche aérodynamique. Créateur de la marque de lunettes éponyme, il a fondé la station de ski d'Avoriaz, il y a 50 ans.
- **Louis Nicollin**, 74 ans, figure du football français, président du club de Montpellier.

2 Europe

A. Autour du Brexit

- **Tim Barrow**, 53 ans, ambassadeur du Royaume-Uni auprès de l'Union européenne après la démission surprise de son prédécesseur, Ivan Rogers. C'est lui qui négocie avec les représentants de l'UE les conditions de sortie du Royaume-Uni. Ce diplomate est proche de Theresa May.
- **David Davis**, 68 ans, membre du parti conservateur. Cet eurosceptique convaincu est ministre du Brexit.
- **Jeremy Corbyn**, 68 ans, chef du parti travailliste (Labour), sorti renforcé des législatives de 2017, où l'opposition de gauche a gagné trente sièges.
- **Sadiq Khan**, homme politique britannique, maire de Londres. Membre du parti travailliste (Labour), fils d'un immigré pakistanais. Premier maire musulman d'une grande capitale occidentale.
- **Paul Nuttall**, 40 ans, successeur de **Nigel Farage**, démissionnaire, à la tête de l'UKIP, parti anti-immigration et pro-Brexit.
- **Nicola Sturgeon**, 47 ans, Première ministre écossaise, chef du parti national écossais, favorable à un nouveau référendum sur l'indépendance de l'Écosse.
- **Guy Verhofstadt**, 63 ans, ancien Premier ministre belge, « référent » du Parlement européen dans les négociations avec Londres, fédéraliste européen convaincu.
- **Michel Barnier**, 66 ans, négociateur en chef de la Commission européenne sur le Brexit. Fin connaisseur des instances européennes, il a été ministre français des Affaires européennes (1995-1997) et ministre des Affaires étrangères (2004-2005) ; plusieurs fois commissaire européen.
- **Donald Tusk**, 59 ans, président du Conseil européen. Premier ministre polonais de 2007 à 2014, président du Conseil européen, élu en 2014 et réélu en 2017 malgré l'opposition inédite de son pays, la Pologne, en froid avec les dirigeants européens.
- **Jean-Claude Juncker**, 62 ans, président de la Commission européenne. Le Luxembourgeois est un vétéran de l'UE, ancien Premier ministre et ministre des Finances du Luxembourg.

B. En Europe et Europe de l'Est en 2017

- **Carles Puigdemont**, indépendantiste catalan, investi président de la Catalogne en 2016 (succédant à Artur Mas), tente de l'amener vers l'indépendance. Il a organisé un référendum déclaré illégal par Madrid (voir fiche Les volontés d'indépendance).
- **Mariano Rajoy**, chef du Gouvernement espagnol après un accord entre partis politiques. Le parlement espagnol, où l'élection se fait à la proportionnelle intégrale, est divisé en quatre groupes : PP (Partido popular, droite), PSOE (socialiste), Podemos (gauche radicale), Ciudadanos (centristes).

- **Angela Merkel**, la chancelière allemande, a été réélue en 2017. Présidente de la CDU. Dans l'incapacité de former un gouvernement de coalition après le refus des Libéraux d'y participer, elle envisageait fin 2017 la tenue de nouvelles élections.
- **Martin Schulz**, 61 ans, tête de file des sociaux-démocrates allemands et du parti social-démocrate (SPD), opposant à Angela Merkel, battu aux élections législatives. Ancien président du Parlement européen.
- **Frank-Walter Steinmeier**, social-démocrate, ancien chef de la diplomatie allemande, élu président par le Parlement en remplacement de Joachim Gauck, qui ne se représentait pas.
- **Frauke Petry**, ancienne présidente de l'Alternative pour l'Allemagne (AfD). A quitté le parti d'extrême droite allemand après son succès aux élections législatives et a créé une nouvelle formation, le Parti bleu.
- **Sebastian Kurz**, 31 ans devenu en 2017 le plus jeune dirigeant d'un État européen. Chef du parti chrétien-démocrate (ÖVP), conservateur, il a remporté les élections législatives autrichiennes (32 %) et gouvernera avec l'extrême droite arrivée en troisième position.
- **Pierre Moscovici**, commissaire européen aux Affaires économiques.
- **Antonio Tajani**, Italien, élu président du Parlement européen. Il succède à Martin Schulz.
- **Paolo Gentiloni**, chef du Gouvernement italien.
- **Cesare Battisti**, ancien militant d'extrême gauche italien, réfugié au Brésil. L'Italie réclame son extradition.
- **Francesco Schettino**, définitivement condamné à 16 ans de prison, sur décision de la Cour de cassation italienne. L'ex-commandant du navire Costa Concordia a été jugé responsable du naufrage de son navire, en janvier 2012, en naviguant beaucoup trop près des côtes italiennes. Il avait quitté son poste en pleine opération de sauvetage sans s'occuper des victimes.
- **Mark Rutte**, reconduit au poste de Premier ministre des Pays-Bas pour un troisième mandat. Son parti, le Parti populaire libéral et démocratique (VVD) a remporté les législatives devant son rival d'extrême droite, **Geert Wilders**.
- **Aleksandar Vucic**, Premier ministre serbe, ancien nationaliste passé au centre droit, remporte dès le premier tour l'élection présidentielle. Il veut faire entrer le pays dans l'Union européenne et préserver des relations privilégiées avec la Russie.
- **Andrej Babis**, 63 ans, milliardaire et homme politique tchèque dont le parti est sorti vainqueur des législatives d'octobre avec un discours anticorruption et anti-euro. Il est chargé de trouver une coalition pour diriger le pays.
- **Ratko Mladic**, ancien chef militaire des Serbes de Bosnie, a été condamné le 22 novembre par le Tribunal pénal international pour l'ex-Yougoslavie (TPIY) pour génocide et crimes de guerre pendant le conflit en Bosnie.
- **Alexeï Navalny**, 41 ans, principal opposant à Vladimir Poutine, empêché par la justice russe de se présenter à la future présidentielle. A organisé en 2017 de nombreuses manifestations contre le pouvoir.
- **Gourbangouly Berdymoukhamedov**, président dictateur du Turkménistan, a été réélu sans opposition en 2017 à un troisième mandat avec 98 % des votes.
- **Roger Federer**, tennisman suisse, a remporté en 2017 les tournois d'Australie et de Wimbledon. Il a décroché son huitième titre sur le gazon anglais (un record) et son 19e en Grand Chelem.
- **Neymar**, footballeur brésilien, a été transféré de Barcelone à Paris pour un montant de transfert jamais atteint de 222 millions d'euros.
- **Gianni Infantino**, juriste de 46 ans, à la tête de la FIFA, ancien numéro 2 de l'UEFA.
- **Fatma Samoura**, sénégalaise de 55 ans, diplomate aux Nations unies, secrétaire générale de la FIFA. Elle est la première femme à occuper ce poste. La FIFA est secouée par un vaste scandale de corruption.
- **Aleksander Ceferin**, le Slovène de 49 ans est à la tête de l'UEFA.

- **Michael Fallon**, ministre de la Défense britannique, contraint à la démission en novembre 2017 pour accusation de harcèlement.

» **Ils sont morts**

- **Helmut Kohl**, 87 ans, acteur principal de la réunification allemande, chancelier pendant dix-huit ans, pilier de la construction européenne. Sa carrière politique nationale a débuté en 1982 : chef de la CDU, le parti conservateur, il prend la tête du gouvernement allemand. Il est chancelier et chef de la CDU jusqu'en 1998, lorsque Angela Merkel, qu'il avait prise sous son aile, lui succède après des accusations de malversations financières.
- **Mario Soares**, 92 ans, ancien président du Portugal, considéré comme le père de la démocratie dans son pays. Exilé en France pendant la dictature militaire, il est rentré au Portugal en 1974 après la révolution des Œillets. Ministre des Affaires étrangères, deux fois chef de gouvernement, président de la République de 1986 à 1996, député européen, il a marqué de son empreinte la vie démocratique portugaise.
- **Roger Moore**, 89 ans, acteur britannique, caricature du *gentleman* anglais, immortalisé par sept « James Bond 007 ». Il avait aussi joué dans des séries (*Le Saint*, *Amicalement vôtre*). Sir Roger Moore avait été anobli par la reine Elizabeth II en 2003 pour son engagement en tant qu'ambassadeur itinérant du Fonds pour l'enfance des Nations unies.
- **Toto Riina**, ancien chef de Cosa Nostra, la mafia sicilienne. Il avait semé la terreur pendant plus de 20 ans en Italie. Mort en détention.

3 International

A. Organisations internationales

- **Antonio Guterres**, secrétaire général des Nations unies, nommé en 2016 après un vote du Conseil de sécurité. L'ancien Premier ministre portugais, 67 ans, avait dirigé le Haut-commissariat de l'Onu aux réfugiés (HCR) de 2005 à 2015.
- **Jens Stoltenberg**, secrétaire général de l'OTAN, ancien Premier ministre norvégien.
- **Edros Adhanom**, 52 ans, éthiopien, directeur général de l'Organisation mondiale de la santé (OMS).
- **Yukiya Amano**, directeur général de l'Agence internationale de l'énergie atomique (AIEA).
- **Christine Lagarde**, directrice du Fonds monétaire international (FMI).
- **Audrey Azoulay**, ancienne ministre de François Hollande, élue en octobre à la tête de l'Unesco, elle succède à la Bulgare **Irina Bokova**.

B. États-Unis

- **Mike Pence**, vice-président des États-Unis.
- **Michael Flynn**, conseiller à la sécurité nationale, démissionnaire en 2017 après la révélation de ses contacts avec la Russie pendant la présidence de Barack Obama. Remplacé par le général McMaster.
- **Sean Spicer**, 45 ans, porte-parole de Donald Trump, démissionnaire en 2017 en protestation après l'embauche par Donald Trump d'un nouveau directeur de la communication, Anthony Scaramucci.
- **Anthony Scaramucci**, directeur de la communication de Donald Trump pendant 10 jours avant d'être poussé à la démission pour avoir insulté plusieurs collaborateurs du président Trump.
- **Reince Priebus**, secrétaire général de la Maison-Blanche, remplacé par le général John Kelly, jusqu'ici ministre de la Sécurité intérieure.
- **James Comey**, puissant patron du FBI, ex-procureur fédéral et ancien vice-ministre de la Justice, limogé par Donald Trump en mai. Il affirme que le président lui a demandé de ne pas enquêter sur des ingérences russes dans la campagne présidentielle.

- **Steve Bannon**, conseiller de Donald Trump, limogé en août. Ancien patron du très droitier site Breitbart News.
- **Tom Price**, ministre de la Santé, démissionnaire après un scandale d'utilisation d'avions privés coûteux lors de ses déplacements.
- **Jared Kushner**, 36 ans, mari d'Ivanka Trump, une des filles du président Trump. Il est l'un des plus influents conseillers du président américain.
- **Rex Tillerson**, secrétaire d'État (équivalent du ministre des Affaires étrangères) nommé par Donald Trump, ancien PDG d'ExxonMobil.
- **James Mattis**, secrétaire à la Défense.
- **Paul Ryan**, 46 ans, président républicain de la Chambre des représentants.
- **John McCain**, 80 ans, sénateur républicain, ancien candidat à l'élection présidentielle. En 2017, il a refusé de voter l'abrogation de la loi santé de Barack Obama, souhaitée par Donald Trump dont il ne défend pas la politique. A aussi annoncé souffrir d'un cancer du cerveau.
- **Nikki Haley**, ambassadrice américaine à l'ONU.
- **Neil Gorsuch**, juge conservateur nommé à la Cour suprême par Donald Trump.
- **Scott Pruitt**, chef de l'Agence américaine de protection de l'environnement (EPA).
- **Michael Bloomberg**, ancien maire de New York et philanthrope, dixième fortune mondiale. Il a annoncé que sa fondation, Bloomberg Philanthropies, fournirait 15 millions de dollars (l'équivalent de la contribution des États-Unis) pour la lutte contre le réchauffement climatique.
- **Bradley/Chelsea Manning**, initialement condamné à 35 ans de prison pour avoir fait transmis à WikiLeaks des documents secret-défense ayant trait aux guerres d'Irak et d'Afghanistan et prouvant des exactions de l'armée américaine. Manning, qui a changé d'identité sexuelle en prison, a été libérée en mai. Sa condamnation avait relancé le débat sur les lanceurs d'alerte.
- **Jerome Powell**, succède à Janet Jellen à la présidence du Conseil des gouverneurs de la FED, la Banque centrale américaine.

» Ils sont morts

- **Eugene Cernan**, 82 ans, dernier astronaute à avoir marché sur la Lune en 1972. Il commandait le vaisseau Apollo 17.
- **Al Jarreau**, 76 ans, chanteur afro-américain. Il a remporté sept Grammy Awards dans trois catégories différentes (jazz, pop, *rythm and blues*) des années 1970 aux années 2000.
- **Chuck Berry**, 90 ans, guitariste et chanteur américain présenté comme l'un des pères du rock'n'roll.
- **Stanley Greene**, 68 ans, photojournaliste américain, cinq fois lauréat du prix World Press Photo.
- **Sam Shepard**, 73 ans, acteur américain, Oscar du meilleur second rôle en 1984 pour *L'étoffe des héros*.
- **Jerry Lewis**, 91 ans, humoriste et acteur américain.
- **Fats Domino**, 89 ans, pianiste et chanteur américain, légende du rock'n'roll.
- **Jake LaMotta**, 95 ans, boxeur légendaire, champion du monde de 1949 à 1951. L'acteur Robert de Niro avait remporté l'Oscar du meilleur acteur en jouant Jake LaMotta dans *Raging Bull*.
- **Jonathan Demme**, 73 ans, réalisateur du *Silence des agneaux* et *Philadelphia*.

C. Amériques

- **Manuel Noriega**, mort à 83 ans, ancien dictateur du Panama, purgeait une peine de prison de 20 ans pour avoir fait disparaître des opposants.
- **Mauricio Macri**, président argentin de centre-droit, son parti est sorti vainqueur des législatives de mi-mandat en octobre.

- **Nicolas Maduro**, président du Venezuela. Son pays est en crise économique, monétaire et politique. Il s'est octroyé tous les pouvoirs via une assemblée constituante et a dissous les contre-pouvoirs indépendants et chassé les opposants.

D. Asie

- **Park Geun-Hye**, l'ancienne présidente sud-coréenne, destituée en décembre 2016, a été inculpée en avril 2017 pour corruption, abus de pouvoir, coercition, divulgation de secrets d'État via une confidente. Elle avait aussi fait verser par des entreprises près de 70 millions de dollars à deux fondations, des fonds à son usage personnel. Deux chefs d'entreprise de grands groupes, Samsung et Lotte, ont également été inculpés. Moon Jae-In, ancien avocat spécialisé dans la défense des droits de l'homme, a été élu à la présidence en mai.
- **Nawaz Sharif**, 67 ans, Premier ministre pakistanais impliqué dans un scandale de corruption, a été chassé du pouvoir.
- **Liu Xiaobo**, 61 ans, dissident chinois, premier prix Nobel de la paix chinois, mort en détention. La Chine a refusé de le libérer pour suivre un traitement médical. Liu Xiaobo avait été arrêté fin 2008 et condamné à 11 ans de prison pour avoir corédigé la Charte 08, un texte prônant des élections libres. Il avait obtenu le prix Nobel de la paix en 2010.
- **Xi Jinping**, le président chinois est élevé au rang de Mao. Son nom a été inscrit dans la charte du Parti communiste chinois (PCC) lors de son XIXe congrès. C'est le premier dirigeant depuis Mao, au pouvoir de 1949 à 1976, à obtenir cette distinction.

E. Proche et Moyen-Orient

- **Hachemi Rafsandjani**, mort à 82 ans, ancien président iranien. Il était l'un des hommes clés de l'Iran depuis la révolution de 1979.
- **Elor Azaria**, soldat israélien (également de nationalité française) condamné à dix-huit mois de prison ferme pour avoir achevé au sol d'une balle dans la tête un Palestinien à Hébron en mars 2016. Son procès a profondément marqué le pays, de nombreux Israéliens réclamant sa grâce ou sa libération, tandis que la légèreté de sa peine était dénoncée par les Palestiniens.
- **Mahmoud Abbas**, président du Fatah, il dirige aussi l'Autorité palestinienne et l'Organisation de libération de la Palestine (OLP).
- **Michel Aoun**, président du Liban. Chrétien maronite.
- **Saad Hariri**, chef du gouvernement libanais démissionnaire le 4 novembre, depuis Ryad, la capitale saoudienne. Expliquant craindre pour sa vie, il a dénoncé le rôle déstabilisateur de l'Iran chiite et du Hezbollah libanais. Rentré au Liban (après une visite en France depuis Ryad), il a renoncé à sa démission.

F. Afrique

- **Paul Kagame**, le président rwandais a été réélu sans opposition à l'élection présidentielle de 2017 pour un troisième mandat. Il avait fait réviser la constitution pour pouvoir se représenter.
- **Laurent Gbagbo**, ancien président ivoirien, poursuivi à La Haye par la Cour pénale internationale (CPI) pour son rôle dans les violences post-électorales de 2010-2011. Son procès pour « crimes contre l'humanité » s'est poursuivi en 2017. Il est le premier ancien chef d'État remis à la CPI.
- **Yahya Jammeh**, ex-président gambien battu aux élections ; après des semaines de crise post-électorale, a accepté de laisser la présidence à son successeur **Adama Barrow**.
- **Hissène Habré**, 74 ans, ancien président tchadien, condamné à la prison à vie par un tribunal spécial africain siégeant à Dakar. Il a été jugé pour avoir mené une répression sanglante dans son pays après s'être emparé du pouvoir en 1982. En 1990, Idriss Deby, l'actuel président tchadien, l'avait chassé de la présidence par un autre coup d'État.
- **Faure Gnassingbé**, chef d'État du Togo depuis 2005, fils de Gnassingbé Eyadéma, qui avait dirigé le pays pendant 38 ans.

L'actualité mois par mois

» Janvier

La paix au Moyen-Orient se discute... sans les acteurs

Organiser une conférence sur la paix pour tenter de remettre autour d'une table Palestiniens et Israéliens n'est pas chose facile. Paris l'a appris à ses dépens en janvier 2017, à cinq jours de la prise de fonction de Donald Trump.

Ni les Israéliens ni les Palestiniens n'y ont participé.

La France a réussi à regrouper environ 75 pays et les principaux acteurs internationaux (Union européenne, ONU, les cinq membres permanents du Conseil de sécurité des Nations unies, des partenaires arabes, européens, les pays du G20).

Le communiqué final exhorte les Palestiniens et les Israéliens à « *démontrer leur engagement pour la solution à deux États et à s'abstenir d'actions unilatérales qui préjugeraient du résultat de la négociation, notamment sur les frontières, Jérusalem, les réfugiés* ».

Le texte final rajoute que les pays signataires ne reconnaîtraient pas des actions unilatérales.

Les Palestiniens ont approuvé ces conclusions, les Israéliens ont regretté en revanche un texte qui « éloigne » la paix qualifiant l'initiative française « d'imposture ».

Depuis trois ans, Israéliens et Palestiniens ne négocient plus, la « solution à deux États » semblant s'éloigner. Israël refuse toute intervention internationale, les Palestiniens cherchant à l'opposé des soutiens auprès de la communauté internationale et dénonçant la politique de colonisation qui se poursuit dans les territoires occupés par Israël.

Le Premier ministre israélien compte sur la nouvelle administration américaine pour soutenir sa politique, persuadé de bénéficier d'un nouvel appui majeur.

Barack Obama n'avait pas opposé le droit de veto américain au Conseil de sécurité de l'ONU lors de sa dernière condamnation de la politique de colonisation d'Israël.

Donald Trump s'était désolidarisé et avait symboliquement annoncé le transfert de l'ambassade américaine de Tel Aviv à Jérusalem, dont la partie Est, occupée par Israël, est revendiquée par l'Autorité palestinienne.

Donald Trump investi 45e président des États-Unis

Le nouveau président américain a prêté serment à Washington et prononcé un discours autour du thème : « l'Amérique d'abord ». Des opposants ont manifesté, nombreux, en participant aux « marches des femmes » pour la défense des droits civiques.

Dès son entrée en fonction, le président américain a symboliquement signé un décret pour contrer la loi sur la santé « Obamacare ». Il aussi signé la fin de la participation des États-Unis au traité de libre-échange transpacifique (TPP) et signé un décret interdisant pendant trois mois l'arrivée de citoyens de sept pays musulmans : Irak, Iran, Libye, Somalie, Soudan, Syrie et Yémen, provoquant de nombreuses réactions d'hostilité dans le Monde. Ce décret a été par la suite rejeté par la justice.

» Février

Le CETA est signé par l'Europe

Le Parlement européen a voté en faveur du CETA, l'accord de libre-échange entre l'Union européenne et le Canada. Ce texte, négocié pendant sept ans, est un document de plus de 1 600 pages nommé « Accord économique et commercial global (AECG) », en anglais CETA. D'après Bruxelles, cet accord, qui supprimera plus de 99 % des droits de douane avec Ottawa, prône une coopération sociale, sanitaire et environnementale. Il concerne plus de 500 millions d'Européens et 35 millions de Canadiens. Les signataires espèrent une progression de 25 % du commerce de l'Union européenne avec le Canada, son douzième partenaire commercial. Les entreprises européennes pourront désormais se porter candidates aux marchés publics canadiens.

Certains produits agricoles, les viandes bovines et porcines notamment, resteront soumis à des quotas pour leur entrée en Europe.

143 origines géographiques spécifiques européennes (AOC), dont 42 françaises, comme le « Roquefort », le « Saint-Nectaire » ou les « Pruneaux d'Agen » seront désormais protégées.

Les adversaires du CETA, estiment qu'il est anti-démocratique et trop favorable aux multinationales. Ils reprochent surtout le système de tribunal d'arbitrage qui pourrait permettre à une entreprise de porter plainte contre un État si sa législation enfreint les règles de libre-échange. Le traité est entré en vigueur de façon provisoire, il doit être adopté par les parlements nationaux et régionaux de l'UE.

François Fillon : le début de la fin

Le candidat « *Les Républicains* » à la présidentielle, François Fillon, donné favori des sondages après avoir remporté la primaire à droite, est dans la tourmente. L'hebdomadaire *Le Canard enchaîné* affirme que sa femme et ses enfants ont été employés en tant qu'assistants parlementaires pendant plusieurs années et ont perçu plus d'un million d'euros pour des emplois présumés fictifs.

François Fillon dénonce une attaque des médias destinée à l'empêcher d'être candidat mais ne convainc pas. Ses avocats demandent en vain au parquet national financier (PNF) de se dessaisir de l'enquête sur des soupçons d'emplois fictifs le visant.Une information judiciaire pour détournement de fonds publics, abus de biens sociaux, complicité et recel, trafic d'influence est ouverte.

L'image de probité et d'intégrité de l'ancien Premier ministre de Nicolas Sarkozy est écornée, cette affaire judiciaire le suivra jusqu'à son élimination au premier tour de l'élection présidentielle.

» Mars

La chute de Park Geun-Hye

La Cour constitutionnelle de Corée du Sud a confirmé la destitution prononcée en décembre 2016 de la présidente Park Geun-Hye, impliquée dans un vaste scandale de corruption. Park Geun-Hye a été inculpée pour corruption, abus de pouvoir, coercition, divulgation de secrets d'État et placée en détention.

Via une confidente, elle avait fait verser par des grandes entreprises coréennes près de 70 millions de dollars à deux fondations, des fonds souvent réservés à son usage personnel.
Deux chefs d'entreprises de grands groupes, Samsung et Lotte, ont aussi été inculpés.

L'Europe fictive de Marine Le Pen

La présidente du Front national, Marine Le Pen, a refusé de se rendre aux convocations de juges d'instruction pour une possible mise en examen, en mettant en avant son immunité parlementaire européenne. La justice la soupçonne d'emplois fictifs d'assistants parlementaires du FN au Parlement européen. Plusieurs élus, dont Marine Le Pen, sont soupçonnés d'avoir utilisé des fonds européens pour leurs campagnes nationales ou pour leurs partis politiques et non dans le cadre de leur fonction européenne.

Raymond Kopa : une légende du football

Une légende du football français s'est éteinte. Fils d'immigré polonais dans l'ancien bassin minier du Pas-de-Calais, Raymond Kopa rejoint le Stade de Reims, avant d'être l'un des premiers joueurs français à s'expatrier. Avec le Real Madrid, il remporte la coupe d'Europe des clubs champions. En 1958, il participe avec l'équipe de France à la coupe du Monde en Suède. 1958 est aussi l'année où il obtient le Ballon d'Or, le premier d'un joueur français.

Agression sexuelle et pouvoir

Denis Baupin, ancien vice-président de l'Assemblée nationale et élu écologiste, a bénéficié d'un classement sans suite des plaintes pour agressions sexuelles déposées contre lui par des élues écologistes, le délai de prescription ayant été atteint. Cette affaire permet une prise de parole des victimes de viols, d'agressions, de harcèlement par des hommes de pouvoir notamment.

Ils seront... 11

Le Conseil constitutionnel annonce les candidatures des onze personnalités qui ont obtenu les 500 parrainages nécessaires pour concourir à la présidentielle. Nathalie Arthaud, François Asselineau, Jacques Cheminade, Nicolas Dupont-Aignan, François Fillon, Benoît Hamon, Jean Lassalle, Marine Le Pen, Emmanuel Macron, Jean-Luc Mélenchon, Philippe Poutou sont officiellement candidats.

›› Avril

La Guyane en crise

Une nouvelle crise sociale éclate en Guyane, région et département français d'Amérique du Sud, peuplée d'environ 250 000 habitants. Des manifestations sont organisées contre la hausse de la délinquance et la baisse du niveau de vie. La Guyane cumule des handicaps sociaux, rendant la situation difficilement tenable pour nombre de ses habitants : le taux de chômage s'élève à 22 % de la population active (près de 10 % pour la France métropolitaine) ; il atteint plus de 45 % sur les moins de 24 ans (24 % en métropole). Le produit intérieur brut (PIB) par habitant est deux fois moins élevé qu'en métropole.
La Guyane est aussi particulièrement touchée par la délinquance et l'insécurité. Les vols violents y sont quatre fois plus élevés qu'en métropole. Devant ce constat, des milices d'autodéfense se sont mises en place, rendant le climat encore plus pesant.
Le Gouvernement a proposé un plan de mesures d'un montant global d'un peu plus d'un milliard d'euros, englobant des mesures immédiates et d'autres à moyen terme, dans les domaines touchant la sécurité, la justice, l'éducation ou la santé.
Le collectif de mobilisation pour la Guyane « Pou Lagwiyanne dékolé » (« Pour que la Guyane décolle ») a dans un premier temps rejeté ce plan, avant d'obtenir un accord de sortie de crise avec des mesures d'urgence immédiate de 1,1 milliard d'euros et une demande de mesures supplémentaires à hauteur de 2,1 milliards d'euros.

Les États-Unis frappent la Syrie
Enlisé depuis 2011, le conflit syrien est plongé dans l'horreur (actes de torture généralisés, bombardements de zones habitées par les civils, attaques au gaz...). Une nouvelle attaque au gaz chimique a provoqué en avril la mort d'une centaine de personnes, dont de nombreux enfants, à Khan Cheikhoun, une ville du nord-ouest du pays. Le régime syrien est une nouvelle fois montré du doigt. En représailles à cette attaque au gaz, les États-Unis lancent une soixantaine de missiles Tomahawk sur la base militaire d'al-Chaayrate, dans la province de Homs, tirés par les navires américains USS Porter et USS Ross, en Méditerranée orientale. Selon le Pentagone, les avions qui ont mené l'attaque étaient partis de cette base, lieu identifié de stockage d'armes chimiques. Les autorités américaines se félicitent des dégâts causés et de la destruction de stocks de pétrole, de munitions, des défenses anti-aériennes, de radars. Donald Trump affirme que les États-Unis pourraient à nouveau frapper le régime syrien en cas de nouvelles attaques chimiques contre des populations.

» Mai

Emmanuel Macron : un pari osé et réussi
Emmanuel Macron, 39 ans, est devenu, en mai 2017, le 8e président de la Ve République en battant au second tour de l'élection présidentielle la présidente du Front national (FN), Marine Le Pen. Il a recueilli un total de 20 743 128 voix au second tour (66,1 %), contre 10 638 475 voix (33,9 %) à la candidate d'extrême droite. Plus de 12 millions d'électeurs se sont abstenus au second tour, et 4 millions ont voté blanc ou nul, un score élevé en comparaison des autres élections présidentielles françaises.
Quatre jours avant le vote, près de 16,5 millions de téléspectateurs avaient regardé le débat de l'entre-deux-tours entre les deux candidats. C'est moins que les derniers débats des élections de 2007 et 2012.
Après la passation de pouvoirs avec François Hollande, dont il a été le ministre de l'Économie après avoir occupé le poste de secrétaire général adjoint de la Présidence, Emmanuel Macron a nommé son Premier ministre.
Édouard Philippe, 46 ans, député-maire « Les Républicains » du Havre, n'avait occupé aucun poste ministériel. C'est un proche d'Alain Juppé.
Son premier gouvernement est composé de 22 membres, 11 hommes, 11 femmes, d'élus de droite (Bruno Le Maire, Gérald Darmanin), de gauche (Jean-Yves Le Drian, Gérard Collomb) du centre (François Bayrou) et d'autres de la société civile comme Nicolas Hulot. Seuls quatre ministres ont déjà été membres d'un gouvernement.

Hassan Rohani reconduit en Iran
Le président sortant iranien Hassan Rohani, 68 ans, a été largement réélu pour quatre ans avec 57 % des voix dès le premier tour de l'élection présidentielle. Les Iraniens ont validé la poursuite de sa politique d'ouverture au monde.
Par ailleurs, les réformateurs remportent la totalité des sièges du conseil municipal de la capitale, Téhéran.
Hassan Rohani a mené pendant son premier mandat une politique tranchant avec celle de son prédécesseur, a noué un accord international sur le nucléaire iranien permettant à Téhéran de bénéficier de la levée d'une partie des sanctions internationales, ce qui a relancé l'activité économique du pays.

Chelsea Manning est libre
Le lanceur d'alerte Bradley Manning, qui avait diffusé en 2010, via WikiLeaks, plus de 700 000 documents confidentiels sur les guerres d'Irak et d'Afghanistan, prouvant des exactions américaines, dont plus de 200 000 échanges impliquant la diplomatie américaine, est sorti de prison après avoir changé d'identité sexuelle.
Traître à la nation américaine pour les uns, héros de libertés pour les autres, il avait été condamné à 35 ans de prison par une cour martiale, en a purgé 7.

L'ancien président Barack Obama avait commué la peine de Chelsea Manning juste avant de quitter la Maison Blanche.

›› Juin

La planète change

La population mondiale atteindra 9,8 milliards d'habitants en 2050, d'après l'ONU qui estime que l'Inde va devenir le pays le plus peuplé de la planète, devant la Chine. Le Nigeria, qui connaît une forte croissance démographique, devrait dépasser les États-Unis en troisième position d'ici 2050. Actuellement habitée par 7,6 milliards de personnes, la Terre en abritera 8,6 milliards en 2030, 9,8 en 2050 et 11,2 en 2100. Les prévisions démographiques mettent aussi en évidence un vieillissement important de la population mondiale. Le nombre des personnes âgées de 60 ans ou plus va plus que doubler d'ici à 2050, de 962 millions en 2017 à quelque 2,1 milliards en 2050 et 3,1 milliards en 2100.

« Make our Planet Great Again »

Le président américain Donald Trump annonce la sortie des États-Unis de l'accord de Paris sur le climat, négocié lors de la conférence de Paris sur le climat de novembre 2015, et signé par 194 pays. Cette annonce provoque de nombreuses réactions hostiles dans le monde et aux États-Unis. L'accord de Paris vise à contenir la hausse de la température moyenne mondiale « en deçà » de 2° C par rapport à l'ère pré-industrielle. Le président français Emmanuel Macron a ironisé sur la sortie des États-Unis de l'accord de Paris en parodiant le slogan de campagne de Donald Trump (« Make America Great Again ») avec « Make our Planet Great Again ».

Deux figures européennes disparaissent

L'ancien chancelier allemand Helmut Kohl et l'ancienne ministre Simone Veil, deux figures politiques qui ont marqué l'Europe sont mortes en juin.

Chancelier conservateur lors de la chute du mur de Berlin, Helmut Kohl a été le père de la réunification allemande. Aidé par sa longévité à la chancellerie (1982-1998), il a aussi été un pilier de la construction européenne et d'un axe franco-allemand fort.

Simone Veil, ancienne déportée à Auschwitz en 1944, ministre de la Santé, présidente du Parlement européen de 1979 à 1982, où elle a siégé jusqu'en 1993, était une femme politique appréciée des Français et reconnue pour son courage. En 1975, elle avait porté la loi autorisant l'avortement en France.

›› Juillet

Hébron, lieu de tension

L'Unesco, organe des Nations unies en charge de l'éducation des sciences et de la culture, déclare la vieille ville d'Hébron, en Cisjordanie occupée, « zone protégée » du patrimoine mondial, site « d'une valeur universelle exceptionnelle en danger ». Cette décision a provoqué la colère d'Israël.

Depuis la fin des pourparlers de paix avec Israël, l'Autorité palestinienne déploie une intense activité diplomatique afin d'être reconnue par les autres nations. La Palestine a ainsi été admise dans certaines organisations, branches de l'ONU, comme l'Unesco. Israël, qui occupe illégalement des territoires palestiniens aux yeux de la communauté internationale et de l'ONU, s'oppose à cette reconnaissance des instances palestiniennes.

Le cas d'Hébron est emblématique, même s'il est exceptionnel. Cette ville, considérée comme sainte par les trois grandes religions monothéistes, est divisée en deux zones, l'une occupée par 200 000 Palestiniens, l'autre par environ 200 colons ultra religieux. Hébron est le théâtre de tensions religieuses et politiques qui ont fait de nombreux morts. C'est à Hébron qu'un soldat israélien, Elor Azaria, a abattu au sol un assaillant palestinien déjà maîtrisé. Son procès a fortement divisé les Israéliens. En 2017, Israël a annoncé l'augmentation du nombre de logements dans les colonies, y compris à Hébron.

L'affaire Grégory revient « à la une »

C'est l'une des affaires criminelles qui aura le plus marqué l'opinion publique ces dernières décennies, un drame familial sur fond de fiasco judiciaire, policier et médiatique.

Près de 33 ans après les faits, l'enquête sur le meurtre d'un petit garçon, Grégory Villemin, retrouvé noyé dans une rivière des Vosges, la Vologne, en 1984, est relancée. La grand-tante et le grand-oncle de l'enfant, ont été mis en examen pour enlèvement et séquestration.

Peu de temps après, Jean-Michel Lambert, premier juge chargé, en 1984, d'instruire l'affaire Grégory, s'est donné la mort.

Liu Xiaobo meurt privé de liberté

Le dissident Liu Xiaobo, premier prix Nobel de la paix chinois, est mort en captivité à 61 ans. Malade mais sous le coup d'une condamnation, il ne pouvait quitter le pays pour se faire soigner. Le comité Nobel de la paix a accusé la Chine de porter la responsabilité de sa mort « prématurée ».

» Août

Le Venezuela s'éloigne de la démocratie

À la crise économique et sociale que traverse le Vénézuela, se greffe une crise politique et institutionnelle qui plonge le pays dans un régime autoritaire réprimant toute forme d'opposition ou de contre-pouvoir : les autorités installent une « Assemblée constituante » qui donne tout pouvoir au président Nicolas Maduro. Les leaders de l'opposition sont arrêtés, des responsables du pouvoir judiciaire sont destitués. Plus de 120 personnes sont tuées en quatre mois de manifestations.

La Corée du Nord franchit une nouvelle étape

La Corée du Nord a réalisé en 2017 de nombreux tirs de missiles et essais qui ont inquiété la communauté internationale. Pyongyang a notamment tiré un missile de portée intermédiaire au-dessus du Japon, le premier depuis 2009, provoquant une vague de réactions internationales. Le dictateur nord-coréen a également menacé d'envoyer des missiles sur l'île de Guam, base militaire américaine, dans un contexte d'escalade verbale avec le président des États-Unis, faisant monter sensiblement la tension entre les deux pays et craindre un conflit majeur.

Le Conseil de sécurité de l'ONU a adopté à l'unanimité (incluant donc les voix de la Chine et de la Russie) une résolution qui renforce les sanctions imposées à la Corée du Nord. La résolution 2371 interdit les revenus tirés des exportations nord-coréennes, notamment dans les secteurs du charbon, du fer et de la pêche. Si elle est respectée, cette résolution privera Pyongyang d'un milliard de dollars de recettes annuelles.

Les tensions internationales s'étaient déjà accrues en juillet lorsque Pyongyang avait procédé à deux essais réussis d'un missile balistique intercontinental (ICBM), le Hwasong-14.

Les vaccins obligatoires

Le Gouvernement a annoncé l'entrée en vigueur de l'obligation de huit vaccinations supplémentaires pour les enfants à partir du 1er janvier 2018. Actuellement, seuls trois vaccins, contre la diphtérie, le tétanos et la poliomyélite, sont obligatoires pour les enfants. Les vaccins jusqu'à présent recommandés, contre la coqueluche, les infections invasives à *Haemophilus influenzae* de type B, l'hépatite virale de type B, les infections invasives à pneumocoque et à méningocoque de sérogroupe C, la rougeole, les oreillons et la rubéole deviennent obligatoires.

Les Français sont plus réfractaires aux vaccinations que d'autres, par craintes d'effets secondaires ou par défiance envers le système de santé, ébranlé en France par quelques scandales retentissants.

» Septembre

Angela Merkel pour un 4e mandat

Les conservateurs allemands (CDU-CSU), menés par Angela Merkel, ont remporté les élections législatives de septembre avec un score bien inférieur (33 %) à leurs précédents scores nationaux. Les socio-démocrates du SPD de Martin Schulz sont aussi en baisse (21 %) et en deuxième position. Le parti extrémiste, xénophobe et anti-européen AfD réalise, avec 13 %, le troisième score du scrutin et envoie des représentants au Bundestag, une première depuis 1945.

Comme dans d'autres démocraties européennes, un nombre élevé d'électeurs s'est porté vers des partis aux extrémités de l'échiquier politique.

Angela Merkel tentait fin 2017 de monter une coalition inédite avec les Verts et les Libéraux et sans le SPD. La politique européenne et l'accueil des migrants étaient au cœur des discussions entre les trois partis.

La PMA sur les rails

Le Gouvernement a relancé en 2017 la discussion sur la procréation médicalement assistée (PMA) et la possibilité de l'ouvrir à toutes les femmes, courant 2018.

La PMA est actuellement réservée au traitement de l'infertilité chez les couples hétérosexuels. Le Comité consultatif national d'éthique (CCNE) a donné un avis favorable en juin. Le président de la République s'est dit favorable à titre personnel à une ouverture de ce droit en 2018 dans le cadre de la révision de la loi de bioéthique. Il est en revanche comme le Gouvernement, opposé à la gestation pour autrui (GPA), le fait de faire porter un enfant par une tierce personne, autorisée dans d'autres pays.

Sénat rime avec stabilité

La majorité de droite au Sénat sort renforcée des élections sénatoriales de septembre. Les Républicains comptent désormais 146 sénateurs (+ 4) et l'UDI 49 (+ 9).

Les socialistes perdent 34 sièges par rapport aux dernières législatives et détiennent désormais 78 sièges. Avec 21 sénateurs, le nouveau groupe LREM fait son entrée. Gérard Larcher, sénateur des Yvelines est réélu, pour une troisième fois à la présidence du Sénat.

Le Front national en crise

Le numéro 2 et vice-président du Front national, Florian Philippot quitte le parti d'extrême droite en raison selon lui d'un « retour en arrière absolument terrifiant » du FN.

Florian Philippot défendait une ligne plus sociale que celle soutenue, notamment par les élus du Sud-Est de la France, plus identitaire. Il avait défendu pendant la campagne présidentielle la sortie de l'euro et le retour au franc.

» Octobre

Catalogne

Le 1er octobre, des milliers de Catalans se sont exprimés lors du référendum organisé pour décider de l'indépendance de la Catalogne, un référendum déclaré illégal par Madrid.

Le scrutin a été marqué par de violentes interventions de la police pour empêcher la tenue du vote. Des dizaines d'électeurs ont été blessés. Le lendemain, 700 000 personnes manifestaient dans les rues de Barcelone, contre les violences de la police espagnole.

Le « oui » à l'indépendance l'a emporté avec 90,18 % des suffrages. Dix jours plus tard, lors d'une allocution historique au Parlement, le président de la généralité de Catalogne, Carles Puigdemont, déclarait unilatéralement l'indépendance, sous forme de République, mais suspendait aussitôt cette mesure pour tenter de négocier avec Madrid.
Cependant, le 20 octobre, le chef du gouvernement espagnol, Mariano Rajoy, annonçait le déclenchement de l'article 155 de la Constitution qui permet de suspendre l'autonomie d'une région et transfère ses compétences au pouvoir central. La Catalogne était mise sous tutelle, ses dirigeants destitués et poursuivis par la Justice. Parti à Bruxelles, Carles Puigdemont y cherchait, en vain, des appuis, pendant que Madrid convoquait des élections régionales pour la fin du mois de décembre.

Chine

Le président chinois Xi Jinping sort renforcé du XIXe congrès du Parti communiste (PCC). Son nom est inscrit dans la charte du Parti : il est le premier dirigeant chinois à obtenir cette distinction depuis Mao, au pouvoir de 1949 à 1976. Xi Jinping contrôle tous les rouages politiques.

Présidentielle américaine et Russie

Le procureur spécial américain, Robert Mueller, inculpe trois membres de l'équipe de campagne du président Donald Trump dans l'enquête sur une collusion avec la Russie pendant la campagne présidentielle. Deux d'entre eux sont accusés de « complot contre les États-Unis », dont Paul Manafort qui a dirigé la campagne de Donald Trump de juin à août 2016. Ils sont soupçonnés d'avoir reçu d'importantes sommes d'argent de l'entourage de l'ancien président ukrainien pro-russe, Viktor Ianoukovitch.
Si le procureur parvenait à prouver une implication directe avec le président américain, celui-ci risquerait la destitution.

» Novembre

Liban

Les Libanais ont vécu un mois de novembre tourmenté et inhabituel. Au début du mois, leur Premier ministre, Saad Hariri, a annoncé sa démission depuis l'Arabie saoudite. À Ryad, il a expliqué avoir des craintes pour sa vie et a dénoncé le rôle du hezbollah libanais et de l'Iran dans la déstabilisation du pays. Il s'est ensuite rendu à Paris pour une visite officielle à l'invitation de la France. De retour dans son pays, il a annoncé, après une rencontre avec le président Michel Aoun, renoncer à sa démission.
Au Liban, le pouvoir politique se répartit sur une base confessionnelle : le président de la République est un chrétien, le Premier ministre un musulman sunnite et le président de l'Assemblée un chiite. Les sièges dans les chambres représentatives sont également répartis en fonction des confessions religieuses.
Dans cette mosaïque religieuse, le Premier ministre Saad Hariri n'a pas les mains libres et doit composer avec les chiites du hezbollah qu'il soupçonne d'être impliqués dans l'assassinat de son père, l'ancien Premier ministre Rafic Hariri.

La chute de Mugabe

Le « vieux lion » du Zimbabwe est tombé. Le plus vieux chef d'État en exercice de la planète, Robert Mugabe (93 ans), au pouvoir depuis 37 ans, a démissionné fin novembre alors que l'Assemblée nationale s'apprêtait à voter sa destitution. Il avait été placé en résidence surveillée par l'armée, dont l'intervention devait empêcher l'épouse de Robert Mugabe d'accéder au pouvoir. Lassés par des décennies de dictature et de misère alors que leurs dirigeants dépensaient sans compter, les Zimbabwéens ont soutenu cette action de l'armée. À la fin du mois, Emmerson Mnangagwa a été investi président du Zimbabwe.

Encadrement des loyers en France

La mesure d'encadrement des loyers, mise en place pendant le quinquennat Hollande, a été annulée par la justice à Paris après l'avoir été à Lille. Destiné à protéger les locataires des abus de certains bailleurs, ce dispositif prévoit qu'à la signature d'un nouveau bail ou lors d'un renouvellement, le loyer d'un logement ne puisse dépasser de 20 % un loyer de référence fixé par arrêté préfectoral, ni lui être inférieur de 30 %. Le dispositif est critiqué par les propriétaires.

Ratko Mladic

L'ancien chef militaire des Serbes de Bosnie, Ratko Mladic, a été condamné en novembre à la prison à perpétuité pour crimes de guerre, crimes contre l'humanité et génocide par le Tribunal pénal international pour l'ex-Yougoslavie (TPIY). Il a été jugé coupable des massacres de Srebrenica. C'est le dernier procès du TPIY.

›› Décembre

Les Catalans étaient appelés à voter le 21 pour élire leur Parlement après la destitution par Madrid de l'Assemblée dirigée par Carles Puigdemont. Scrutin inédit avec des candidats de partis indépendantistes incarcérés ou en exil à l'étranger.

Des élections territoriales se déroulent également en Corse les 3 et 10 décembre, pour élire les représentants d'une nouvelle collectivité unique, à naître le 1er janvier 2018.

En Allemagne, Angela Merkel tentait de mettre à profit le mois de décembre pour trouver un accord de gouvernement. En cas d'échec, de nouvelles élections pourraient avoir lieu au printemps 2018.

Les négociations sur le Brexit devaient évoluer avec plusieurs rendez-vous fixés dans le mois pour régler la procédure de divorce entre le Royaume-Uni et l'Europe.

Les Chiliens devaient départager au second tour de l'élection présidentielle le conservateur Sebastian Piñera, en tête au premier tour, et le candidat de gauche, Alejandro Guillier.

Rendez-vous sur www.editions-foucher.fr.

Boîte à outils

France

International

L'élection présidentielle

» Résultats de l'élection présidentielle 2017

	Premier tour			Second tour		
	Nombre	% Votants	% Inscrits	Nombre	% Votants	% Inscrits
Inscrits	47 582 183			47 568 693		
Abstentions	10 578 455		**22,23 %**	12 101 366		**25,44 %**
Votants	37 003 728		77,77 %	35 467 327		74,56 %
Blancs	659 997	**1,78 %**	**1,39 %**	3 021 499	**8,52 %**	**6,35 %**
Nuls	289 337	**0,78 %**	**0,61 %**	1 064 225	**3 %**	**2,24 %**
Exprimés	36 054 394	97,43 %	75,77 %	31 381 603	88,48 %	65,97 %
Emmanuel Macron	8 656 346	**24,01 %**	**18,19 %**	220 743 128	**66,1 %**	**43,61 %**
Marine Le Pen	7 678 491	**21,3 %**	**16,14 %**	10 638 475	**33,9 %**	**22,36 %**
François Fillon	7 212 995	20,01 %	15,16 %			
Jean-Luc Mélenchon	7 059 951	19,58 %	14,84 %			
Benoît Hamon	2 291 288	6,36 %	4,82 %			
Nicolas Dupont-Aignan	1 695 000	4,7 %	3,56 %			
Jean Lassalle	435 301	1,21 %	0,91 %			
Philippe Poutou	394 505	1,09 %	0,83 %			
François Asselineau	332 547	0,92 %	0,7 %			
Nathalie Arthaud	232 384	0,64 %	0,49 %			
Jacques Cheminade	65 586	0,18 %	0,14 %			

Source : *Ministère de l'Intérieur*

» Financement de campagne : dépenses des candidats

En millions d'euros

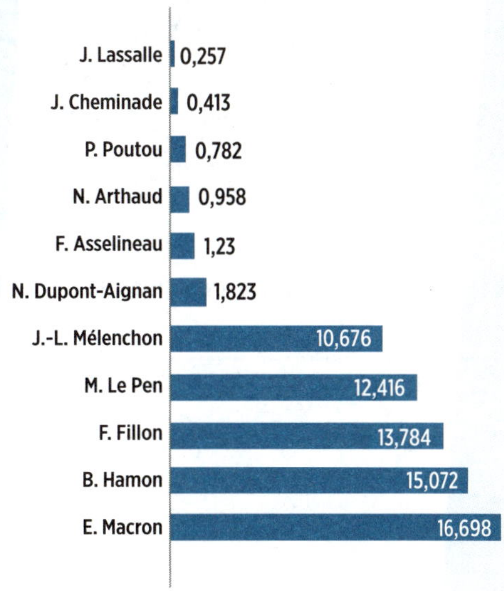

» Âge du chef de l'État lors de son élection

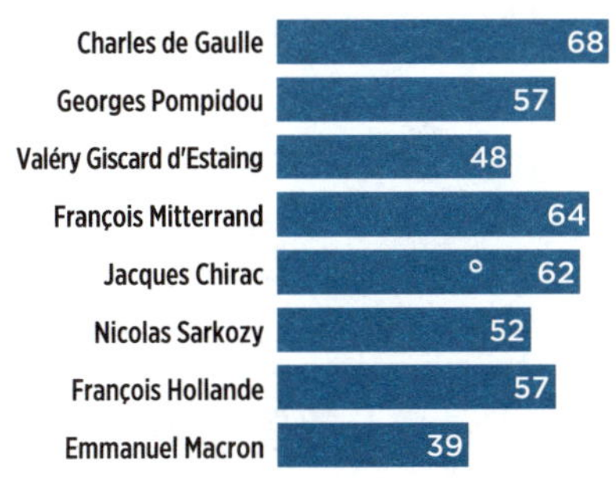

» Évolution de l'abstention à l'élection présidentielle depuis 1965

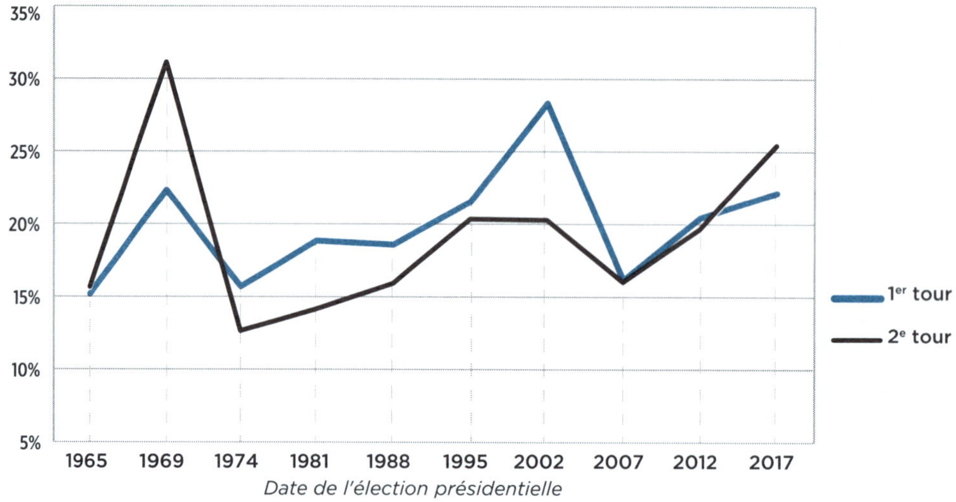

» Évolution des votes blancs et nuls à l'élection présidentielle

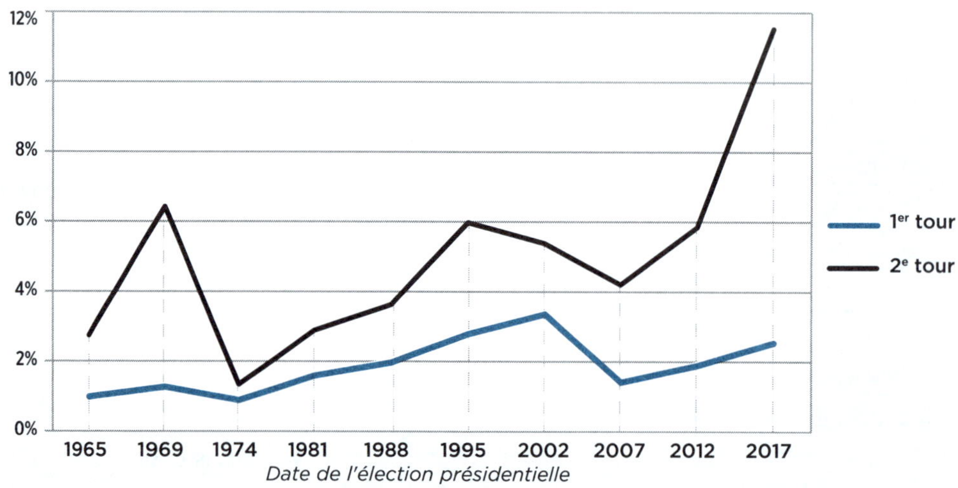

» Évolution du vote FN à l'élection présidentielle

» Évolution du vote FN au cours des dernières élections

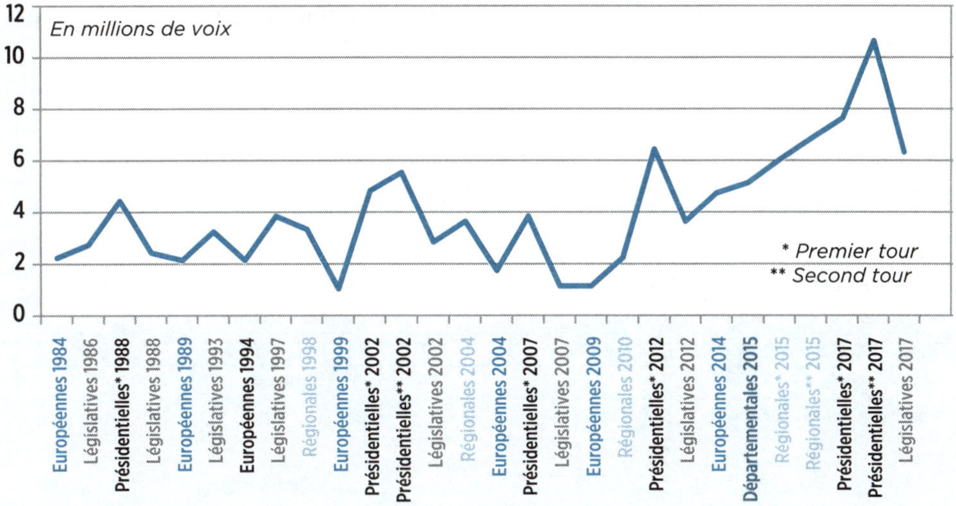

» Les élections présidentielles de la Ve République avant 2017

2012 **François Hollande**, vainqueur de la Primaire de la gauche, veut incarner une présidence *« normale »* en opposition à **Nicolas Sarkozy** dont il dénonce les excès et la *« droitisation »*.

2012	1er tour	2nd tour
Nombre de candidats	**10**	
Taux d'abstention	**20,52 %**	**19,66 %**
Votes blancs et nuls	**1,92 %**	**5,84 %**
François Hollande	**28,63 %**	**51,6 %**
Nicolas Sarkozy	**27,18 %**	**48,4 %**
Marine Le Pen	17,90 %	
Jean-Luc Mélenchon	11,10 %	

	1er tour
François Bayrou	9,13 %
Eva Joly	2,31 %
Nicolas Dupont-Aignan	1,79 %
Philippe Poutou	1,15 %
Nathalie Arthaud	0,56 %
Jacques Cheminade	0,25 %

2007 Jacques Chirac avait été le second président de la République à avoir effectué deux mandats (après le général de Gaulle : 1958-1965 ; 1965-1969) ; **Nicolas Sarkozy** lui succède en battant au 2e tour la socialiste **Ségolène Royal**.

2007	1er tour	2nd tour
Nombre de candidats	**12**	
Taux d'abstention	**16,23 %**	**16,03 %**
Votes blancs et nuls	**1,44 %**	**4,20 %**
Nicolas Sarkozy	**31,18 %**	**53,06 %**
Ségolène Royal	**25,87 %**	**46,94 %**
François Bayrou	18,57 %	
Jean-Marie Le Pen	10,44 %	
Olivier Besancenot	4,08 %	

Philippe de Villiers	2,23 %
Marie-George Buffet	1,93 %
Dominique Voynet	1,57 %
Arlette Laguiller	1,33 %
José Bové	1,32 %
Frédéric Nihous	1,15 %
Gérard Schivardi	0,34 %

2002 La **gauche** part éparpillée et le paye ; elle est **éliminée dès le premier tour**. **L'extrême droite se hisse au second** tour de la présidentielle pour la première fois. Le président sortant - avec pourtant moins de 20 % des voix au premier tour - est élu avec plus de 80% des suffrages.

2002	1er tour	2nd tour
Nombre de candidats	**16**	
Taux d'abstention	**28,40 %**	**20,29 %**
Votes blancs et nuls	3,38 %	5,38 %
Jacques Chirac	**19,88 %**	**82,21 %**
Jean-Marie Le Pen	**16,86 %**	**17,79 %**
Lionel Jospin	16,18 %	
François Bayrou	6,84 %	
Arlette Laguiller	5,72 %	
Jean-Pierre Chevènement	5,33 %	
Noël Mamère	5,25 %	

	1er tour
Olivier Besancenot	4,25 %
Jean Saint-Josse	4,23 %
Alain Madelin	3,91 %
Robert Hue	3,37 %
Bruno Mégret	2,34 %
Christiane Taubira	2,32 %
Corinne Lepage	1,88 %
Christine Boutin	1,19 %
Daniel Gluckstein	0,47 %

1995 Retour de la droite gaulliste au pouvoir; **Jacques Chirac** gagne un duel à droite contre Édouard Balladur au premier tour, puis bat le candidat socialiste Lionel Jospin au second tour.

1995	1er tour	2nd tour
Nombre de candidats	**9**	
Taux d'abstention	**21,62 %**	**20,34 %**
Votes blancs et nuls	2,81 %	5,97 %
Lionel Jospin	**23,30 %**	**47,36 %**
Jacques Chirac	**20,84 %**	**52,64 %**
Edouard Balladur	18,58 %	

	1er tour
Jean-Marie Le Pen	15,00 %
Robert Hue	8,64 %
Arlette Laguiller	5,30 %
Philippe de Villiers	4,74 %
Dominique Voynet	3,32 %
Jacques Cheminade	0,28 %

1988 **François Mitterrand** est réélu pour un second mandat, il se présente devant une droite divisée entre Jacques Chirac et Raymond Barre. **Première percée électorale de Jean-Marie Le Pen**.

1988	1er tour	2nd tour
Nombre de candidats	**9**	
Taux d'abstention	**18,65 %**	**15,94 %**
Votes blancs et nuls	2,00 %	3,62 %
François Mitterrand	**34,11 %**	**54,02 %**
Jacques Chirac	**19,96 %**	**45,98 %**
Raymond Barre	16,54 %	

	1er tour
Jean-Marie Le Pen	**14,38 %**
André Lajoinie	6,76 %
Antoine Waechter	3,78 %
Pierre Juquin	2,10 %
Arlette Laguiller	1,99 %
Pierre Boussel	0,38 %

1981 Pour la première fois sous la Ve République, le calendrier est respecté, et pour la première fois, **la gauche accède à l'Élysée**.

1981	1er tour	2nd tour
Nombre de candidats	10	
Taux d'abstention	**18,91 %**	**14,15 %**
Votes blancs et nuls	1,62 %	2,88 %
Valéry Giscard d'Estaing	28,32 %	48,24 %
François Mitterrand	**25,85 %**	**51,76 %**
Georges Marchais	**15,35 %**	

	1er tour
Brice Lalonde	3,88 %
Arlette Laguiller	2,3 %
Michel Crépeau	2,21 %
Michel Debré	1,66 %
Marie-France Garaud	1,33 %
Huguette Bouchardeau	1,1 %

1974

Le calendrier électoral est bouleversé par la **mort de Georges Pompidou**. Pour la **première fois une femme est candidate**.

1974	1er tour	2nd tour
Nombre de candidats	**12**	
Taux d'abstention	**15,77 %**	**12,67 %**
Votes blancs et nuls	0,92 %	1,34 %
François Mitterrand	**43,35 %**	**49,19 %**
Valéry Giscard d'Estaing	**32,6 %**	**50,81 %**
Jacques Chaban-Delmas	**15,11 %**	
Jean Royer	3,17 %	
Arlette Laguiller	**2,33 %**	

	1er tour
René Dumont	1,32 %
Jean-Marie Le Pen	0,75 %
Émile Muller	0,69 %
Alain Krivine	0,37 %
Bertrand Renouvin	0,17 %
Jean-Claude Sebag	0,16 %
Guy Héraud	0,08 %

1969

Cette élection est provoquée par le **départ de Charles de Gaulle consécutif au rejet de son référendum** sur la modification du Sénat. La gauche part divisée et se retrouve éliminée dès le premier tour. Le second tour oppose le centriste Alain Poher, président du Sénat et qui assurait l'intérim, et Georges Pompidou, Premier ministre.

1969	1er tour	2nd tour
Nombre de candidats	**7**	
Taux d'abstention	**22,41 %**	**31,15 %**
Votes blancs et nuls	1,29 %	6,42 %
Georges Pompidou	**44,47 %**	**8,21 %**
Alain Poher	**23,31 %**	**41,79 %**

	1er tour
Jacques Duclos	21,27 %
Gaston Defferre	5,01 %
Michel Rocard	3,61 %
Louis Ducatel	1,27 %
Alain Krivine	1,06 %

1965

À la suite du référendum de 1962, cette élection présidentielle est la première de la Ve République à se dérouler au suffrage universel direct. Elle oppose le président sortant Charles de Gaulle à François Mitterrand, candidat unique de la gauche, qui l'a mis en ballotage.

1965	1er tour	2nd tour
Nombre de candidats	**6**	
Taux d'abstention	**15,25 %**	**15,68 %**
Votes blancs et nuls	1,01 %	2,74 %
Charles de Gaulle	**44,65 %**	**55,2 %**
François Mitterrand	**31,72 %**	**44,8 %**

	1er tour
Jean Lecanuet	15,57 %
Jean-Louis Tixier-Vignancour	5,2 %
Pierre Marcilhacy	1,71 %
Marcel Barbu	1,15 %

1958

Le général de Gaulle est élu au premier tour face à un candidat communiste, Georges Marrane, et un centriste, Albert Châtelet.

1958	1er tour
Nombre de candidats	**3**
Suffrage universel indirect	
Charles de Gaulle	**78,51 %**
Georges Marrane	**13,03 %**
Albert Châtelet	8,46 %

» Les présidents de la République française

Sous la Ve République	
Emmanuel Macron	2017-
François Hollande	2012-2017
Nicolas Sarkozy	2007-2012
Jacques Chirac	1995-2007
François Mitterrand	1981-1995
Valéry Giscard d'Estaing	1974-1981
Alain Poher	intérim en 1969 et 1974
Georges Pompidou	1969-1974
Charles de Gaulle	1959-1969

Sous la IVe République	
René Coty	1954-1959
Vincent Auriol	1947-1954

Sous la IIIe République	
Albert Lebrun	1932-1940
Paul Doumer	1931-1932
Gaston Doumergue	1924-1931
Alexandre Millerand	1920-1924
Paul Deschanel	fév-sept 1920
Raymond Poincaré	1913-1920
Armand Fallières	1906-1913
Émile Loubet	1899-1906
Jean Casimir-Perier	1894-1895
Marie-François Sadi Carnot	1887-1894
Jules Grévy	1879-1887
Patrice de Mac Mahon	1873-1879
Adolphe Thiers	1871-1873

Le Gouvernement

» Composition du Gouvernement

	Premier gouvernement Philippe (15 mai-19 juin 2017)	Deuxième gouvernement Philippe (19 juin 2017-) *
Ministre d'État		
Intérieur	Gérard Collomb	Gérard Collomb
Transition écologique et solidaire	Nicolas Hulot	Nicolas Hulot
Justice, Garde des Sceaux	François Bayrou	**Nicole Belloubet**
Ministre		
Armées	Sylvie Goulard	**Florence Parly**
Europe et Affaires étrangères	Jean-Yves Le Drian	Jean-Yves Le Drian
Cohésion des Territoires	Richard Ferrand	**Jacques Mézard**
Solidarités et Santé	Agnès Buzyn	Agnès Buzyn
Culture	Françoise Nyssen	Françoise Nyssen
Économie(1)	Bruno Le Maire	Bruno Le Maire
Travail	Muriel Pénicaud	Muriel Pénicaud
Éducation nationale	Jean-Michel Blanquer	Jean-Michel Blanquer
Agriculture et Alimentation	Jacques Mézard	**Stéphane Travert**
Action et Comptes publics	Gérald Darmanin	Gérald Darmanin
Enseignement supérieur, Recherche et Innovation	Frédérique Vidal	Frédérique Vidal
Outre-mer	Annick Girardin	Annick Girardin
Sports	Laura Flessel	Laura Flessel
Ministre auprès ...		
Ministre auprès du ministre de l'Intérieur(2)		**Jacqueline Gourault**
Ministre chargé des Transports, auprès du ministre de la Transition écologique	Élisabeth Borne	Élisabeth Borne
Ministre chargé des Affaires européennes, auprès du ministre de l'Europe et des Affaires étrangères	Marielle de Sarnez	**Nathalie Loiseau**
Secrétaire d'État auprès du Premier ministre		
Chargé des Relations avec le Parlement, porte-parole du gouvernement	Christophe Castaner	Christophe Castaner *
Chargé de l'Égalité entre les femmes et les hommes	Marlène Schiappa	Marlène Schiappa
Chargé des personnes handicapées	Sophie Cluzel	Sophie Cluzel
Chargé du numérique	Mounir Mahjoubi	Mounir Mahjoubi
Secrétaire d'État auprès du ministre (2)		
Transition écologique et solidaire		**Sébastien Lecornu et Brune Poirson**
Europe et Affaires étrangères		**Jean-Baptiste Lemoyne**
Armées		**Geneviève Darrieussecq**
Cohésion des Territoires		**Julien Denormandie**
Économie et Finances		**Benjamin Griveaux** *

* **Remaniement du 24 nov. 2017 : Benjamin Griveaux** porte-parole du Gouvernement. **Delphine Gény-Stephann** secrétaire d'État auprès du ministre de l'Économie. **Olivier Dussopt** secrétaire d'État auprès du ministre de l'Action et des Comptes publics.

(1) Devient le ministère de l'Économie et des Finances dans le deuxième Gouvernement.

(2) Apparaît dans le deuxième Gouvernement.

» Les Premiers ministres de la Ve République

	Édouard Philippe
2017	
	Bernard Cazeneuve
2016	
	Jean-Marc Ayrault
2012	
	François Fillon
2007	
	Dominique de Villepin
2005	
	Jean-Pierre Raffarin
2002	
	Lionel Jospin
1997	
	Alain Juppé
1995	
	Édouard Balladur
1993	
	Pierre Bérégovoy
1992	
	Édith Cresson
1991	
	Michel Rocard
1988	
	Jacques Chirac
1986	
	Laurent Fabius
1984	
	Pierre Mauroy
1981	
	Raymond Barre
1976	
	Jacques Chirac
1974	
	Pierre Messmer
1972	
	Jacques Chaban-Delmas
1969	
	Maurice Couve de Murville
1968	
	Georges Pompidou
1962	
	Michel Debré
1959	

Les élections au Parlement

» Les élections législatives

Sièges par nuance de candidats (2017)

Nuances de candidats	Nombre de sièges
Extrême gauche	0
Parti communiste français	10
La France insoumise	**17**
Parti socialiste	**30**
Parti radical de gauche	3
Divers gauche	12
Écologistes	1
Divers	3
Régionalistes	5
La République en marche	**308**
Modem	**42**
Union des Démocrates et Indépendants	**18**
Les Républicains	**112**
Divers droite	6
Debout La France	1
Front national	8
Extrême droite	1
Total	**577**

Résultats au second tour (2017)

Nuances de candidats	Voix	% Inscrits	% Exprimés
Parti communiste français	217 833	0,46	1,2
La France insoumise	883 573	1,87	4,86
Parti socialiste	1 032 842	**2,18**	**5,68**
Parti radical de gauche	64 860	0,14	0,36
Divers gauche	263 488	0,56	1,45
Écologistes	23 197	0,05	0,13
Divers	100 574	0,21	0,55
Régionalistes	137 490	0,29	0,76
La République en marche	7 826 245	**16,55**	**43,06**

Modem	1 100 656	2,33	6,06
Union des Démocrates et Indépendants	551 784	1,17	3,04
Les Républicains	4 040 203	**8,54**	**22,23**
Divers droite	306 074	0,65	1,68
Debout La France	17 344	0,04	0,1
Front national	1 590 869	3,36	8,75
Extrême droite	19 034	0,04	0,1

Données générales	Nombre	% Inscrits	% Votants
Inscrits	47 293 103		
Abstentions	27 128 488	**57,36**	
Votants	20 164 615	42,64	
Blancs	1 409 784	2,98	6,99
Nuls	578 765	1,22	2,87
Exprimés	18 176 066	38,43	90,14

Résultats au premier tour (2017)

Nuances de Candidats	Voix	% Inscrits	% Exprimés
Extrême gauche	175 214	0,37	0,77
Parti communiste français	615 487	1,29	2,72
La France insoumise	**2 497 622**	**5,25**	**11,03**
Parti socialiste	**1 685 677**	**3,54**	**7,44**
Parti radical de gauche	106 311	0,22	0,47
Divers gauche	362 281	0,76	1,6
Écologistes	973 527	2,05	4,3
Divers	500 309	1,05	2,21
Régionalistes	204 049	0,43	0,9
La République en marche	**6 391 269**	**13,44**	**28,21**
Modem	932 227	1,96	4,12
Union des Démocrates et Indépendants	687 225	1,44	3,03
Les Républicains	**3 573 427**	**7,51**	**15,77**
Divers droite	625 345	1,31	2,76
Debout La France	265 420	0,56	1,17
Front national	**2 990 454**	**6,29**	**13,2**
Extrême droite	68 320	0,14	0,3

Données générales	Nombre	% Inscrits	% Votants
Inscrits	47 570 988		
Abstentions	24 403 480	**51,3**	
Votants	23 167 508	48,7	
Blancs	357 018	0,75	1,54
Nuls	156 326	0,33	0,67
Exprimés	22 654 164	47,62	97,78

Évolution de l'abstention aux élections législatives

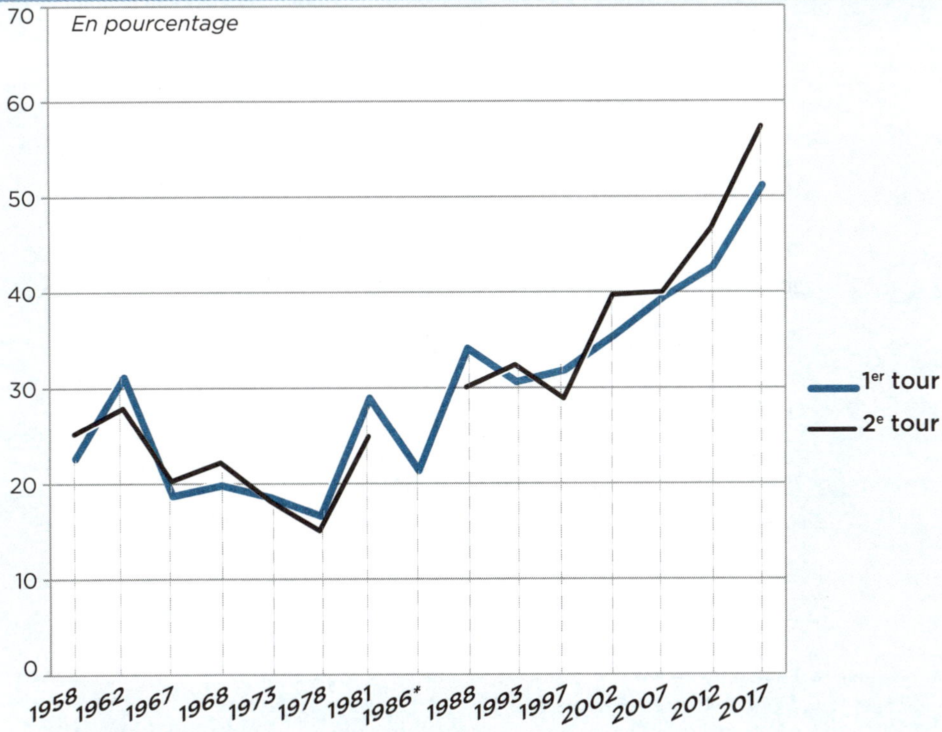

* 1986 : un seul tour (proportionnelle)

L'Assemblée nationale (2017)

Renouvellement

140 députés réélus *(nombre le plus faible de l'Histoire)*	
68 ont déjà effectué **1 mandat** **43** ont déjà effectué **2 mandats** **30** ont déjà effectué **3 mandats**	**10** ont déjà effectué **4 mandats** **7** ont déjà effectué **5 mandats** **3** ont déjà effectué **6 mandats**
416 députés élus pour la première fois	» 189 élus n'avaient jamais eu de mandat électif
224 femmes (38,6 %),	» assemblée la plus féminisée de l'Histoire
17 anciens ministres	» 1 PCF, 1 FI, 6 PS, 3 REM, 6 LR
Âge	» **Moyenne** d'âge de **48,8** ans (54 ans dernière législature) **Plus jeune** député, **Ludovic Pajot** (FN), 23 ans **Plus âgé**, **Bernard Brochand** (LR), 79 ans

7822 candidats se sont présentés soit **14 candidats en moyenne** par circonscription

» **539 élus en métropole, 27 Outre-mer, 11 Français de l'étranger**

Les présidents de l'Assemblée nationale

2017	**François de Rugy**
	Claude Bartolone
2012	
	Bernard Accoyer
	Patrick Ollier / Bernard Accoyer
2007	
	Jean-Louis Debré
2002	
	Raymond Forni
2000	
	Laurent Fabius
1997	
	Philippe Séguin
1993	
	Henri Emmanuelli
1992	
	Laurent Fabius
1988	
	Jacques Chaban-Delmas
1986	
1984	Louis Mermaz
1981	
	Jacques Chaban-Delmas
1978	
	Edgar Faure
1973	
	Achille Peretti
1969	
	Jacques Chaban-Delmas
1958	

» Les élections sénatoriales

	Total	Membres	Apparentés	Rattachés	Évolution *
LR	**146**	126	7	13	+ 4
Socialistes et républicains	**78**	78	0	0	**-34**
Union centriste	**49**	42	6	1	9
LREM	21	19	1	1	nouveau
Rassemblement Démocratique Social Européen **	21	17	0	4	+ 5
Communistes	15	12	0	3	- 3
République territoire et indépendant***	11	11	0	0	nouveau
Aucun rattachement groupe	5				
Poste vacant	2				
Total	**348**				

* Évolution depuis l'élection de 2014, sans tenir compte de la création du groupe LREM entre les élections de 2014 et 2017.

** Groupe ancien, composé d'élus issus de plusieurs mouvances, majoritairement à gauche.

*** Nouveau groupe, composé de centristes.

Répartition par groupe au Sénat

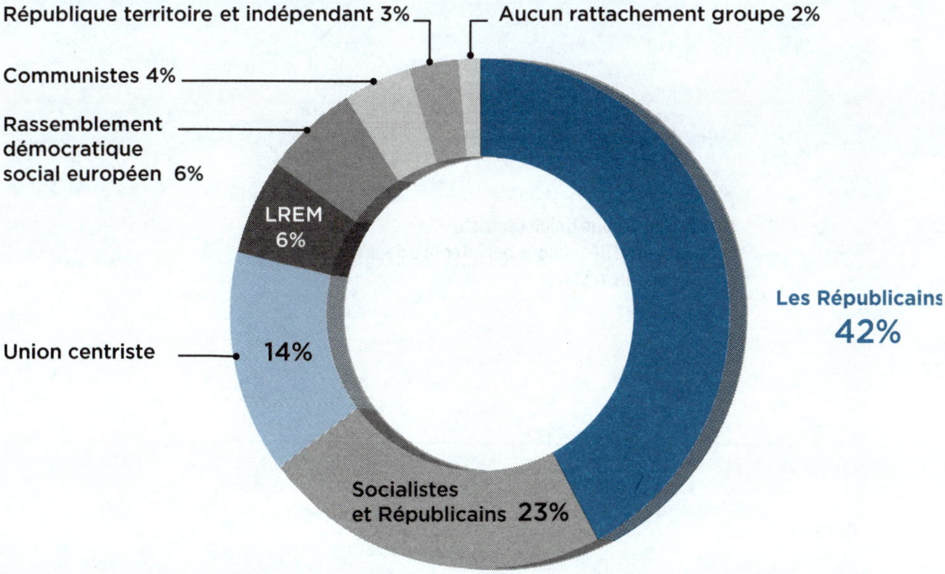

Les présidents du Sénat

2017 – 2014	**Gérard Larcher** (en cours) **(deux mandats successifs)** Membre du groupe Union pour un mouvement populaire Sénateur des Yvelines, Maire de Rambouillet Ministre de 2004 à 2007
2014 – 2011	**Jean-Pierre Bel** Membre du groupe socialiste, Sénateur de l'Ariège
2011 – 2008	**Gérard Larcher**
2008 – 1998	**Christian Poncelet** Membre du groupe Union pour un mouvement populaire Sénateur des Vosges Secrétaire d'État de 1974 à 1977
1998 – 1992	**René Monory** Membre du groupe Union pour un mouvement populaire Sénateur de la Vienne de 1968 à 2004 Ministre de l'Industrie, du commerce et de l'artisanat de 1977 à 1978 Ministre de l'Économie de 1978 à 1981
1992 – 1968	**Alain Poher** Membre du groupe Union centriste Président de la République par intérim à deux reprises A été secrétaire d'État
1968 – 1959	**Gaston Monnerville** *Membre de la gauche démocratique* *A été ministre et député (Guyane)*

Justice

» La chaîne pénale

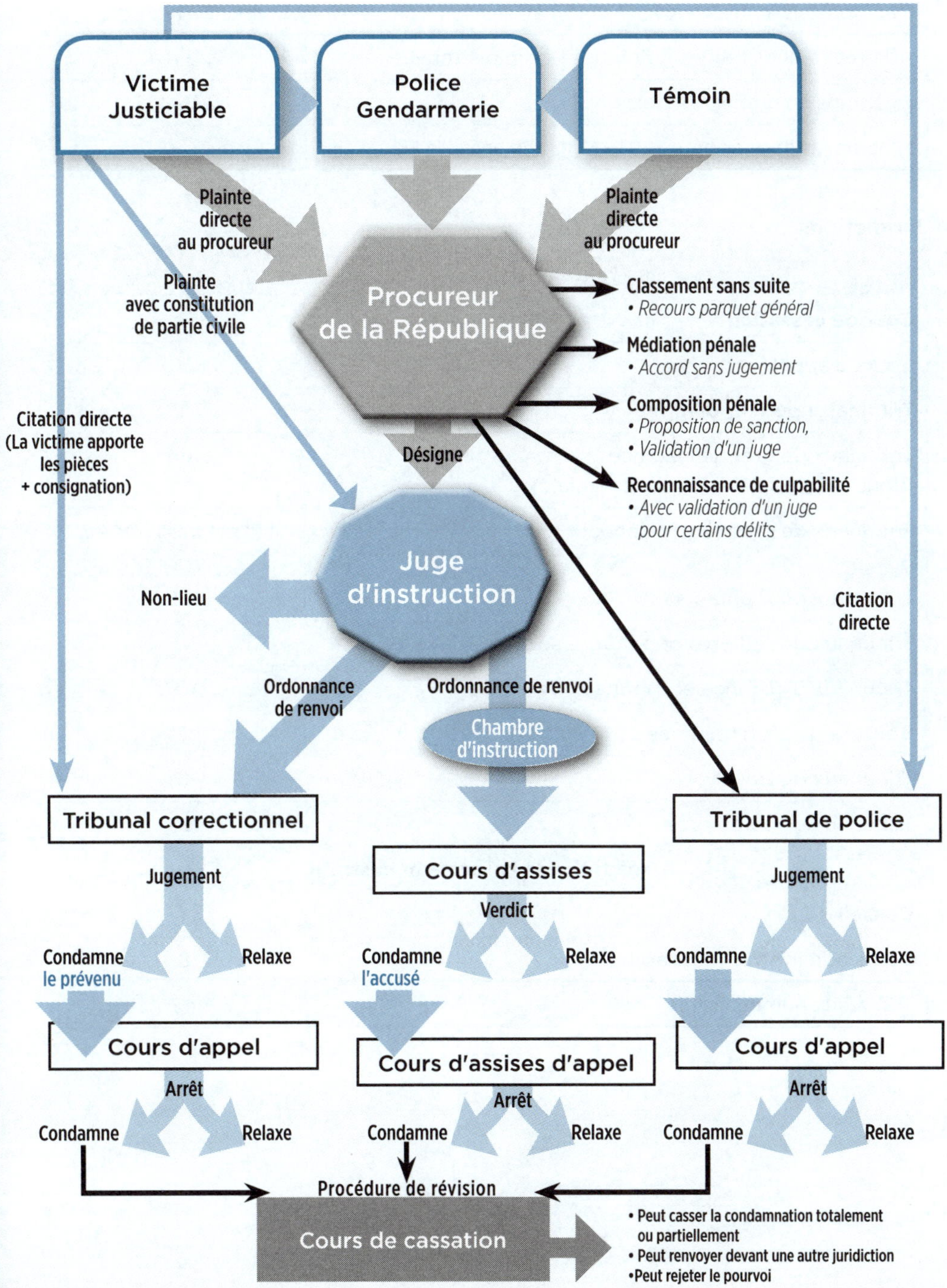

» Chiffres-clés de la Justice

Budget annuel	8,543 milliards €
Agents	80 988
Décisions en matière civile et commerciale	2 674 878
Affaires réglées par les juridictions administratives	228 876
Décisions en matière pénale	1 206 477
Mineurs en danger pour qui le juge des enfants a été saisi	103 885

» Juridictions

Juridictions de l'ordre judiciaire	
Cour de cassation	**1**
Cours d'appel	36
Tribunal supérieur d'appel	**1**
Tribunaux de grande instance (dont 16 à compétence commerciale)	164
Tribunaux de première instance	4 (dont 2 à compétence commerciale)
Tribunaux pour enfants	155
Tribunaux des affaires de sécurité sociale	114
Tribunaux d'instance et tribunaux de police	307
Conseils de prud'hommes	210
Tribunaux du travail	6
Tribunaux de commerce	134
Juridictions de l'ordre administratif	
Conseil d'État	**1**
Cours administratives d'appel	8
Tribunaux administratifs	42

Justice pénale

Décisions en matière pénale	1 206 477
Condamnations et compositions pénales	1 035 604
Crimes	2 381
Délits	597 594
Contraventions	33 900

**Chiffres 2016*

Structures pénitentiaires

Places en service	58 561
Établissements pénitentiaires	**187**
86 maisons d'arrêt [MA] et **45 quartiers MA situés dans des centres pénitentiaires**, recevant les prévenus (détenus en attente de jugement) et les condamnés dont le reliquat de peine est inférieur ou égal à deux ans lors de leur condamnation définitive.	
27 centres de détention [CD] et **39 quartiers [QCD]** accueillant des condamnés à plus de deux ans considérés comme présentant les perspectives de réinsertion les meilleures. À ce titre, les CD ont un régime de détention principalement orienté vers la resocialisation des détenus.	
50 centres pénitentiaires [CP], établissements mixtes qui comprennent au moins deux quartiers à régime de détention différent (maisons d'arrêt, centre de détention et/ou maison centrale).	
6 maisons centrales [MC] et **8 quartiers [QMC]** recevant les condamnés les plus difficiles. Leur régime de détention est essentiellement axé sur la sécurité.	
11 centres de semi-liberté autonomes [CSL], recevant les condamnés admis au régime de la semi-liberté et **14 quartiers [QSL]**, **9 quartiers** pour peines aménagées **[QPA]**.	
6 établissements pénitentiaires pour mineurs [EPM].	
1 établissement public de santé national à Fresnes (relevant du ministère de la Santé).	

Incarcération (au 1er août 2017)

- **69 126 personnes incarcérées** (pour **58 561** places)
- **10 749 sous surveillance électronique**

Sous la barre des soixante mille pendant les années 1990, et même moins de cinquante mille en 2001, le **nombre de détenus a fortement** augmenté depuis.

» La Cour de Justice de la République (*Extrait de la Constitution de la Ve République)*

TITRE IX

LA HAUTE COUR

Article 67

Le Président de la République n'est pas responsable des actes accomplis en cette qualité, sous réserve des dispositions des articles 53-2 et 68.

Il ne peut, durant son mandat et devant aucune juridiction ou autorité administrative française, être requis de témoigner non plus que faire l'objet d'une action, d'un acte d'information, d'instruction ou de poursuite. Tout délai de prescription ou de forclusion est suspendu.

Les instances et procédures auxquelles il est ainsi fait obstacle peuvent être reprises ou engagées contre lui à l'expiration d'un délai d'un mois suivant la cessation des fonctions.

Article 68

Le Président de la République ne peut être destitué qu'en cas de manquement à ses devoirs manifestement incompatible avec l'exercice de son mandat. La destitution est prononcée par le Parlement constitué en Haute Cour.

La proposition de réunion de la Haute Cour adoptée par une des assemblées du Parlement est aussitôt transmise à l'autre qui se prononce dans les quinze jours.

La Haute Cour est présidée par le Président de l'Assemblée nationale. Elle statue dans un délai d'un mois, à bulletins secrets, sur la destitution. Sa décision est d'effet immédiat.

Les décisions prises en application du présent article le sont à la majorité des deux tiers des membres composant l'assemblée concernée ou la Haute Cour.

Toute délégation de vote est interdite. Seuls sont recensés les votes favorables à la proposition de réunion de la Haute Cour ou à la destitution.

Une loi organique fixe les conditions d'application du présent article.

TITRE X

DE LA RESPONSABILITÉ PÉNALE DES MEMBRES DU GOUVERNEMENT

Article 68-1

Les membres du Gouvernement sont pénalement responsables des actes accomplis dans l'exercice de leurs fonctions et qualifiés crimes ou délits au moment où ils ont été commis.

Ils sont jugés par la Cour de justice de la République.

La Cour de justice de la République est liée par la définition des crimes et délits ainsi que par la détermination des peines telles qu'elles résultent de la loi.

Article 68-2

La Cour de justice de la République comprend quinze juges : douze parlementaires élus, en leur sein et en nombre égal, par l'Assemblée nationale et par le Sénat après chaque renouvellement général ou partiel de ces assemblées et trois magistrats du siège à la Cour de cassation, dont l'un préside la Cour de justice de la République.

Toute personne qui se prétend lésée par un crime ou un délit commis par un membre du Gouvernement dans l'exercice de ses fonctions peut porter plainte auprès d'une commission des requêtes.

Cette commission ordonne soit le classement de la procédure, soit sa transmission au procureur général près la Cour de cassation aux fins de saisine de la Cour de justice de la République.

Le procureur général près la Cour de cassation peut aussi saisir d'office la Cour de justice de la République sur avis conforme de la commission des requêtes.

Une loi organique détermine les conditions d'application du présent article.

Article 68-3

Les dispositions du présent titre sont applicables aux faits commis avant son entrée en vigueur.4) L'estimation des coûts de démantèlement, d'enlèvement et de restauration du site.

Société

» Données démographiques France et monde

Prévision de l'évolution de la démographie en France

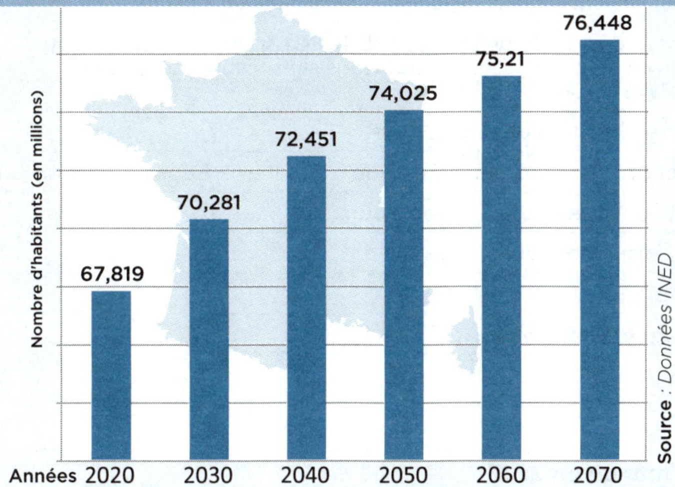

Prévisions de l'évolution de la population mondiale

2017	Population mondiale : **7,6** milliards d'habitants Pays les plus peuplés : **Chine (1,4)**, Inde (1,3), États-Unis (0,34)
2030	Population mondiale : **8,6** milliards d'habitants Pays les plus peuplés : **Inde (1,5)**, Chine (1,4), Nigeria (0,41), États-Unis (0,36)
2050	Population mondiale : **9,8** milliards d'habitants Pays les plus peuplés : **Inde (1,6)**, Chine (1,4), Nigeria (0,44), États-Unis (0,40)
2100	Population mondiale : **11,2** milliards d'habitants Pays les plus peuplés : **Inde (1,5)**, Chine (1,1), Nigeria (0,9), États-Unis (0,46)

Source : *Données du Département des affaires économiques et sociales des Nations unies*

» Les législations homosexuelles dans le monde

L'homosexualité reste interdite et réprimée (de peines de prison jusqu'à la peine de mort) dans environ **75 pays dans le monde**, principalement en Afrique, au Proche et Moyen-Orient et en Asie.

Chronologie de l'égalisation du mariage entre personnes de même sexe	
2001	**Pays-Bas** (avec autorisation à adoption)
2003	**Belgique** (droit d'adoption en 2006)
2005	**Espagne et Canada** (avec autorisation à adoption)
2006	**Afrique du Sud** (premier État africain)
2009	**Norvège et Suède**
2010	**Islande, Argentine, Portugal** (pas de droit à l'adoption)
2011	Le Conseil des droits de l'homme de **l'ONU** adopte une résolution pour promouvoir l'égalité des individus sans distinction de leur orientation sexuelle.
2012	Danemark, 9 États des États-Unis
2013	**France**, Uruguay, Nouvelle-Zélande, Angleterre, Écosse, Pays de Galles
2014	19 États des États-Unis, Luxembourg
2015	États-Unis, Irlande, Groenland
2016	Colombie
2017	Allemagne, Finlande, Malte

» Le sida dans le monde en 2017

36,7 millions	**Nombre de personnes dans le monde vivant avec le VIH,** un nombre en **augmentation** en raison de la propagation mais aussi de l'amélioration et de la diffusion des traitements médicaux.
36 millions	**Nombre de personnes mortes depuis le début de l'épidémie en 1981.** En 1994, le sida était la première cause de décès parmi les Américains de 25 à 44 ans.
1 million	**Nombre de décès en 2016, en forte baisse** sur les dernières années : environ 2 millions de morts en 2005.
20 millions	**Nombre de personnes ayant accès à des traitements antirétroviraux,** presque trois fois plus qu'en 2010. Plus de **15 millions d'humains n'ont pas d'accès à un traitement.**
17 secondes	**Une personne dans le monde est infectée par le virus toutes les 17 secondes (5 000 par jour).** Sur l'année 2017, entre 1,5 et 2 millions de personnes auront contracté le virus.
2/3	**L'Afrique concentre les 2/3 des nouvelles infections,** les transmissions augmentent en Asie et en Europe de l'Est.
160 000	**Nombre de nouvelles infections pour les enfants, en nette baisse,** en raison des campagnes de dépistage en Afrique chez les femmes enceintes, et des traitements antirétroviraux pour contrer la transmission du VIH de la mère au bébé.

Source : *rapport Onusida 2017 (www.unaids.org)*

Culture

» Palmarès du festival de Cannes 2017

Palme d'or	***The Square*** (Ruben Ostlund)
Prix spécial du 70e anniversaire	**Nicole Kidman**
Grand prix	***120 battements par minute*** (Robin Campillo)
Prix de la mise en scène	***Les Proies*** (Sofia Coppola)
Prix d'interprétation masculine	**Joaquin Phoenix**, pour *You Were Never Really Here* (Lynne Ramsay)
Prix d'interprétation féminine	**Diane Kruger**, pour *In the Fade* (Fatih Akin)
Prix du jury	***Faute d'amour*** (Andrey Zvyagintsev)
Prix du scénario	**Yorgos Lanthimos et Efthimis Filippou**, pour *Mise à mort du cerf sacré*, et **Lynne Ramsay**, pour *You Were Never Really Here*
Palme d'or du court-métrage	***Une nuit douce*** (Qiu Yang)
Mention spéciale du jury du court-métrage	***Le Plafond*** (Teppo Airaksinen)
Caméra d'or	***Jeune femme*** (Léonor Séraille)

» Palmarès du festival de Cannes depuis 2000

2000	***Dancer in the Dark*** (Lars Von Trier)
2001	***La Chambre du fils*** (Nanni Moretti)
2002	***Le Pianiste*** (Roman Polanski)
2003	***Elephant*** (Gus Van Sant)
2004	***Farenheit 9/11*** (Michael Moore)
2005	***L'Enfant*** (Jean-Pierre et Luc Dardenne)
2006	***Le vent se lève*** (Ken Loach)
2007	***4 mois, 3 semaines et 2 jours*** (Cristian Mungiu)
2008	***Entre les murs*** (Laurent Cantet)
2009	***Le Ruban blanc*** (Michael Haneke)
2010	***Oncle Boonmee, celui qui se souvient de ses vies antérieures*** (Apichatpong Weerasethakul)
2011	***The Tree of Life*** (Terrence Malick)
2012	***Amour*** (Michael Haneke)
2013	***La Vie d'Adèle - Chapitres 1 et 2*** (Abdellatif Kechiche) Pour la première fois, la Palme est attribuée aussi aux actrices principales, Adèle Exarchopoulos et Léa Seydoux.
2014	***Winter Sleep*** (Nuri Bilge Ceylan)
2015	***Dheepan*** (Jacques Audiard)
2016	***Moi, Daniel Blake*** (Ken Loach)
2017	***The Square*** (Ruben Ostlund)

» Lauréats des prix littéraires

Prix Goncourt	**Éric Vuillard**	***L'ordre du jour***
Prix Goncourt des lycéens	**Alice Zeniter**	***L'Art de perdre***
Prix Renaudot	Olivier Guez	*La Disparition de Josef Mengele*
Prix Femina	Philippe Jaenada	*La Serpe*
Prix Médicis	Yannick Haenel	*Tiens ferme ta couronne*
Grand Prix du roman de l'Académie française	Daniel Rondeau	*Mécaniques du chaos*
Prix Interallié	Jean-René Van der Plaetsen	*La nostalgie de l'honneur*
Prix de Flore	Pierre Ducrozet Zarca (ex-aequo)	*L'invention des Corps* *Paname underground*
Prix du Premier roman	Jean-Baptiste Andrea	*Ma Reine*

Sport

» Champions de France 2017

Sport	Club	Palmarès
Football	A.S. Monaco	8 titres
Rugby	Clermont-Ferrand	2 titres
Basket (H)	Chalon-sur-Saône	2 titres
Basket (F)	Villeneuve d'Ascq	1 titre
Handball (H)	Paris Saint-Germain	4 titres
Handball (F)	Metz	21 titres
Volleyball (H)	Chaumont	1er titre
Volleyball (F)	Mulhouse	1er titre

» Ils/elles ont remporté en 2017

Tennis	Homme	Femme
Wimbledon	Roger Federer	Garbine Muguruza
Roland Garros	Rafael Nadal	Jelena Ostapenko
Open D'australie	Roger Federer	Serena Williams
US Open	Rafael Nadal	Sloane Stephens

Cyclisme	
Tour de France	Chris Froome
Tour d'Italie	Tom Dumoulin
Tour d'Espagne	Chris Froome

» Les villes olympiques depuis 1896

1896	Athènes	**1948**	**Londres**	1988	Seoul
1900	**Paris**	1952	Helsinki	1992	Barcelone
1904	Saint Louis	1956	Melbourne	1996	Atlanta
1908	**Londres**	1960	Rome	2000	Sydney
1912	Stockholm	**1964**	**Tokyo**	**2004**	**Athènes**
1920	Anvers	1968	Mexico	2008	Pékin
1924	**Paris**	1972	Munich	**2012**	**Londres**
1928	Amsterdam	1976	Montréal	2016	Rio
1932	Los Angeles	1980	Moscou	**2020**	**Tokyo**
1936	Berlin	1984	Los Angeles	**2024**	**Paris**

Médias

» À qui appartiennent les médias français ?

Les industriels / Autre

Vincent Bolloré	Bernard Arnault	Arnaud Lagardère	Patrick Drahi	Famille Bouygues	Matthieu Pigasse & Xavier Niel
Groupe Vivendi	**LVMH**	**Groupe Lagardère**	**Altice**	**Groupe TF1**	**Groupe Le Monde**
• Canal +	• Aujourd'hui en France	• Europe 1	• BFM	• TF1	• Le Monde
• C8	• Le Parisien	• Paris Match	• RMC	• LCI	• The Huffington Post
• CNEWS	• Les Échos	• JDD	• RMC Découverte	• NT1	• Courrier international
• CSTAR	• Radio Classique	• RFM	• BFM Business	• HD1	• L'Obs
• CNEWS Matin	• Investir	• Virgin	• L'Express	• TMC	• Télérama
		• Gulli	• Libération		• La Vie

État français

Radio France	France Télévision	France Média Monde
• France Inter	• France 2	• RFI
• France Info	• France 3	• France 24
• France Culture	• France 4	• MCD
• France Musique	• France 5	
• France Bleu	• France Ô	
• Mouv		
• Fip		

France Télévision + France Média Monde → TV5 Monde

Radio France + France Télévision → franceinfo

Public Sénat, LCP

Arte (à 50%)

Les banques

Crédit Mutuel	Crédit Agricole
Groupe EBRA	**Groupe Rossel**
• L'Est Républicain	• La Voix du Nord
• Le Républicain Lorrain	• Nord Éclair
• DNA	• Courrier picard
• L'Alsace	• L'Aisne nouvelle
• Le Bien Public	• L'Union
• Vosges matin	• L'Ardennais
• Le Dauphiné	• Nord Littoral

Les grandes familles...

Famille Mohn	Famille Dassault	Famille Baylet	Famille Hutin	Famille Baudecroux	Famille Lemoine
Groupe Bertelsmann	**Groupe Dassault**	**Groupe La Dépêche**	**Groupe Ouest-France**	**NRJ Group**	**Groupe Sud Ouest**
• VSD	• Le Figaro				
• Capital					
• Management					
• RTL					
• M6					
• W9					
• 6 TER					
• Fun Radio					

...Les grandes familles

Famille Hersant	Famille Coudurier	Famille Saint-Cricq
Groupe Hersant	**Groupe Le Télégramme**	**Groupe NRCO**
• France Antilles		
• France Guyane		

L'Europe face aux migrations

» Les routes migratoires

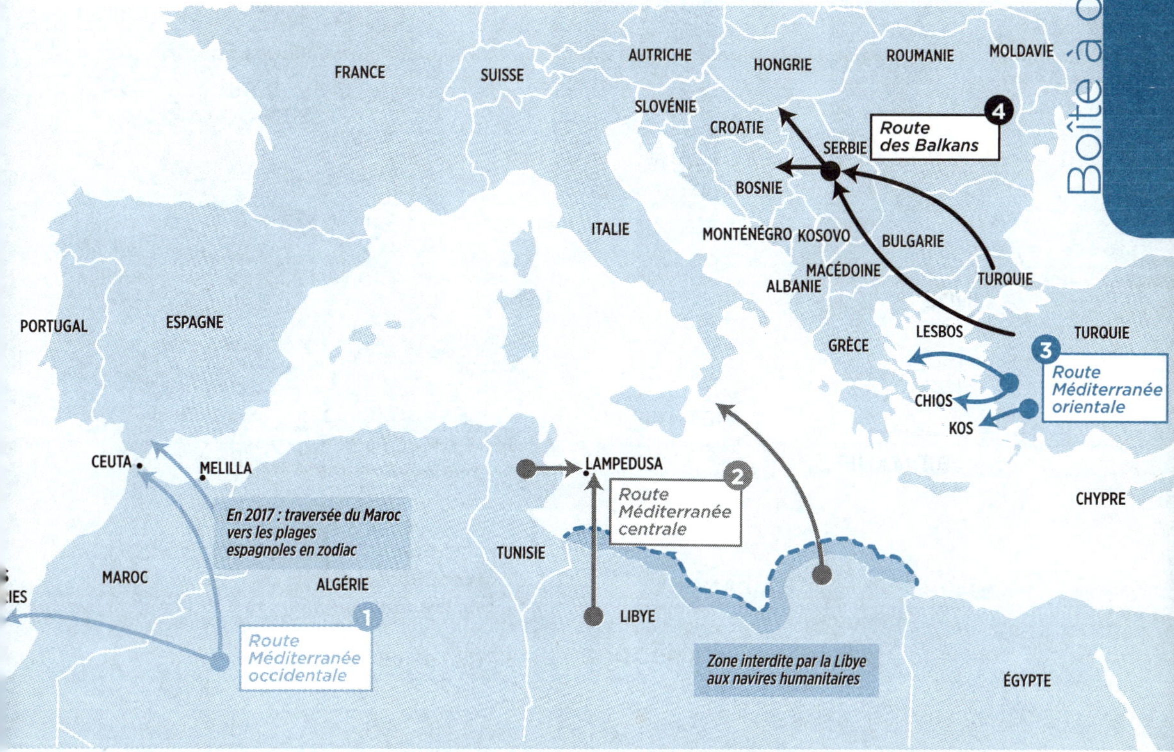

Route 1 : née au début des années 2000, *via* Ceuta et Melilla ; elle a été délaissée en raison du renforcement des mesures de sécurité. Pendant l'été 2017, des centaines de migrants ont débarqué en zodiac sur des plages espagnoles.
Route 2 : elle concerne surtout Érythréens et Nigérians qui tentent de rejoindre l'île italienne de Lampedusa, porte d'entrée dans l'UE. En 2017, la Libye a empêché des navires d'ONG de venir en aide aux migrants.
Route 3 : elle part de la Turquie vers les îles grecques, porte d'entrée dans l'UE. Un accord Turquie-UE vise à la couper.
Route 4 : de la Turquie vers la Bulgarie ou la Roumanie (non signataires des accords de Schengen), puis la Serbie afin d'entrer en UE par la Hongrie ou la Croatie. Une variante existe via la Macédoine, l'Albanie puis l'Italie.

Les conflits territoriaux en Asie

» **Les zones revendiquées par la Chine**

» Les îles Kouriles et le différend Russie-Japon

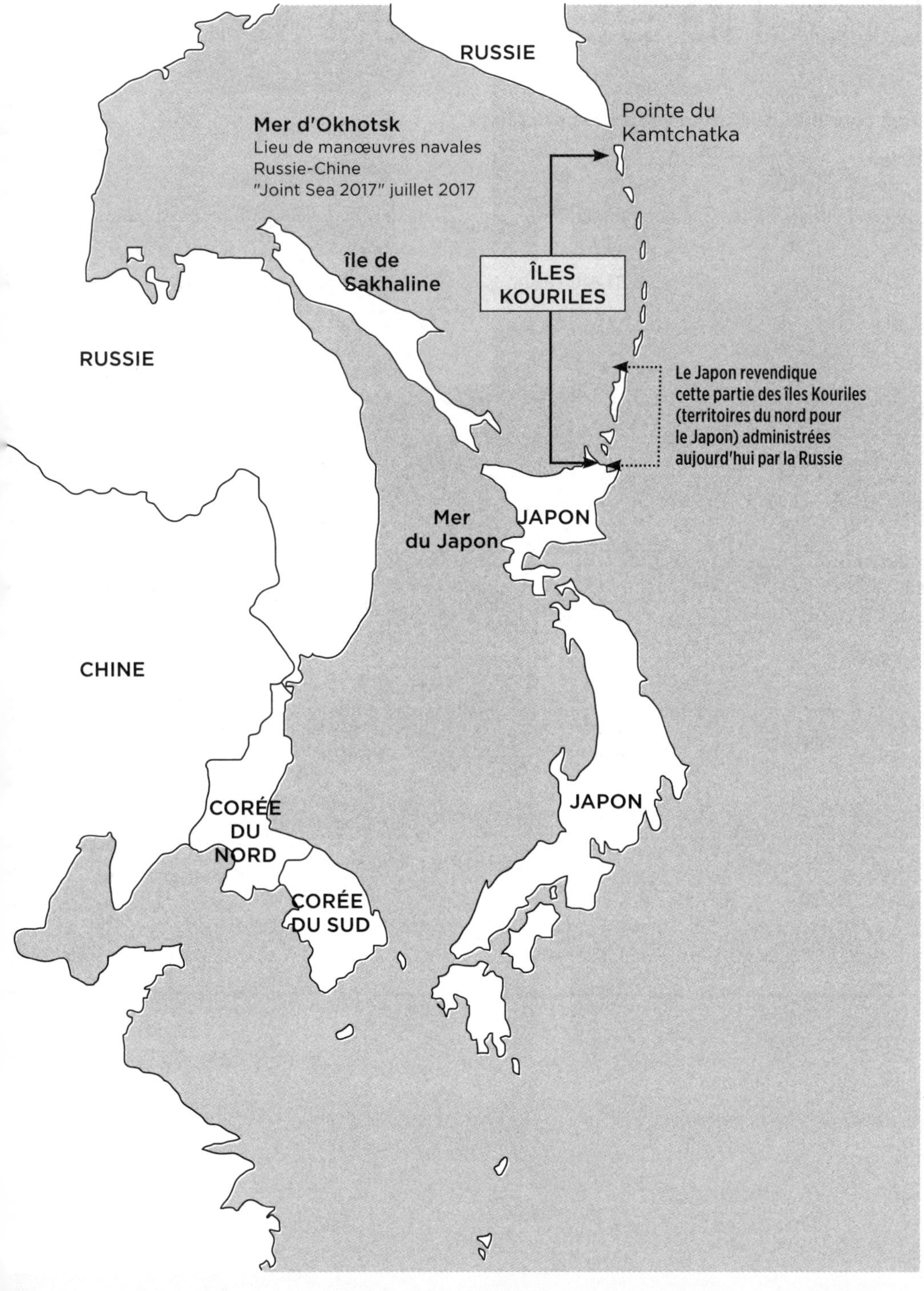

Proche et Moyen-Orient

» Les courants de l'islam : sunnites et chiites

Aires géographiques

Pays à forte présence chiite

Pays	Pourcentage de la population	Observations
Iran	90 %	Autres communautés acceptées, sièges réservés au Parlement pour les chrétiens et les juifs.
Azerbaïdjan	80 %	Population musulmane à 90 %. 80 % de chiites.
Bahreïn	60 %	Population musulmane à 80 %. Parmi les musulmans, majorité de chiites.
Irak	50 %	En majorité dans le Sud et à Bagdad.
Yémen	40 %	Guerre civile, Président sunnite soutenu par l'Arabie saoudite, les Houthis chiites soutenus par l'Iran.
Liban	25 %	Mosaïque religieuse. Population musulmane à 50 %. Nombreux chrétiens.

Pays à forte présence sunnite

Pays	Pourcentage de la population	Observations
Arabie saoudite	100 %	L'islam wahhabite est religion d'État, est issu du sunnisme.
Égypte	95 %	Les chrétiens coptes sont la seule religion minoritaire tolérée.
Jordanie	90 %	90 % de sunnites, minorité chrétienne.
Libye	90 %	Les minorités juives et chrétiennes ont émigré.
Soudan	90 %	Islam religion d'État dans les faits. Charia instaurée.
Turkménistan	90 %	Autre religion reconnue : chrétiens orthodoxes (10 % de la population).
Afghanistan	80 %	Population musulmane, 80 % de sunnites, autres minorités.
Syrie	80 %	Population à 90 % musulmane, sunnite et alaouite.
Turquie	80 %	Les alévis forment la minorité la plus importante.
Qatar	75 %	Les musulmans représentent 75 % de la population. L'islam wahhabite est religion d'État.
Pakistan	70 %	Minorité chiite d'environ 20 % de la population.
Émirats arabes unis	60 %	Population à 75 % musulmane. Nette majorité de sunnites.
Koweït	60 %	Population à 90 % musulmane (60 % sunnite, 40 % chiite).
Érythrée	40 %	Environ 50 % de chrétiens et 50 % de musulmans, sunnites principalement.

Autres pays

Oman	Pays musulman. La religion du sultanat est l'ibadisme, autre courant de l'islam.
Éthiopie	2/3 chrétiens orthodoxes, 1/3 musulmans de plusieurs branches du sunnisme.
Arménie	Chrétiens orthodoxes à 95 %.
Géorgie	Chrétiens orthodoxes à 90 %.

» Les dates-clés de la République islamique d'Iran

1979	Février : chute du régime du Shah et retour de l'**ayatollah Khomeiny**. Avril : proclamation de la **République islamique**. Novembre : rupture des relations diplomatiques avec les États-Unis après la **prise d'otages** par des étudiants de **52 diplomates** américains à l'ambassade des États-Unis à Téhéran.
1980-1988	**Guerre Irak-Iran** : les troupes irakiennes pénètrent en Iran. **Huit années** de guerre feront des centaines de **milliers de morts**.
1981	Élection à la présidence de l'**ayatollah Ali Khamenei**.
1989	**Mort de Khomeiny**. L'ayatollah Khamenei devient **guide suprême**. Élection à la présidence du **conservateur modéré Ali Akbar Hachémi Rafsandjan**i (réélu en 1993).
1997	Élection à la présidence de **Mohammad Khatami**.
2002	Le président américain **George W. Bush** place l'Iran parmi les **pays de « l'axe du mal »**.
2005	Victoire du candidat populiste **Mahmoud Ahmadinejad** à la présidentielle. Reprise de l'**enrichissement d'uranium** et **grave crise avec l'Occident**.
2006	Le Conseil de sécurité de **l'ONU sanctionne l'Iran** pour son refus de suspendre ses activités nucléaires sensibles (sanctions renforcées en 2007, 2008 et 2010).
2009	**Réélection** très contestée dans la rue du **président Ahmadinejad**.
2010	L'Iran lance la **production d'uranium enrichi à 20 %**.
2012	L'Iran annonce des avancées nucléaires majeures, dont la **production de combustible enrichi à 20 %**.
2013	**Élection d'Hassan Rohani**, reprise des relations diplomatiques entre l'Iran et la communauté internationale, **rencontre historique Obama-Rohani**.
2015	**14 juillet : conclusion de l'accord de Genève**.
2016	16 janvier, entrée en vigueur de l'accord, **levée des premières sanctions**. **Rupture des relations avec l'Arabie saoudite**.
2017	20 mai : réélection pour quatre ans du **président Rohani** dès le premier tour.

» L'iran et ses voisins

Pays limitrophes, grandes villes et nucléaire

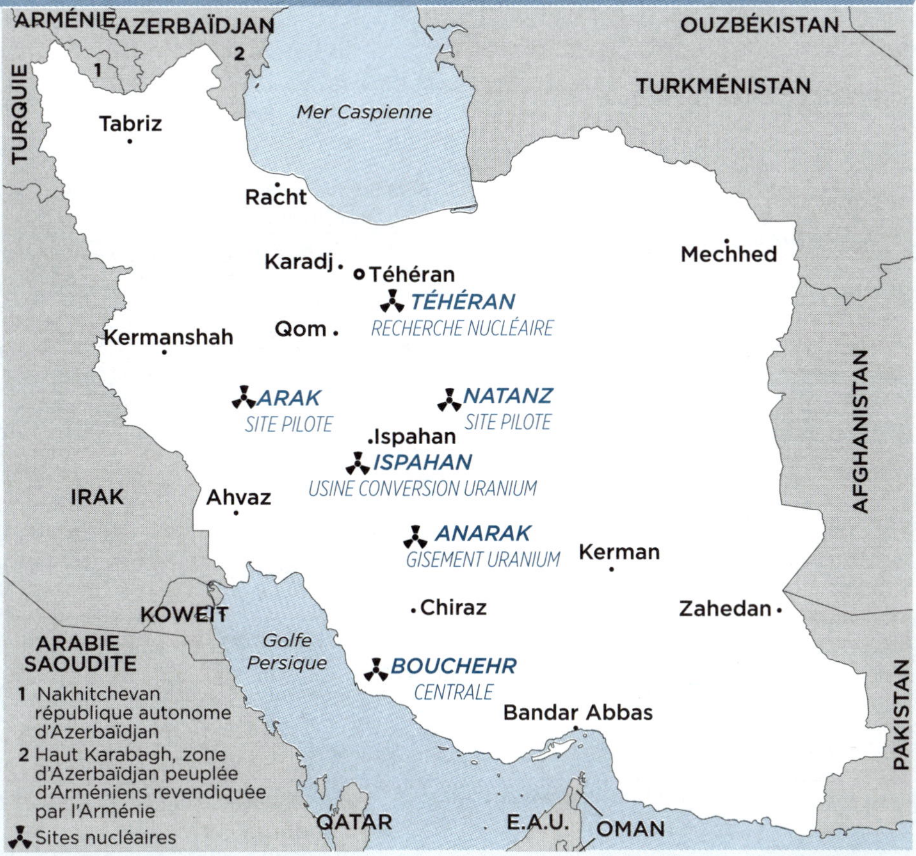

Amériques

» Le Brésil en crise politique

» Les présidents des États-Unis

George Washington	1789-1797	Benjamin Harrison	1889-1893
John Adams	1797-1801	S. Grover Cleveland	1893-1897
Thomas Jefferson	1801-1809	William McKinley	1897-1901
James Madison	1809-1817	**Theodore Roosevelt**	**1901-1909**
James Monroe	1817-1825	William Howard Taft	1909-1913
John Quincy Adams	1825-1829	T. Woodrow Wilson	1913-1921
Andrew Jackson	1829-1837	Warren G. Harding	1921-1923
Martin Van Buren	1837-1841	J. Calvin Coolidge	1923-1929
William Henry Harrison	1841	Herbert C. Hoover	1929-1933
John Tyler	1841-1845	**Franklin D. Roosevelt**	**1933-1945**
James K. Polk	1845-1849	Harry S. Truman	1945-1953
Zachary Taylor	1849-1850	Dwight D. Eisenhower	1953-1961
Millard Fillmore	1850-1853	**John F. Kennedy**	**1961-1963**
Franklin Pierce	1853-1857	Lyndon B. Johnson	1963-1969
James Buchanan	1857-1861	**Richard M. Nixon**	**1969-1974**
Abraham Lincoln	**1861-1865**	Gerald R. Ford	1974-1977
Andrew Johnson	1865-1869	James Carter	1977-1981
Ulysses S. Grant	1869-1877	Ronald Reagan	1981-1989
Rutherford B. Hayes	1877-1881	**George H. W. Bush**	**1989-1993**
James A. Garfield	1881	**Bill Clinton**	**1993-2001**
Chester A. Arthur	1881-1885	**George W. Bush**	**2001-2009**
S. Grover Cleveland	1885-1889	**Barack Obama**	**2009-2017**
		Donald Trump	**2017-**

Les élections présidentielles dans le monde

» Présidents élus en 2017

Pays	Président élu	Contexte
Allemagne	Frank-Walter Steinmeier	Parti social-démocrate, élu par le Parlement
Chili	Second tour le 17 décembre 2017	Le conservateur Sebastian Piñera devait affronter au second tour le candidat de gauche, Alejandro Guillier
Corée du sud	Moon Jae-in	Élection à la suite de la destitution de la présidente sortante, Park Geun-hye
Equateur	Lenin Moreno	Succède à Rafael Correa, socialiste comme lui, qui ne briguait pas de 4e mandat
France	Emmanuel Macron	Les deux partis historiques de droite et gauche sont battus
Hongrie	Janos Ader	Élu par l'Assemblée, soutenu par les partis de droite
Inde	Ram Nath Kovind	Élection indirecte, soutenu par la coalition au pouvoir
Iran	Hassan Rohani	Réélu au 1er tour face à des conservateurs
Kenya	Uhuru Kenyatta	Réélu avec 98,3 % des suffrages, boycott du scrutin par l'opposition, faible participation
Kirghizistan	Sooronbaï Jeenbbekov	Élu au premier tour, 54,74 % des voix
Mongolie	Khaltmaagiyn Battulga	Centre droit
Rwanda	Paul Kagame	Réélu sans réelle opposition avec 99 % des voix
Serbie	Aleksandar Vucic	Premier ministre sortant, élu au 1er tour, pro européen
Singapour	Halimah Yacob	Rôle très honorifique
Slovénie	Borut Pahor	Le président sortant, social-démocrate, a été réélu au second tour avec 53 % des voix
Somalie	Mohamed Abdullahi Mohamed	Ancien Premier ministre, bat le président sortant
Timor oriental	Francisco Guterres	Candidat de gauche battu en 2012, élu au 1er tour avec 57,1 % des voix
Turkménistan	Gurbanguly Berdimuhamedow	Au pouvoir, autoritaire, depuis 2006, scrutin prétexte, 98 % des voix

Ce tableau ne prend pas en compte les élections dans les pays non reconnus.
En 2017 : Somaliland, haut-Karabagh, Ossétie du Sud.

Lexique

» Adhésion à l'Union européenne

Le Conseil de l'Union européenne accorde le statut de candidat officiel à un pays. Une fois candidat, un pays reçoit des aides et ouvre des négociations d'adhésion sur des critères économiques, communautaires et d'intégration. 35 chapitres (des thèmes différents) sont alors ouverts pour valider - ou pas - la candidature de l'État. Une fois tous les chapitres fermés la signature du traité d'adhésion peut alors intervenir. Cette adhésion doit ensuite être validée par tous les pays déjà membres. La Croatie est le dernier pays devenu membre en 2013. L'UE fait une pause dans le processus d'adhésion. La Serbie semble être le pays le plus proche d'une future adhésion. (www.touteleurope.eu)

» Affaire Grégory

Du nom de Grégory Villemin, un enfant de quatre ans découvert mort noyé dans la Vologne en 1984, les membres liés. Cette affaire criminelle non résolue a connu un très grand retentissement tant la police, la gendarmerie, les médias et la justice furent défaillants. En 2017, le grand oncle et la grande tante de l'enfant ont été mis en examen après de nouvelles expertises, et le premier juge d'instruction, Jean-Michel Lambert, s'est suicidé.

» Affaire Tapie

Au moment de la vente de son entreprise Adidas, l'ancien ministre et homme d'affaires Bernard Tapie, en conflit avec sa banque, la banque publique Crédit Lyonnais, avait bénéficié des années plus tard du choix d'un arbitrage en sa faveur. La justice s'est interrogée sur les raisons qui ont poussé l'État (*via* la ministre de l'Économie de l'époque, Christine Lagarde) à accepter ce choix contestable et très coûteux (de l'ordre de 400 millions d'euros pour l'État, et donc le contribuable). En 2016, la Cour de cassation a validé l'annulation de la procédure d'arbitrage. Christine Lagarde a été condamnée pour « négligence » mais dispensée de peine par la Cour de justice de la République. En mai 2017, Bernard Tapie a été définitivement condamné après la confirmation par la Cour de cassation de l'arrêt de la cour d'appel.

» Agence internationale de l'énergie atomique (AIEA)

Agence de l'ONU qui promeut les usages pacifiques de l'énergie nucléaire et tente de limiter le développement du nucléaire militaire. Son siège est à Vienne ; son directeur est le Japonais Yukiya Amano. L'Agence a obtenu le prix Nobel de la paix en 2005.

Elle rend un rapport annuel et étudie des programmes nucléaires, comme le programme iranien sur lequel elle travaille avec les grandes puissances. En 2017, elle a confirmé que l'Iran respectait les termes de l'accord sur le nucléaire conclu en 2015. (www.iaea.org)

» Al-Qaïda
Mouvement terroriste islamiste fondé à la fin des années 1980 au Pakistan. Al-Qaïda signifie « la base » en arabe. Ses dirigeants, dont l'un des principaux a été Oussama Ben Laden, appellent au terrorisme contre les États occidentaux qu'ils considèrent comme des ennemis des nations islamiques. Le mouvement s'est scindé en Irak et en Syrie où d'autres groupes extrémistes se sont développés.

» Aqmi
Branche d'Al-Qaïda au Maghreb islamique, historiquement algérienne, qui a ensuite rejoint la nébuleuse Al-Qaïda. Aqmi tente d'imposer la création d'un État islamique au Maghreb avec la charia comme base du droit. Aqmi est présent dans le nord du Mali et revendique des prises d'otages au Niger et au Mali.

» Armée syrienne libre (ASL)
Regroupement hétérogène d'opposants à Bachar Al-Assad, le président syrien. Elle tente de fédérer des opposants politiques, des membres de milices et groupuscules divers. Elle est l'interlocutrice de la communauté internationale. Elle a subi de nombreux revers et perdu de son influence en 2017.

» Article 49-3
Cet article permet au gouvernement de faire passer une loi à l'Assemblée nationale sans discussion, sauf si une motion de censure est votée. Depuis la révision de la constitution en 2008, l'utilisation du 49-3 est limitée à une utilisation (hors projet de loi de finances) par session. Utilisé en 2016 dans le cadre de l'adoption de la loi Travail. En 2017, le gouvernement Philippe lui a préféré les ordonnances.

» Assemblée générale de l'ONU
Principal organe de délibération de l'ONU. Chaque État membre dispose d'une voix à l'Assemblée. À ne pas confondre avec le Conseil de sécurité de l'ONU où cinq États (Chine, États-Unis, France, Royaume-Uni, Russie) ont un droit de veto. Emmanuel Macron et Donald Trump y ont fait leur première apparition en 2017 (www.un.org/fr).

» Banque centrale européenne (BCE)
Banque centrale responsable de la monnaie unique européenne, l'euro. Sa principale mission consiste à maintenir le pouvoir d'achat de l'euro, et donc la stabilité des prix dans la zone euro. Elle coordonne l'action des différentes banques centrales nationales (dont la Banque de France) (www.ecb.int).

» Banque mondiale
Institution de l'ONU servant d'appui financier et technique pour les pays en développement. Sa mission est d'aider à réduire la pauvreté et appuyer le développement. Elle se compose de la Banque internationale pour la reconstruction et le développement (BIRD) et de l'Association internationale de développement (IDA) (www.banquemondiale.org).

» Boko Haram
Groupe islamiste dont le nom signifie en langue haoussa (parlée dans le nord du Nigeria) « l'éducation occidentale est un péché ». Cette organisation veut instaurer un État islamiste

dans le nord du pays et sème la terreur, revendiquant de nombreux attentats suicides ou des attaques contre des églises.

» Brexit

Contraction des termes BRitain et EXIT.
En 2016, les Britanniques ont voté à 51,9 % par référendum leur départ de l'Union européenne, provoquant un tremblement de terre institutionnel et économique en Europe. Historiquement défiant vis-à-vis de l'Europe, le Royaume-Uni est le troisième pays le plus peuplé de l'Union derrière l'Allemagne et la France. C'est la première fois qu'un pays décide de quitter l'UE. En mars 2017, Theresa May, Première ministre britannique, a activé l'article 50 du traité de Lisbonne qui organise le retrait d'un État, et entamé les négociations pour une sortie attendue en 2019.

» BRICS

Terme anglais qui désigne un groupe de cinq États considérés comme les puissances émergentes : Brésil, Russie, Inde, Chine et Afrique du Sud. Ils se réunissent en sommets annuels ; ils représentent environ 40 % de la population mondiale, près de 3 milliards d'habitants.

» Cabotage

Action pour un transporteur étranger de venir en France charger puis décharger de la marchandise. Il entre ainsi en concurrence jugée déloyale par beaucoup car, si les transporteurs français sont soumis aux règles sociales françaises, lui est soumis aux règles de son pays.

» CAC 40

Principal indice de la Bourse de Paris. Il a été créé fin décembre 1987 avec une valeur de référence de 1 000 points. Calculé en fonction des cours de quarante actions cotées en continu à la Bourse, cet indice reflète la tendance globale de l'économie des grandes entreprises françaises.

» Casques blancs

Les Casques blancs syriens sont 3 000 bénévoles qui risquent leur vie pour sauver les civils victimes des frappes et des combats en Syrie. Ils figuraient en 2017 parmi les possibles prix Nobel de la paix.

» CFDT

La CFDT est devenue en 2017 la première organisation syndicale au niveau national chez les salariés du privé. Elle a dépassé la CGT, qui reste toutefois le premier syndicat français si l'on inclut les salariés du secteur public.

» Chiisme et sunnisme

Deux des trois principales branches de l'islam (avec le kharijisme, minoritaire en nombre de fidèles). À la mort du prophète Mahomet, les chiites et les sunnites ne se reconnaissent pas le même successeur. Les chiites reconnaissent Ali, le gendre de Mahomet, et douze imams réputés infaillibles dans l'interprétation du Coran ; parmi eux se trouvent les deux fils d'Ali. Pour les chiites, le douzième imam reviendra à la fin des temps pour juger les hommes. Le chiisme se distingue également du sunnisme par l'existence d'un clergé très hiérarchisé ; le pouvoir politique doit compter avec le pouvoir des autorités religieuses.
Les sunnites représentent le courant majoritaire de l'islam (85 % des musulmans) dans le monde ; les chiites 15 % (en Iran, au Bahreïn, en Irak, au Liban).

» « Chine unique »

Depuis la fin de la guerre civile en Chine, l'île de Taïwan est coupée politiquement du reste de la Chine.

Taïwan, dans les faits se gouverne seul, sans être reconnu par l'ONU. Le principe de la « Chine unique » est que la Chine n'accepte d'avoir des relations diplomatiques qu'avec les pays qui n'en entretiennent pas avec Taïwan.

» CICE

Crédit d'impôt pour la compétitivité et l'emploi : le Gouvernement a annoncé sa transformation en allégement de charges en 2019. Le CICE avait été créé en 2013 par François Hollande pour accroître la compétitivité des entreprises. C'est une réduction d'impôts, calculée en fonction de la masse salariale hors salaires supérieurs.

» Clean Power Plan

L'administration américaine, sous la présidence de Donald Trump, a abrogé le *Clean Power Plan* décidé par Barack Obama. Cette mesure visait à conduire la transition énergétique, à diminuer l'émission de gaz à effet de serre et imposait aux centrales thermiques des réductions de leurs émissions de CO_2 de 32 % d'ici 2030 par rapport à 2005. Les États-Unis sont le deuxième émetteur de gaz à effet de serre derrière la Chine.

» Comité consultatif national d'éthique (CCNE)

Groupe d'experts, sociologues, philosophes, médecins chargés d'apporter des réflexions sur les questions de santé et des sciences de la vie. Il a un rôle uniquement consultatif. Il est présidé par Jean-Claude Ameisen. Il a été consulté en 2017 sur la question de la procréation médicalement assistée (PMA).

» Comité international olympique (CIO)

Créé par Pierre de Coubertin en 1894 pour réinstaurer les anciens Jeux olympiques, c'est un organisme très riche aujourd'hui, qui organise tous les quatre ans les JO et qui rassemble l'ensemble des comités nationaux olympiques. En septembre 2013, l'Allemand Thomas Bach a pris la tête du CIO. A En 2017, le CIO a décidé d'attribuer les JO de 2024 à Paris et ceux de 2028 à Los Angeles.

» Communauté économique des États de l'Afrique de l'Ouest (CÉDÉAO)

Organisation d'États fondée en 1975 qui vise à promouvoir la coopération et l'intégration dans le but de créer une union économique et monétaire ouest-africaine. Depuis 1990, la CÉDÉAO a doublé cet objectif économique d'un but militaire en se dotant d'une force d'interposition, l'ECOMOG. La CÉDÉAO rassemble aujourd'hui 15 États : Bénin, Burkina Faso, Cap-Vert, Côte d'Ivoire, Gambie, Ghana, Guinée, Guinée-Bissau, Liberia, Mali, Niger, Nigeria, Sénégal, Sierra Leone, Togo.

» Conférence de Paris

Conférence organisée en France sur le conflit israélo palestinien autour de soixante-dix pays mais sans les Israéliens et les Palestiniens. Les signataires réaffirment un engagement en faveur de la solution à deux États et refusent des actions unilatérales prises par l'une ou l'autre des parties. Le texte final demande aux Israéliens et Palestiniens de « démontrer leur engagement pour la solution à deux États, et s'abstenir d'actions unilatérales qui préjugeraient du résultat de la négociation, notamment sur les frontières, Jérusalem, les réfugiés ».

» Conseil constitutionnel

Institution de la Ve République, née de la Constitution de 1958. Le Conseil constitutionnel a pour principale mission de veiller à la régularité des élections et à la conformité des lois votées. Il intervient également dans certaines circonstances de la vie parlementaire et publique (www.conseil-constitutionnel.fr).

›› Conseil d'État

Plus haute juridiction administrative française, qui a pour rôle de conseiller le gouvernement, notamment au moment de l'élaboration des projets de lois. Les citoyens peuvent faire appel devant le Conseil d'État en cas de décision défavorable d'un tribunal administratif.

›› Conseil de sécurité de l'ONU

Principal organe veillant au maintien de la paix et de la sécurité dans le monde. Le Conseil compte 15 membres disposant chacun d'une voix (cinq permanents avec un droit de veto et 10 non permanents élus pour deux ans). Il peut constater un acte d'agression, inviter les parties à régler un différend, imposer des sanctions et autoriser l'emploi de la force pour maintenir ou rétablir la paix et la sécurité internationales.
La France, la Chine, la Russie, les États-Unis et le Royaume-Uni possèdent le statut de membre permanent. Des voix s'élèvent pour réclamer sa réforme (www.un.org/fr/sc).

›› Conseil supérieur de l'audiovisuel (CSA)

Créé en 1989, il a pour mission de garantir la liberté de communication audiovisuelle en France. Il gère notamment l'organisation des campagnes électorales à la radio et à la télévision, attribue les fréquences aux opérateurs. François Hollande lui a redonné en 2013 le pouvoir de nomination des présidents de chaînes publiques. En 2017, il a condamné des chaînes pour des propos injurieux ou homophobes tenus dans certaines émissions (www.csa.fr).

›› Contribution sociale généralisée (CSG)

Impôt prélevé sur tous les revenus : ceux provenant de l'activité, les revenus du patrimoine et les produits de placements financiers. Premier impôt direct français, il rapporte davantage à l'État que l'impôt sur le revenu (environ 100 milliards d'euros). En 2017, Emmanuel Macron a annoncé sa hausse afin de financer la baisse des cotisations.

›› Cour de cassation

Plus haute juridiction de l'ordre judiciaire français. Elle a pour mission de réviser, à la demande des parties, les décisions émanant des tribunaux et cours d'appel, au pénal comme au civil. La Cour ne tranche que des questions de droit ou d'application du droit, elle ne juge pas les faits. Depuis 1991, elle peut être saisie pour donner son avis sur des questions de droit se posant dans un litige (www.courdecassation.fr).

›› Cour de justice de la République (CJR)

Créée en juillet 1993 après l'affaire dite « du sang contaminé », elle est composée de quinze juges : douze parlementaires et trois magistrats de la Cour de cassation. Toute personne qui se sent lésée par un délit ou un crime commis par un membre du gouvernement peut la saisir. Une commission de magistrats décide de la recevabilité des plaintes. La CJR juge les crimes et délits imputables aux ministres dans l'exercice de leur fonction. Emmanuel Macron a annoncé en 2017 sa volonté de la supprimer.

›› Cour européenne de justice (CEJ)

De son vrai nom Cour de justice des Communautés européennes, la CEJ est une institution de l'Union européenne depuis 1952 ; elle siège à Luxembourg. Elle interprète les lois issues des traités, de la Commission européenne, du Parlement et du Conseil européens, juge les litiges entre États membres ou entre la Commission européenne et un État membre. Elle vérifie que les actes pris par les institutions n'entrent pas en contradiction avec les traités. Les tribunaux nationaux peuvent la saisir en cas de doute sur une règle communautaire.

» Cour européenne des droits de l'homme (CEDH)
Tribunal supranational chargé de veiller au respect par les États signataires de la Convention européenne des droits de l'homme. La France y a déjà été condamnée pour des infractions de la législation sur les conditions de détention et la réglementation des étrangers, notamment.

» Cour internationale de justice (CIJ)
Organe judiciaire principal de l'Organisation des Nations unies (ONU) institué en juin 1945 par la Charte des Nations unies. Elle siège à La Haye (Pays-Bas). Sa mission est de régler, conformément au droit international, les différends d'ordre juridique qui lui sont soumis par les États. Elle peut aussi donner des avis consultatifs sur les questions d'ordre juridique que lui posent les organes de l'ONU (www.icj-cij.org).

» Cour pénale internationale (CPI)
Juridiction internationale permanente créée en 2002, chargée de juger les personnes accusées de crimes de guerre, de crimes contre l'humanité et de génocide. Son siège est à La Haye. 121 États acceptent l'autorité de la CPI. La Russie, Israël et les États-Unis ne la reconnaissent pas.

» CPA
Compte personnel d'activité. Entré en vigueur en 2017, il regroupe deux comptes existants, le compte personnel de formation et le compte pénibilité (qui permet aux salariés exerçant des métiers pénibles de partir plus tôt en retraite) et un nouveau compte, le compte d'engagement citoyen. Son but est de rattacher les droits sociaux à la personne tout au long de sa vie professionnelle.

» Daesh
Voir EI/Daesh.

» Démographie française
Au 1er janvier 2017, la France comptait 66 991 000 habitants, 64 860 000 en métropole et 2 131 000 dans les cinq départements d'outre-mer, soit une hausse de 0,4 % en un an.

» Djihadistes
Il s'agit des musulmans qui décident de faire « le djihad », la guerre sainte, en combattant par les armes les non-musulmans.

» Ebola
La fièvre à virus Ebola est une maladie hémorragique qui provoque la mort chez 50 à 90 % des malades infectés. Le virus Ebola est l'un des agents infectieux les plus contagieux et mortels chez l'homme. En 2014, il s'est propagé en Afrique de l'Ouest, principalement au Liberia, en Guinée et en Sierra Leone. L'épidémie s'est officiellement éteinte en 2016 ? En 2017, des vaccins ont été testés par l'OMS.

» En marche !
Nom du mouvement d'Emmanuel Macron, pour se lancer dans la campagne victorieuse de 2017, alors qu'il était ministre. Renommé « La République en Marche » en 2017.

» Espace Schengen
Espace délimité par les 26 États européens signataires de l'accord de Schengen (1985), à l'intérieur duquel la circulation des biens et des hommes est assurée. Espace unique en matière de voyages internationaux où les contrôles externes sont renforcés.

» État d'urgence
Ce statut d'exception prévoit un assouplissement des règles d'intervention des forces de l'ordre et permet à l'autorité administrative de décider sans l'avis d'un juge de mesures d'ordre public privatives de liberté comme des perquisitions ou assignations à résidence. Plusieurs fois prolongé en 2016 et 2017. A pris fin quand une part importante de son contenu a été intégrée à une nouvelle loi antiterroriste.

» État islamique (EI)/Daesh
Le groupe EI est né en 2006 en Irak. Il est l'émanation d'un regroupement de mouvements liés à Al-Qaïda. Il s'est progressivement renforcé, a absorbé la branche d'Al-Qaïda en Irak, s'est étendu en Syrie, a pris ses distances avec Al-Qaïda jusqu'à s'en séparer totalement en 2013. L'EI devient alors l'EIIL (État islamique en Irak et au Levant). C'est un mouvement sunnite salafiste (il prône le retour à l'islam des origines), hostile aux chiites. EI fait régner la terreur sur la zone qu'il contrôle en Syrie et Irak. Une coalition internationale bombarde ses positions. Fin 2017, très affaibli, il avait perdu une part importante des zones qu'il contrôlait.

» Eurogroupe
Réunion des ministres des Finances des pays membres de la zone euro, qui a pour but de coordonner les politiques économiques de ces États.

» Flexisécurité
Contraction des mots « flexibilité » et « sécurité ». Concept apparu au Danemark dans les années 1990. Il associe une politique de flexibilité forte permettant à un employeur de rompre facilement sans surcoût un contrat de travail pour une meilleure fluidité de l'emploi et une sécurité élevée pour le salarié avec un renforcement de l'assurance chômage (durée et montant) et de la formation.

» Fonction publique
5,4 millions fonctionnaire répartis entre la fonction publique d'État (FPE, 2,4 millions), la fonction publique hospitalière (FPH, 1,1 million) et la fonction publique territoriale (FPT, 1,9 million). Ils représentent 20 % des emplois en France qui compte 72 fonctionnaires pour 1 000 habitants, plus qu'en Allemagne ou au Royaume-Uni mais moins que dans les pays scandinaves.

» Fonds de secours européen (FSE)
Également nommé Fonds européen de stabilité financière (FESF), c'est un fonds commun de créances, approuvé par les États membres de l'Union européenne en 2010. Il peut fournir une assistance financière aux États de la zone euro en difficulté, émettre des obligations et lever des fonds pour les pays dans le besoin, leur évitant de le faire aux taux du marché.

» Fonds monétaire international (FMI)
Créé en 1944 lors d'une conférence des Nations unies tenue à Bretton Woods, il a pour mission d'assurer la stabilité du système monétaire international. Il fournit des crédits aux États qui connaissent des difficultés financières en les conditionnant à des réformes structurelles. Il tente de promouvoir la coopération monétaire internationale. Il siège à Washington (www.imf.org).

» Frontex
Agence européenne chargée de la surveillance des frontières extérieures de l'espace Schengen. Elle a été créée en 2004, son siège est à Varsovie en Pologne, elle gère 44 000 kilomètres de frontières maritimes et 9 000 kilomètres de frontière terrestre.
FRONTEX aide les États membres confrontés à des crises aux frontières extérieures de l'Union.

» G8
Rassemblement des huit États les plus puissants économiquement (États-Unis, Japon, Allemagne, France, Royaume-Uni, Italie, Canada, Russie, qui en a été exclue à la suite de son annexion de la Crimée). Il organise des sommets réguliers pour des prises de décisions économiques concertées. Le G8 se réunit souvent parallèlement au G20, autre regroupement de nations.

» Gaz à effet de serre (GES)
Gaz qui absorbent une partie des rayons solaires en les redistribuant sous la forme de radiations, créant le phénomène d'effet de serre, premier responsable du réchauffement climatique. Le CO_2 est le principal gaz à effet de serre. Le réchauffement de la planète est un motif de grande inquiétude.

» Gaz de schiste
Les gaz et les huiles de schiste sont contenus dans des roches dites « roches mères », très profondes. Leur exploitation est en question. Elle permettrait à des pays qui ne possèdent pas de pétrole – comme la France – de bénéficier de ressources énergétiques propres, mais leur exploitation par le biais de la fracturation hydraulique est très polluante. La France (qui possède de nombreux gisements) a interdit cette technique. D'autres États, les États-Unis par exemple, profitent de leur exploitation.

» Gestation pour autrui (GPA)
Il s'agit du recours à une « mère porteuse » qui mettra au monde un enfant pour le compte d'un couple tiers. Cette pratique est interdite en France, elle est autorisée et encadrée dans d'autres pays.

» Groupe des « 5+1 »
Les pays du groupe « 5+1 » sont les cinq membres permanents du Conseil de sécurité de l'ONU (États-Unis, France, Royaume-Uni, Russie et Chine) plus l'Allemagne. Ces pays ont discuté avec l'Iran du programme nucléaire iranien.

» Groupe d'experts intergouvernemental sur l'évolution du climat (GIEC)
Groupe de scientifiques et d'experts ouvert à tous les pays membres de l'ONU, qui a pour mission de présenter aux dirigeants des États, de manière objective et scientifique, les informations nécessaires pour comprendre les risques liés au changement climatique d'origine humaine. Il ne prend aucune décision ; son rôle est de présenter des travaux scientifiques. Le GIEC a présenté un rapport alarmiste sur les conséquences du réchauffement climatique, ses travaux ont été au cœur des discussions de la COP 21.

» Hamas
Mouvement islamiste fondé en 1987 par Sheikh Ahmed Yassin. Le Hamas veut imposer la charia dans un État islamique palestinien qui comprendrait la Cisjordanie et la bande de Gaza. Il prône la destruction de l'État d'Israël ; il est considéré comme une organisation terroriste par les États-Unis et l'UE. Le Hamas gère la bande de Gaza. Le Hamas et le Fatah,

parti dominant de l'Autorité palestinienne, ont annoncé en octobre 2017 un accord au terme duquel l'Autorité palestinienne reprendrait le contrôle de la bande de Gaza, dirigée jusque maintenant par le Hamas. Cet accord annoncé au Caire devait être précisé fin 2017.

» Haut-Commissariat pour les réfugiés des Nations unies (HCR)
Programme de l'ONU mis en place afin de protéger les réfugiés, qui s'appuie sur la Convention de Genève de 1951. Plus de 20 millions de personnes dans le monde sont considérées par le HCR comme réfugiés, demandeurs d'asile, rapatriés, déplacés.

» Hezbollah
Mouvement d'obédience chiite fondé en 1982 au Liban ; il est soutenu par l'Iran notamment, et la Syrie. C'est un mouvement très organisé, venant directement en aide aux populations, ce qui explique aussi son audience.

» Houthis
Les Houthis sont une minorité chiite du Yémen.
Les rebelles houthis, soutenus par l'Iran, ont renversé le président yéménite obligé de fuir la capitale, Sanaa, et de se réfugier dans le sud du pays, à Aden.
L'Arabie saoudite soutient le gouvernement en place et mène avec d'autres pays arabes des raids aériens pour déloger les Houthis.

» Institut national de la statistique et des études économiques (INSEE)
Institut chargé de la réalisation, de l'analyse et de la diffusion des statistiques officielles de la France (recensement, calcul du PIB, du taux de chômage, enquêtes périodiques diverses). L'accès aux informations diffusées par l'institut est gratuit (www.insee.fr).

» Jour de carence
Il s'agit d'une journée de congés maladie non payée par la sécurité sociale pour lutter contre le micro-absentéisme. Le statut des salariés du public et du privé n'est pas le même, le Gouvernement a annoncé un rapprochement des statuts pour 2018, et donc l'instauration d'un jour de carence pour les fonctionnaires.

» Levothyrox
Médicament prescrit pour des malades de la thyroïde. La justice a été saisie de plaintes d'utilisateurs victimes d'effets secondaires d'une nouvelle formule de ce médicament. Une formule plus ancienne a été remise en vente ; une enquête pour tromperie aggravée, atteintes involontaires à l'intégrité physique et mise en danger de la vie d'autrui, est instruite par l'Office central de lutte contre les atteintes à l'environnement et à la santé publique.

» Ligue arabe
Organisation fondée en 1945 regroupant les pays arabes qui le désirent. Elle a un statut d'observateur auprès de l'ONU. Elle compte aujourd'hui 22 pays, principalement d'Afrique, du Proche et du Moyen-Orient. Elle organise tous les ans un sommet des chefs d'État.

» Migrant
Ce terme concerne toutes les personnes qui migrent quelles qu'en soient les raisons, les contextes. Il inclut les réfugiés, reconnus par un État comme ayant fui leur pays en raison de menaces sérieuses pour leur vie. Le HCR reconnaît d'office le droit à être considéré comme réfugié aux Syriens, Afghans, Irakiens ou Libyens. La convention de Genève, ratifiée par 145 pays, accorde des droits aux réfugiés et donne des devoirs aux États.

» Mouvement des entreprises de France (MEDEF)
Le MEDEF est le « syndicat » et le lobby des patrons. Il a remplacé en 1998 le CNPF. Il représente les chefs d'entreprises français et discute et négocie avec les représentants de l'État et les autres syndicats de salariés. Il est dirigé depuis 2013 par Pierre Gattaz, qui a succédé à Laurence Parisot.

» Ordonnance
Délégation, pendant un temps donné et dans un périmètre défini, du pouvoir de légiférer du Parlement (pouvoir législatif) vers le Gouvernement (pouvoir exécutif). Il est détaillé dans l'article 38 de la constitution : « le Gouvernement peut, pour l'exécution de son programme, demander au Parlement l'autorisation de prendre par ordonnances, pendant un délai limité, des mesures qui sont normalement du domaine de la loi ». Les ordonnances sont les héritières des décrets-lois de la IVe République. L'ordonnance est comme un acte pris par le Gouvernement sur habilitation du Parlement, signé par le Président de la République, après délibération du Conseil des ministres.

» Organisation de coopération et de développement économique (OCDE)
Organisation à vocation économique promouvant les politiques qui amélioreront le bien-être économique et social partout dans le monde ; elle aide et conseille ses 34 États membres à développer une économie de marché. Son rôle est consultatif. Elle publie des prévisions et des recommandations. Son siège est à Paris.

» Organisation mondiale de la santé (OMS)
Institution spécialisée de l'ONU, créée en 1948 dans le but de faire accéder tous les habitants de la planète à un niveau de santé le plus élevé possible, afin qu'ils puissent mener une vie socialement et économiquement productive. L'Éthiopien Tedros Adhanom est devenu directeur général de l'OMS en 2017.

» Organisation mondiale du commerce (OMC)
Organisation qui regroupe presque tous les États de la planète. Le but de l'OMC est de favoriser le commerce mondial ; elle tente de limiter les obstacles au libre-échange (droit de douanes notamment). L'OMC est essentiellement un lieu où les gouvernements membres tentent de régler les problèmes commerciaux qui les opposent (www.wto.org).

» Organisation pour la sécurité et la coopération en Europe (OSCE)
Organisation internationale dont le but est de favoriser le dialogue et la négociation entre l'Est et l'Ouest. Elle regroupe les pays européens et d'anciens pays du bloc soviétique. Elle dispose de peu de moyens, c'est un outil politique de discussion entre les pays. (www.osce.org).

» OTAN
Organisation du traité de l'Atlantique Nord (NATO en anglais) qui rassemble de nombreux pays occidentaux. Son but premier est d'assurer leur défense commune contre les menaces extérieures. Des pays d'Europe de l'Est veulent intégrer l'OTAN contre la volonté de Moscou, qui souhaite les conserver dans sa zone d'influence. En 2017, la Russie a mené des exercices militaires avec la Biélorussie aux frontières de l'OTAN.
Son siège est à Bruxelles, son commandement militaire à Mons (www.nato.int).

» Parti des travailleurs du Kurdistan (PKK)
Parti politique et organisation armée fondés en 1978 par Abdullah Öcalan, aujourd'hui emprisonné, qui milite pour l'établissement d'un Kurdistan autonome. Présente dans

plusieurs pays (Irak, Turquie, Syrie, Iran principalement), la communauté kurde a organisé en 2017 un référendum en Irak pour réclamer un territoire kurde autonome.

» Plan de sauvegarde de l'emploi

Il s'agit de la nouvelle appellation du « plan social ». C'est un dispositif légal qui a pour but de limiter le nombre de licenciements dans une procédure de licenciement collectif et d'accompagner au mieux les salariés. Souvent connu par l'acronyme PSE.

» Procréation médicalement assistée (PMA)

Désigne l'ensemble des techniques médicales permettant à des couples d'avoir un enfant, comme la fécondation in vitro ou le don de sperme.

En France, la PMA n'est accessible qu'aux couples hétérosexuels touchés par l'infertilité. Le gouvernement a annoncé l'accession à la PMA pour l'ensemble des couples après un avis du CCNE.

» Présidence tournante de l'Union européenne

La présidence du Conseil de l'Union européenne est une présidence tournante sur une période de six mois. Un système a été mis en place pour assurer une cohérence politique. En 2017, Malte puis l'Estonie ont assuré la présidence tournante. En 2018, suivront la Bulgarie et l'Autriche.

» Primaires

Système mis en place au sein de partis politiques pour désigner un candidat à une future élection. En 2017, le PS a désigné par la primaire son candidat, Benoît Hamon. Devant les échecs de cette procédure (Benoît Hamon, François Fillon), les partis s'interrogent sur leur maintien aux prochaines élections.

Les primaires peuvent être ouvertes à tous les sympathisants ou fermées aux seuls militants. Les primaires existent aussi aux États-Unis, au sein des partis démocrate et républicain pour choisir un candidat à la présidentielle.

» Prix Nobel

Prix le plus reconnu et le plus important décerné au niveau mondial, qui porte le nom de son créateur, Alfred Nobel, savant, chimiste, inventeur de la dynamite. Alfred Nobel avait décidé de léguer sa fortune à une institution chargée de récompenser tous les ans ceux qui auront « rendu des services à l'humanité » dans les domaines de la médecine, de la physique, de la chimie et de la paix (www.nobelprize.org).

» Prix Sakharov

Du nom du physicien et dissident soviétique, prix Nobel de la paix. Décerné par l'Union européenne, ce prix pour la défense des droits de l'Homme a été attribué en 2017 à l'opposition démocratique du Venezuela.

» Produit intérieur brut (PIB)

Somme de toutes les richesses produites par un pays pendant une année. C'est un indicateur qui permet de déterminer en fonction de son évolution si un État est en croissance ou décroissance. Des voix s'élèvent pour trouver d'autres indicateurs qui ne prendraient pas uniquement en compte la seule richesse produite.

» Réfugié

Voir Migrant.

» Résolution (de l'ONU)
Décision adoptée par le Conseil de sécurité ou l'Assemblée générale de l'Organisation des Nations unies (ONU). Une résolution s'impose à tous les États. Une résolution du Conseil de sécurité peut s'accompagner d'une intervention militaire.

» Salafisme
Mouvement islamiste (sunnite) qui prône un retour aux origines de l'islam. *Salaf* signifie « ancien » en arabe. Le salafisme regroupe des fondamentalistes traditionalistes se fondant sur une stricte lecture du Coran.

» Sénat
Haute assemblée (ou Chambre haute) du Parlement dans un système bicaméral. En France, le Sénat partage le pouvoir législatif avec l'Assemblée nationale. Les sénateurs, élus au suffrage universel indirect par les représentants des collectivités territoriales, examinent et votent - avant ou après l'Assemblée nationale - les projets de loi (textes de lois émanant du Gouvernement), les propositions de loi (textes de lois émanant de parlementaires), les traités et les conventions internationales. La majorité de droite (LR, UDI) est sortie renforcée des élections de septembre 2017, Gérard Larcher a été réélu président du Sénat en octobre.

» Sidaction
Opération médiatique d'appel aux dons pour la prévention et la recherche contre le sida. En 2017, la 23e édition du Sidaction a permis la collecte de 4,07 millions d'euros.

» Sunnisme
Voir Chiisme.

» Taxe sur la valeur ajoutée (TVA)
Impôt général sur la consommation facturé aux clients sur les biens qu'ils consomment ou les services qu'ils utilisent en France. Les États peuvent fixer plusieurs taux en fonction de leur politique. En France, il existe des taux à 20 % (normal), 10 % et 5,5 % (réduit).

» Traité de libre-échange transpacifique (TPP)
Accord favorisant les échanges commerciaux signé entre 12 pays (Australie, Brunei, Canada, Chili, Japon, Malaisie, Mexique, Nouvelle-Zélande, Pérou, Singapour, États-Unis et Vietnam) dans le but d'établir un contrepoids avec la Chine. Mais il a été dénoncé par Donald Trump dès son entrée en fonction en janvier 2017.

» Unesco
Organisation des Nations unies pour l'éducation, la science, la culture et l'information. La Française Audrey Azoulay, ancienne ministre de François Hollande, a été élue en 2017 à la tête de l'organisation, elle succède à la Bulgare Irina Bokova.
Les États-Unis, suivis par Israël, ont annoncé en octobre leur retrait de l'Unesco, l'accusant d'être anti-israélienne. Les États-Unis avaient déjà marqué leur hostilité vis-à-vis de l'organisation, coupable à leurs yeux d'accepter le dialogue avec les Palestiniens. En 2011, l'admission de la Palestine en son sein avait accentué la crise, et l'inscription, en 2017, de sites palestiniens (la vieille ville d'Hébron) au patrimoine mondial de l'humanité avait provoqué l'ire d'Israël.

» Union africaine
Organisation d'États d'Afrique créée en 2002 qui entend œuvrer à la promotion de la démocratie et au développement de l'Afrique. L'UA affirme que le développement

économique du continent doit passer par la paix et la démocratie. Elle a été rejointe par le Maroc en 2017.

›› Union européenne

L'UE est composée depuis 2013 (entrée de la Croatie) de 28 États, et est peuplée d'environ 500 millions d'individus. Le départ du Royaume-Uni n'est pas encore effectif en 2017.
Le traité de Lisbonne, signé en 2009, est le dernier texte qui régit son fonctionnement. Le Parlement est élu au suffrage universel direct ; le Conseil européen est composé de représentants des États membres ; la Commission européenne est élue par le Parlement.

›› Visegrad (groupe de)

Aussi baptisé « V4 ». Il s'agit d'une alliance de quatre pays d'Europe de l'Est, Hongrie, Pologne, Tchéquie, Slovaquie, représentant environ 13 % de la population européenne. Les Premiers ministres de ces pays, le Hongrois Viktor Orban, la Polonaise Beata Szydlo, le Slovaque Robert Fico et le Tchèque Bohuslav Sobotka, ont appelé en octobre à une meilleure prise en compte de leurs intérêts.

›› Zone euro

Espace formé par les États qui utilisent l'euro comme monnaie (19 États depuis l'adhésion de la Lituanie à la zone euro, le 1er janvier 2015.). Plus de 340 millions d'Européens vivent aujourd'hui dans la zone euro.

Sigles

ABE	Autorité bancaire européenne (quitte Londres en raison du Brexit)
ADMD	Association pour le droit de mourir dans la dignité
AEM	Agence européenne du médicament (quitte Londres en raison du Brexit)
AfD	Alternative pour l'Allemagne (parti d'extrême droite qui entre au Parlement)
AFP	Agence France Presse
AIEA	Agence internationale de l'énergie atomique
AKP	Parti de la justice et du développement (parti islamiste du président turc Erdogan)
AMF	Autorité des marchés financiers
ANDEVA	Association nationale de défense des victimes de l'amiante
ANSM	Agence nationale de sécurité du médicament
APCE	Assemblée parlementaire du conseil de l'Europe
ASL	Armée syrienne libre
ASN	Autorité de sûreté nucléaire
BCE	Banque centrale européenne
BIT	Bureau international du travail
CCNE	Comité consultatif national d'éthique
CDD	Contrat à durée déterminée
CDI	Contrat à durée indéterminée
CE	Comité d'entreprise
CEA	Commissariat à l'énergie atomique
CEDEAO	Communauté économique des États de l'Afrique de l'Ouest
CEDH	Cour européenne des droits de l'Homme
CEJ	Cour européenne de justice
CERD	Comité pour l'élimination de la discrimination raciale (instance de l'ONU)
CESE	Conseil économique, social et environnemental

CETA	*Comprehensive Economic and Trade Agreement ou* Accord économique et commercial global, AEGC (accord commercial entre l'Union européenne et le Canada)
CFCM	Conseil français du culte musulman
CFDT	Confédération fédérale du travail
CFTC	Confédération française des travailleurs chrétiens
CGPME	Confédération générale des petites et moyennes entreprises
CGT	Confédération générale du travail
CHSCT	Comité d'hygiène, de sécurité et des conditions de travail
CICE	Crédit d'impôt pour la compétitivité et l'emploi
CIJ	Cour internationale de justice
CIO	Comité international olympique
CJR	Cour de justice de la république
CMU	Couverture maladie universelle
CNCT	Centre national de contre-terrorisme
CNIL	Commission nationale de l'informatique et des libertés
CPA	Compte personnel d'activité
CPAM	Caisse primaire d'assurance maladie
CPI	Cour pénale internationale
CRIF	Conseil représentatif des institutions juives de France
CSA	Conseil supérieur de l'audiovisuel
CSG	Contribution sociale généralisée
CSM	Conseil supérieur de la magistrature
DGSE	Direction générale de la sécurité extérieure
DNCG	Direction nationale de contrôle de gestion (gendarme financier du football français)
DP	Délégués du personnel
DTN	Direction technique nationale (instance de direction des fédérations sportives)
DTP	Diphtérie, tétanos, poliomyélite (seul vaccin obligatoire jusqu'en 2017)
EELV	Europe Écologie Les Verts
EI	État islamique
ELN	Armée de libération nationale, dernière guérilla de Colombie
EPR	Evolutionary Power Reactor (réacteur nucléaire de troisième génération)
EUROSTAT	Office européen des statistiques
FAO	Fonds de l'ONU pour l'agriculture et l'alimentation
FDS	Forces démocratiques syriennes
FIFA	Fédération internationale de football (Football Association)
FIV	Fécondation in vitro
FMI	Fonds monétaire international
FN	Front national
FNSEA	Fédération nationale des syndicats d'exploitants agricoles
FO	Force ouvrière
FSE	Fonds de secours européen

FSPRT	Fichier des signalements pour la prévention de la radicalisation à caractère terroriste
GES	Gaz à effet de serre
GIEC	Groupe d'experts intergouvernemental sur l'évolution du climat
GIGN	Groupement d'intervention de la gendarmerie nationale
GOP	Grand Old Party (parti républicain aux États-Unis)
GPA	Gestation pour autrui
HCR	Haut-Commissariat des Nations unies pour les réfugiés
ICAN	Campagne internationale pour l'abolition des armes nucléaires (Nobel de la paix 2017)
ICBM	Intercontinental ballistic missile
IFI	Impôt sur la fortune immobilière (remplace l'ISF)
INA	Institut national de l'audiovisuel
INSEE	Institut national des statistiques et des études économiques
IRP	Instances représentatives du personnel (fusionnées par le Gouvernement)
ISF	Impôt sur la fortune
ISS	Station spatiale internationale
JCPOA	Joint Comprehensive Plan Of Action (acronyme américain de l'accord nucléaire iranien)
LDH	Ligue des droits de l'Homme
LFP	Ligue de football professionnel
LGV	Ligne à grande vitesse (SNCF)
LO	Lutte ouvrière
LR	Les Républicains (parti qui succède à l'UMP)
MEDEF	Mouvement des entreprises de France
MES	Mécanisme européen de stabilité
MSF	Médecins sans frontières
NOAA	National Oceanic and Atmospheric Administration (Agence américaine océanique et atmosphérique)
NPA	Nouveau parti anticapitaliste
NSA	Agence nationale de sécurité (États-Unis, renseignement électronique)
OCDE	Organisation de coopération et de développement économiques
OFCE	Observatoire français des conjonctures économiques
OIAC	Organisation pour l'interdiction des armes chimiques
OIM	Organisation internationale pour les migrations
OIP	Observatoire international des prisons
OIT	Organisation internationale du travail
OLAF	Office européen de lutte contre la fraude
OMC	Organisation mondiale du commerce
OMM	Organisation météorologique mondiale
OMS	Organisation mondiale de la santé
ONG	Organisation non gouvernementale
ONU	Organisation des Nations unies

OSCE	Organisation pour la sécurité et la coopération en Europe
OSDH	Observatoire syrien des droits de l'Homme
OTAN	Organisation du traité de l'Atlantique nord (NATO en anglais)
PACA	Provence-Alpes-Côte d'Azur
PAM	Programme alimentaire mondial
PBOC	*People's Bank of China* (Banque centrale chinoise)
PIB	Produit intérieur brut
PKK	Parti des travailleurs du Kurdistan
PMA	Procréation médicalement assistée
PME	Petites et moyennes entreprises
PNF	Parquet national financier
PNR	Passenger Name record
PSE	Plan de sauvegarde de l'emploi
RSA	Revenu de solidarité active
RSF	Reporters sans frontières
RSI	Régime social des indépendants
SMIC	Salaire minimum interprofessionnel de croissance
SNP	Scottish National Party (parti indépendantiste écossais)
TAFTA	Transatlantic Free Trade Agreement, traité de libre-échange transatlantique (en anglais) ou TTIP
TGI	Tribunal de grande instance
THAAD	Terminal High Altitude Area Defense (défense anti missile américain)
TICPE	Taxe intérieure de consommation sur les produits énergétiques
TPE	Très petite entreprise (moins de onze salariés)
TPP	*Trans-Pacific Partnership* (traité de libre-échange transpacifique)
TSCG	Traité sur la stabilité, la coordination et la gouvernance (pacte budgétaire européen)
TTIP	Partenariat transatlantique de commerce et d'investissement (en anglais) ou TAFTA
TVA	Taxe sur la valeur ajoutée
UA	Union africaine
UDI	Union des démocrates et indépendants
UE	Union européenne
UEFA	Union européenne de football
UKIP	UK Independence Party (parti europhobe britannique)
UNAF	Union nationale des associations familiales
UOIF	Union des organisations islamiques de France
URSSAF	Union de recouvrement des cotisations de sécurité sociale et d'allocations familiales
YPG	Unités de protection du peuple, branche armée du parti de l'Union démocratique syrien
ZEE	Zone économique exclusive

Index

U

V

W

X

Y

Z

PAPIER À BASE DE
FIBRES CERTIFIÉES

FOUCHER s'engage pour
l'environnement en réduisant
l'empreinte carbone de ses livres.
Celle de cet exemplaire est de :
1.1 kg éq. CO_2
Rendez-vous sur
www.editions-foucher-durable.fr

Photographie de couverture : © Patrick Genty
Conception graphique : Sylvie Vaillant
Composition Maury

MV-CK/STM – 01

Imprimé en France par Normandie Roto Impression s.a.s., 61250 Lonrai
Dépôt légal : 114803-5/01 - Décembre 2017 - N° d'impression : 1705311